兒童氣質

基本特性與社會構成

王珮玲　著

在氣質領域的研究，一路走來，要感謝的人太多了

對於本書能順利出版，深深感謝曾鼓勵及幫助我的人

願將此書獻給我最摯愛的

母親吳玉梅女士以及往生的父親王錦木先生

目　錄

圖　次

表 次

第一章

緒論

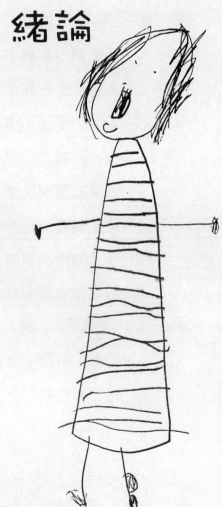

圖畫：陳宇芊

第一節　氣質是什麼？

一、「氣質」字義的澄清

二、氣質意義的再議

第二節　為什麼研究氣質？

一、自身的體悟

二、重智商輕情意的環境

三、家長質疑自己的教養方式

四、孩子的行為被誤讀

五、問題行為的防範未然

第三節　本書的企圖、內容與架構

一、企圖：統整十年的研究歷程

二、內容與架構

第一節　氣質是什麼？

一、「氣質」字義的澄清

　　氣質是什麼？當我們說某人「氣質」不錯時，所指的「氣質」與發展心理學界所言的「氣質」並不相同。一般人所說的「氣質」指的是一個人給人整體的感覺，《張氏心理學辭典》則對「氣質」（temperament）定義如下：「1.指人的性情或脾氣；2.指個體心情隨情境變化而隨之改變的傾向；亦即個體的反應傾向」（張春興，民78）；柯華葳（民90）在《你知道孩子的氣質嗎？》一書的序裡也表示：temperament「包括情緒狀況、適應力、活動力、堅持度、受挫忍耐力等等特質」，但她比較喜歡稱之為「性情」。

　　從《張氏心理學辭典》及柯華葳對「氣質」一詞的解釋上，似乎用「性情」或「脾氣」二字較能表達「氣質」原來的涵義，為何國內在相關的論文或書籍中，例如〈臺灣中部地區嬰幼兒氣質特徵與智力動作發展及其變項之相關研究〉（張美麗，民80）、《因材施教：氣質與兒童發展》（徐澄清，民89）等等的研究或書籍，對於 temperament 一詞的翻譯一直沿用「氣質」二字的翻譯？

　　從國內相關的文獻追溯其源，「氣質」二字最先出現在洪奇昌（民67）的碩士論文〈嬰幼兒的氣質評估〉，此外，我也請教研究氣質的徐澄清（民68），他在電子郵件中的回應是：「醫學領域中將英文的temperament 翻譯為『氣質』，是獲得 Dr. Chess、Thomas 與 Carry 的同意，要建本土初步常模時由我和洪奇昌碩士（目前的立法委員）所想出來的；至於其他領域的同仁如何翻譯我則不知」（2002/4/8，電子郵件）。大多的研究、書籍或文章論及temperament（包括我過去十年來的研究），大抵都沿用「氣質」這個譯詞。由於如此譯法使用經年，此處暫不討論如何翻譯較能傳達原義。在此要先聲明的是，這本書所有的章節都使用「氣

質」來指涉 temperament 這個字詞。

二、氣質意義的再議

　　氣質一詞是 Hippocrates 所創，取材自古代的宇宙論和病理學的概念，最初的涵義是指與體質有關的心理因素或習慣，但是後來慢慢地失去其原義，而且沒有一致性的定義。如 McDougal（1931）認為氣質是個體體內新陳代謝或化學變化對精神活動所產生的效果，Warren（1934）則將氣質界定為個體一般性的情感性特質。人格學家 Allport（1937）認為氣質是指與個體情緒有關的各種特有現象，包括個體對情緒刺激的敏感性、反應強度、反應頻率、情緒強度和情緒本質等特徵。Sheldon（1942）與前面學者的看法互異，他從體型來論斷氣質，認為不同體型的人具有相異的氣質。以上幾位學者對氣質的看法，有的強調生理因素，有的著重個體的情緒，觀點互異。

　　在一九八七年，有一場以"What is temperament？"為主題的會議，邀請來自不同的專業領域的專家（Goldsmith, Buss, Plomin, Rothbart, Thomas, Chess, Hinde & McCall, 1987），一起討論氣質的概念。會議中有項議題是：「如何界定氣質及其涵蓋範圍」，學者各抒己見。如 Buss 和 Plomin 認為氣質是出現在生命的初期的人格特質，具有遺傳性，Thomas 和 Chess 雖然同意 Buss 和 Plomin 提出氣質是天生的看法，不過，他們認為是氣質是個體的行為反應方式，是指行為的「如何呈現」，不是指行為「是什麼」或是「為什麼」，也就是說，氣質指的是個體動作的快慢、規律性、適應性、動作表現強度、情緒本質和注意力集中等情形。

　　會中，Rothbart（1987）認為 Thomas 和 Chess 的定義太廣，他們認為氣質是一種在反應及自我調節的個別差異，所謂的反應是指個體對刺激的反應、行為的覺醒或中央神經系統的反應程度，自我調節是一種過程，如注意、趨近等特質都可以調節（增強或減輕）反應，Goldsmith（1987）也認為氣質是一種表達原始情緒及覺醒的個別差異。

　　對於氣質意義的各家觀點，我個人相信氣質是深具遺傳性，並在某

一段時間會呈現穩定的狀態，不過，我並不認同 Buss 和 Plomin（1987）所提氣質出現於生命的初期，尤其出生的第一年的看法。我認為氣質在個體發展過程中是一直存在著，在個體成長中，應該會與外界環境交互影響，使個體有各種發展的可能性，不應只是出現在生命的早期而已。

至於 **Thomas** 和 **Chess** 強調氣質是對內外在刺激的反應方式，是種行為風格取向，個人在這本書是採用這樣的觀點，原因在於 Thomas 和 Chess 所領導的〈紐約長期追蹤研究〉，是第一個有系統，同步蒐集氣質的質化與量化資料的長期研究，過程中，他們以實地觀察、訪問及開放式問卷蒐集孩子的行為反應，不僅有嚴謹的理論基礎，也發展出許多氣質評量工具。國內醫院，如台大醫院、台北市立婦幼醫院或相關的研究（如許惠萍，民 85；張美麗，民 80）等等，一直以來都採用 Thomas 和 Chess 的觀點，可知國人對他們觀點的認可和接受度。雖然我個人對 Rothbart 和 Goldsmith（1987）的情緒／生理調節觀點也深感興趣，不過，這方面牽涉許多生理上的許多專業知識，個人由於受限於生理的專業背景，在本書中暫不從這觀點談論氣質。

第二節 為什麼研究氣質？

從 ERIC 檢索氣質的研究，我發現一九五九至一九六九年期間，有二十五篇相關研究，一九七〇至一九八〇年有一三三篇，一九八一至一九九二年有三百五十四篇，一九九二至二〇〇二年有三〇六篇，從研究篇數的遽增，可見氣質概念已普遍被使用，並廣受學術界和大眾的重視。個人進行氣質相關研究，並非受到氣質研究量增之影響。事實上，自民國七十九年至今，我對兒童氣質相關面向的探索未曾停歇，到底是什麼原因吸引著我在這項主題上持續鑽研呢？

除了瀏覽相關的文獻，長期以來，透過自身的觀察，以及與家長和老師的互動，我深深體會到台灣社會裡的幾個現象對於兒童可能帶來的影響。可以說，個人對這些現象的不安與關注，便是我執著於氣質領域研究的主要理由。

一、自身的體悟[1]

　　十幾年前的初夏，和朋友們走絲綢之路，當地溫差大，記得有晚，和一位好友一起走回旅館，那晚天氣漸漸冷了，忘了加外套的我，不禁打了個寒顫，眼看著好友身上穿了三件衣服，就說：「天氣好冷！」，心想說完之後，朋友應該會脫一件衣服借我穿，沒想到一路走回到旅館，她都像沒事兒一般。到房間，她進盥洗室後，門外的我不禁生起悶氣來，心想，「怎麼那麼小氣，天氣那麼冷，也不借我一件衣服穿，我不要跟她說話了！」，不過當時又有另一個聲音浮上心頭：「你是不是表達不夠清楚，或者聲音太小，你的朋友根本聽不到你在說什麼？你是不是情緒反應太弱了？朋友感受不到你發出去的訊息？」正處於矛盾，不知如何是好的我，看到朋友剛好從盥洗室出來。那時，平日害羞，不易表達情緒的我，終於鼓足勇氣說：「你這好朋友怎麼做的，剛剛我在路上說天氣好冷，你那麼小氣啊，捨不得借我衣服穿！」朋友頓時傻了眼說：「你有說這句話嗎？」，自己才恍然大悟，由於情緒表達太弱，總認為「別人應當知道我在想什麼、我要做什麼」，孰不知，如果不試著將內在的情緒表達清楚，別人永遠不知道你要說什麼，你要做什麼。

　　這是埋首於氣質理論研究的我，第一次使用氣質理論來解釋自我的性情，察覺到由於自己情緒表達能力太弱，差點誤以為好友沒有「車馬衣裘，與朋友共」的情誼。如果能對氣質進行更多探究，應該有助於自己和他人對自身和他人的了解，更容易和人和諧相處。這個個人經驗使我更加確信投身氣質研究是必要而值得的。

1　自身的體悟這段話，曾在《你知道孩子的氣質嗎？》（民90）一書中的自序提到過，言自身受限自我氣質的影響，差點認為朋友沒有「車馬衣裘，與朋友共」的情誼，而產生沒有必要的誤解。之後，我認為投入於氣質研究是必要的。

二、重智商輕情意的環境

世界正在縮小，地球村正在實現，隨著二十一世紀的來臨，從出爐的研究報告來看，幾乎每隔二、三年，知識就會增長一倍（戴保羅譯，民88）。在這種趨勢下，熱門的討論話題是：如何促進兒童的認知發展、如何讓孩子用最佳的學習方法進行學習，及如何幫助孩子在短時間內獲取有效的訊息。雖然這本是一件無可厚非的事；不過，值得思考的是，我們如此看重孩子的認知發展對學習的影響，是否卻非刻意地忽略了情意對學習的重要性呢？

前幾年，《EQ》（張美惠譯，民85）一書橫掃台灣。那股風潮一度喚起大家對情意的重視，書中提到的一個糖果實驗[2]對於學習的重要。這項實驗發現，在認知能力毫無差異的條件下，與衝動型的孩子相比，能抗拒誘惑的孩子，在語言表達能力、學習意願、入學考試成績等都比較好。換句話說，在智力相同的情況下，情意對學生的學習具有不可忽視的重要性。不過，風潮一過，情意的重要性似乎又被遺忘了。

早在一九六〇年代，Thomas等人（1968）的〈紐約長期追蹤研究〉就發現學生的氣質會影響老師對他們的態度，也會影響他們的學業成就。Martin、Drew、Gaddis與Moseley（1986）也做了一系列氣質與學業表現的相關研究，從長期追蹤的三個小研究中，他們發現氣質特性的注意力分散度、堅持度及活動量是最能預測學習成就的三個重要變項。國內李美瑩（民83）、張振南（民84）的研究中，也指出氣質在學生的學習

---

2 這是Walter Mischel在一九六〇年進行的長期糖果實驗，該實驗是以史丹佛大學附設幼稚園四歲孩子爲研究對象，過程中大哥哥告訴孩子，他要去辦點事，如果等他回來，可以拿到兩塊糖果，不願意等，可以立刻拿到一塊，在實驗室中，有些孩子的確能等到大哥哥辦事回來，這些孩子會盡量使用各種方法抗拒誘惑，如將頭埋入手臂中、自言自語、唱歌、玩自己的手和腳。有些孩子在大哥哥走後，馬上拿走糖，能抵抗誘惑的孩子至青少年時，學習和社會能力較佳，能積極迎接挑戰，遇到困難不輕易放棄，入學考試也較衝動組的孩子好。

上，扮演著不可輕忽的角色。

在重視智育的情境中，雖然我們強調孩子在學校學習的認知能力，然而以上的研究再次提醒我們重視氣質特性對孩子學習的可能影響。

三、家長質疑自己的教養方式

現代工業社會帶給成人空前的緊張和壓力，而孩子也比過去更需要父母協助來面對複雜多變的世界。然而，繃緊的情緒使得人們情感反應變得草率又粗糙，疲憊的父母，和孩子相處的時間越來越少，更談不上對孩子行為細心的觀察和反應。在這樣的環境下，家長常使用消極的方式來處理孩子的行為，孩子受到傷害後，又反應到行為上。如此一來一往的互動過程中，有些家長開始懷疑起自己的育兒能力，甚至懷疑自己是否在上輩子欠孩子些什麼，導致孩子那麼難帶。例如有位家長的孩子打從一出生，就讓他們傷透腦筋，只要他肚子餓或身體稍有不適，就嚎啕大哭，呼天搶地，即使抱他，拿玩具逗他，也都沒辦法安撫他、讓他靜下來。他們質疑自己的教養，到底哪裡出了問題？

從民國七十七年任教至今，我不僅有許多機會從在職的幼稚園或小學老師[3]口中，獲知家長在處理孩子行為時所面臨的困境，也有機會與家長面對面對話，了解他們教養孩子時心中的質疑（王珮玲，民90）。尤其在最近的氣質追蹤研究中，我和 116 位家長電話交談，發現他們非常高興有這樣的機會更加認識自己孩子的性情。更重要的是，在談話過程中，我發現家長們似乎漸漸了解到孩子某些行為的發生，並不全然或單單是教養方式所導致，孩子的天生氣質也扮演了不可或缺的角色。這樣的經驗鼓勵我繼續進行研究，期望能在家長對自己的教養方式感到質疑時，提出他們的觀點，幫助他們更快樂地和孩子一起成長、面對問題。

---

[3] 從民國七十九年至九十一年期間，我一直有機會與前往台北市立師範學院進修的暑假部或夜間部學士班的國小和幼稚園老師互動，在課程的討論過程中，不僅獲知老師在教導孩子的困擾，也了解家長在教養孩子的困惑與質疑。

四、孩子的行為被誤讀

　　一九六七年，Gordon 及 Thomas 的研究指出，兒童的行為反應方式或氣質特性會影響教師對學生之智力的判斷。他們以幼稚園四個班級的93 位幼兒為對象，根據幼兒對陌生情境的反應，將幼兒分為四組，第一組為衝動者（plungers）：幼兒很快、毫不猶豫地加入新的活動或新的情境；第二組為合作者（go-alongers）：幼兒以積極的態度與他人一起活動，但不能很快投入情境；第三組為邊界者（sideliner）：幼兒會先站在一旁先行觀察，然後再慢慢加入新活動中；第四組為非參與者（non-participators）：幼兒對於新情境，可能幾週或幾個月，都保持負面態度或者不加入活動的情形。這兩位研究者除了請老師判斷這些孩子的智力外，也對孩子施以標準化智力測驗。

　　結果發現，教師認為第一組智力高的人數比較多，而第三組智力差的人數比較多；事實上，93 位幼兒智力是差不多的。這個研究告訴我們，教師在判斷孩子的智力時，會受到孩子行為特質的影響。在德國，比起適應性低、退縮及負向情緒的資優生，社交能力強的資優生得到老師較高的評估，原因在於教師低估了社交能力差的資優生，而高估了社交能力強的非資優生的學習成就。以上兩個研究告訴我們，**孩子的主動能力和社交能力，會影響老師對這些孩子智力及學校成就的評估**（Czeschlik & Rost, 1989）。

　　除了因為孩子社交能力，被老師低估智力的情形外，有些孩子因為活動量大，在上課時身體扭來扭去，甚至因為天生注意力分散度大，常受外在聲音干擾，導致上課無法一直專心聽講，或許會讓老師詮釋為孩子不遵守班級常規，故意搗蛋或者不愛上課等。為了防止孩子的行為再次被誤讀，我相信研究氣質有助於我們更縝密地了解兒童行為的意義，減少誤讀孩子行為的機會。

五、問題行為的防範未然

二十世紀許多的心理學家臆測氣質具有一定程度的穩定性，特別強調氣質對行為障礙的預測性。如前述〈紐約長期追蹤研究〉（Chess & Thomas, 1984; Thomas, Chess & Birch, 1968），〈澳州氣質研究〉（Prior, Sanson & Oberklaid, 1989）、〈紐西蘭但丁長期追蹤研究〉（Capsi, Henry, McGee, Msofftt & Silva, 1995）、〈柯羅拉多收養研究〉（Coon, Carey, Corley & Fulker, 1992）及〈布魯明頓長期追蹤研究〉（Bates, Bayles, Bennett, Ridge & Brown, 1991）等研究，都是基於氣質的穩定特性，長期追蹤孩子至兒童、青年，甚至成人之後人際關係和人格的發展，這些研究也證實氣質在個人的發展扮演著重要的角色。

我們深知，兒童問題行為的發生，當然不只是由於某種氣質傾向所導致的，但不可否認的，氣質可能是影響因素之一。如果我們能夠長期追蹤了解兒童氣質的發展，或許能幫助我們更周全地了解兒童，並防範問題行為的發生，也能預測孩子未來人格特質的發展。氣質應該是值得我們花心思探究的領域。

第三節　本書的企圖、內容與架構

一、企圖：統整十年的研究歷程

這本書的內容包括民國八十一年至民國九十一年之間，我已經發表，以及未發表的研究和文章，如表 1-3-1 所示。以下陳述我這十年的研究歷程。

表 1-3-1　王珮玲氣質研究一覽表

篇	時間	題目	發表情形	原先研究、文章改寫，並出現在本書章節
1	民國 91 年至 92 年	家長知覺氣質發展的穩定性和變化：六歲至十歲兒童五年追蹤研究	行政院國家科學委員會專題研究（進行中）	第四章
2	民國 91 年	兒童氣質與學業成就相關之研究	尚未發表	第八章
3	民國 91 年	家長知覺氣質發展的穩定性和變化：六歲至八歲兒童追蹤研究	第四屆華人心理學家學術研討會暨第六屆華人心理與行為科際學術研討會	第四章
4	民國 89 年	認識氣質	私立長庚護理專科學校「因材施教—尊重個別差異研討會」	第二章
5	民國 88 年	幼兒氣質長期追蹤研究	朝陽科技大學「親子關係與幼兒發展」學術研討會。	第四章
6	民國 88 年	幼兒氣質與依附關係之探討	台東師範學院幼兒教育學術研討會。	第九章
7	民國 88 年	六位不同氣質幼兒的同儕關係	台北市立師範學院學報，第 30 期	第七章
8	民國 87 年	幼兒氣質類型與同儕關係互動之研究	行政院國家科學委員會專題研究	第七章
9	民國 84 年	幼兒氣質類型與幼兒社會行為關係之探討	台北市立師範學院學報，第 26 期	第三章

（下頁續）

（續上頁）

10	民國 83 年	父母教師知覺之幼兒氣質與父母教養方式關係之探討	台北市立師範學院學報，第 25 期	第五章
11	民國 82 年	兒童氣質與兒童社會能力之探討	台北市立師範學院學報，第 24 期	第六章
12	民國 82 年	兒童氣質、父母教養方式與兒童社會能力相關之研究	幼兒教育學報，國立花蓮師範學院幼兒教育師資科，第 2 期	第五章第六章
13	民國 81 年	兒童氣質理論之探討	台北市立師範學院學報，第 23 期	第二章

　　民國七十八年起，我就對「兒童氣質」領域深感興趣，如本章第二節所述，自身有了相關的體悟後，進行氣質研究的意志更加堅定。在瀏覽國內外氣質的文獻及研究後，發現國內對氣質的探究有限，覺得有必要向大眾介紹氣質概念，於是在台北市立師範學院學報發表〈兒童氣質理論之探討〉一文（民 81）。

　　之後持續不斷的文獻閱讀過程中，漸漸接觸到談論氣質與兒童所處環境之間之關係的文章。依照 Bronfernbrenner（1979, 1989）提出的生態系統理論的說法，兒童所處環境中最重要的兩個系統就是家庭與學校。在家庭系統中，父母親是孩子最先接觸的人，孩子的氣質與父母教養方式會相互影響。在學校系統中，孩子的人際關係與學業成就對孩子而言意義深重。有鑑於此，我嘗試探討兒童氣質與家庭、學校間的關係，並於花蓮師範學院幼兒教育研討會中發表〈兒童氣質、父母教養方式與兒童社會能力相關之研究〉[4]一文（民 82）。

4　〈兒童氣質、父母教養方式與兒童社會能力相關之研究〉一文中，因為研究對象為幼稚園五至六歲大班的孩子，因此在這個研究的學校系統中，未考慮孩子的學業成就這個變項。

　　在探究兒童氣質與家庭、學校間關係的過程中，我又察覺可以再深究的層面。早在一九三五年，人類學家Margaret Mead就已指出兩性人格的差異是因為社會文化所致，而非與生俱來，個人的氣質特性當然也受社會文化的影響，而社會文化的價值觀會因時空變化，而有差異。因此，我在民國八十一年和民國九十一年，以居住於同一地區（台北市）之同一年齡層（五到六歲）幼兒為對象，探討兒童氣質與性別、社經地位之關係，也關注時間的差距對同一主題之研究造成的影響。

　　另一方面，瀏覽文獻時，讀到國外學者對兒童氣質特性的分類。如Thomas 和Chess（1968）歸納之「安樂型」、「慢吞吞型」及「困難型」氣質類型、Kagan（1994）的「行為抑制型」（Inhibited Type）和「非行為抑制型」（Uninhibited Type）等。我思索著，每個孩子是不同氣質特性的組合，如果不依國外的分類方式，國內孩子可以分成那些氣質類型？於是，我蒐集五至六歲學前兒童的氣質資料，以集群分析方法處理，一共歸納出六種集群，我依各集群特性，分別將其命名為「普遍型」、「社交型」、「專注型」、「自如型」、「好動型」和「文靜型」，並發表〈幼兒氣質類型與幼兒社會行為關係之探討〉於台北市立師範學院學報（民84）。

　　進行前述〈兒童氣質、父母教養方式與兒童社會能力相關之研究〉時（民82），我發現兒童氣質與父母教養方式是相互影響的。研究結果告訴我，在兒童成長的過程中，受到父母教養的影響，他們的某些氣質特性會呈現變化或穩定的狀態。這些現象，以及國內長期研究的缺乏及需求使我體認氣質長期追蹤研究是必要的。於是我嘗試追蹤 116 位兒童的氣質，希望能建構兒童氣質發展圖（至今仍持續進行），並以電話訪談來了解家長所知覺之兒童氣質特性變化的外在和內在可能因素，並書寫〈家長知覺氣質發展的穩定性和變化：六歲至八歲兒童追蹤研究〉一文，於民國九十一年十一月在中央研究院舉辦的第四屆華人心理學家學術研討會暨第六屆華人心理與行為科際學術研討會中發表。

　　至於氣質與依附之關係的探討，源於民國八十七年，我因為獲得傅爾布萊特獎學金，赴美至馬里蘭大學進行博士後研究。其間，因 Nathan

A. Fox 建議旁聽心理系 Jude Cassidy "Attachment"的課，上課期間，感於氣質與依附之間關係密切，引發我撰寫〈幼兒氣質與依附關係之探討〉一文（民 88 年），回國後並發表於台東師範學院研討會。

在學校系統中，如前述，社會能力與學業成對兒童而言意義重大。就兒童氣質與社會能力方面，在〈兒童氣質、父母教養方式與兒童社會能力相關之研究〉（民 82）中，從 1267 位孩子的家長與老師所填寫的量表中，發現氣質可能會影響孩子的社會能力及同儕地位。然而，兒童氣質與社會能力之間是如何相互影響，在情境中如何發生微妙的關係，引起我莫大的興趣。如同 Franz Boas 所言：「忽略個人對文化的反應而欲追尋社會規律，將是徒勞無功的；只有論及文化宥範下個人的行為，才能點活了空泛的公式」（李亦園，民 81，p.3）。我們不能抽離情境脈絡來分析人的行為。為了更深入了解兒童氣質如何影響孩子社會能力，在民國八十六年，我進入一所幼稚園，觀察六位不同氣質類型兒童的同儕互動，企圖了解六種氣質類型孩子同儕互動的背後因素，並發表〈六位氣質類型兒童的同儕互動〉一文於台北市立師範學院學報（民 88）。

在學校情境中，與兒童最切身相關的，除了同儕關係外，就是學業成就，尤其是在他們進入小學之後。影響兒童之學業成就的因素很多，一般人談論這些因素時，往往只注意孩子的認知能力或是老師的教學方法，常常忽略了氣質對孩子學習的影響。因此，我嘗試探討兒童氣質與學業成就之間的關係（民 91），尚未發表。

除了對氣質各面向進行學術探索外，因為期望能將「艱澀難懂」的學術論述，書寫成一般「淺顯易懂」的文章，與家長及老師們共同分享，在民國九十年出版《你知道孩子的氣質嗎？》一書。

二、內容與架構

依據上述民國八十一年至民國九十一年的研究，我試著建構出兩個主軸來呈現我對兒童氣質的了解，這也是本書的整體架構，見圖 1-3-1 所示。第一個主軸，主要論述氣質的特性與類型，共分三章：包括第二章

〈氣質的特性〉、第三章〈氣質的類型〉、第四章〈兒童氣質的穩定性與變化〉；第二個主軸，主要論述氣質在社會互動中的呈現與構成，共分三章：包括第五章〈氣質在家庭互動中的呈現〉、第六章〈兒童氣質與社會能力〉、第七章〈六位不同氣質類型兒童之同儕互動〉、第八章〈兒童氣質與學業成就〉，第九章是針對本書議題所做的〈統整與建議〉。理論與行動是一體兩面，難以斷然切割的，依據這觀點，各章節書寫的方式，係以氣質理論及實徵研究相互呈現方式出現。

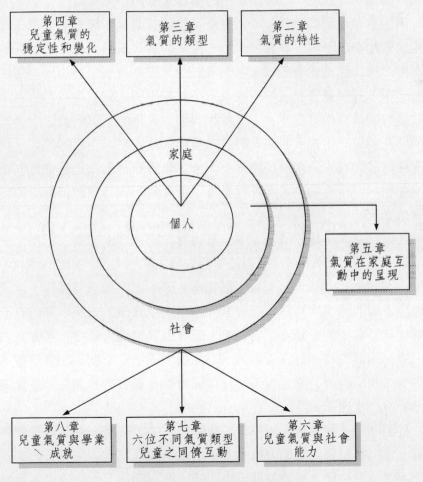

圖 1-3-1　本書的架構圖

第一部份：兒童氣質的特性與類型

雖然發展心理學家認為氣質深具遺傳特質，不過，個體是生活在一文化脈絡中，不斷地與外在環境互動，而形成個體的獨特性。人類學家 Margaret Mead 也說：「我們應提供證據說明人類的性格是建立於生物基礎上，惟此一生物基礎卻可因社會的標準形成無數的變異」（李亦園，民 81，p.13）。有關兒童氣質特性，例如男女生之間的差異、氣質類型與氣質的穩定及變化，也會因文化的影響，有所不同。

第二章〈氣質的特性〉中，主要陳述氣質的基本概念。在第一節，論述氣質起源的爭辯：氣質是天生，後天影響，或是受先天和後天的交互作用？第二節基於各領域專家學者對於氣質的意義，有不同的想法。在這節中，探討氣質理論的不同取向，並提出個人的立場及想法。第三節論述有關氣質的三種模式：白紙狀態模式、單向式氣質模式，及氣質與環境互動模式，以及我個人對這三種模式的觀點。在第四節中，除了分別探討民國八十一年及民國九十一年，氣質在性別及社經地位的差異外，在相隔十年時間，男女兒童氣質，是否受不同時空價值觀念的影響而有相異。

在第三章〈氣質的類型〉中，主要討論第二章未曾觸及的概念──兒童的「型」。在第一節中，論述東西方醫生和學者們，如Hippocrates、Galen、Sheldon、Thomas、Chess 和 Kagan 等人提出的氣質類型，以及氣質類型之間的差異。在第二節和第三節中，以實徵方式探索國內五至六歲兒童氣質類型的分類及命名過程，研究中發現國內兒童可被分為六集群，依每集群的特色分別命名為：(1)好動型；(2)社交型；(3)專注型；(4)自如型；(5)文靜型；(6)普遍型。討論國內外在氣質的分類以及差異可能原因，並提出建議。

在第四章〈兒童氣質的穩定性和變化〉中，有鑑於兒童氣質與外在環境（家庭和學校）互動的概念下，在孩子成長過程中，氣質的某些向度會因環境產生變化或維持穩定的狀態。第一節中，首先陳述氣質穩定

性和變化的基本概念。第二節論述國內外氣質長期追蹤研究的相關文獻。第三節以實徵呈現一項為期三年（民國八十九年至九十一年）的研究報告：〈家長知覺氣質發展的穩定性和變化：六歲至八歲兒童追蹤研究〉，結果發現在氣質之規律性、趨近性和反應閾三個向度上，達顯著差異。在短短的兩年間，氣質各向度呈現這樣的變化和穩定狀態，的確是件有趣的事，然而究竟是什麼原因讓孩子氣質某些向度呈現變化或保持穩定？我以電話訪談了這 116 位兒童的家長，初步了解有些孩子某項氣質向度產生變化的可能原因。

第二部分：氣質在社會互動中的呈現與構成

在 Bronfernbrenner（1979, 1989）的生態系統理論中，與兒童互動最直接，且最重要的兩個系統就是家庭與學校。在家庭，父母是兒童最早接觸的對象，兒童氣質與父母教養方式相互影響著。在學校，兒童漸和同儕互動，不僅會影響人際關係的建立，也會對學業成就有影響。本書提及之社會互動，場景包括家庭與學校，主要探討下列子題。

第五章〈氣質在家庭互動中的呈現〉中，第一節首先談論父母教養方式的意義與類型，類型包括單層面、雙層面及多層面等教養類型。第二節介紹兒童氣質和父母教養方式的相關研究。第三節則敘述探討上述兒童氣質與父母教養之相關的研究歷程、結果與討論，並提出對家長之角色與親職教育之具體建議。

第六章〈兒童氣質和社會能力〉中，兒童社會能力是未來社會適應的指標，也是同儕團體社會地位的決定因素，因此在第一節首先介紹社會能力的概念及模式，如 Schaefer（1978）認為社會能力是種適應行為，Greenspan（1981）則認為是個人有效知覺人際間情境和社會角色，Breeding、Miller 和 Porterfield（1982）認為應包括認知能力、人際能力和自知能力。第二節介紹國內外對兒童氣質和社會能力所進行的相關研究，第三節探討兒童氣質與社會能力之研究歷程、研究結果與結果討論。

第七章〈六位不同氣質類型兒童之同儕互動〉中，主要是因為在第

六章的研究發現，繼續延伸的研究。從兒童氣質和社會能力的 1267 位兒童的量化數據資料，我們深知兩者間的關係，不過，兩者之間如何在社會脈絡中交相互動，更引起我極大的關注，更何況研究人，如果將人抽離情境脈絡予以討論，是種不智的行為。在第二節和第三節中，描述我如何進入幼稚園教室現場，觀察和分析六位不同氣質類型兒童的人際互動，並論述對觀察資料整理與分析中的主要發現。

第八章〈兒童氣質與學業成就〉中，首先介紹國內外兒童氣質與學業成就的相關研究，繼而介紹個人對該主題進行之研究歷程與發現。

第九章〈統整與建議〉中，呈現我對氣質特性和社會互動中氣質的統整與建議。在第一節精要地呈現我對氣質的了解，第二節提出我對氣質研究的建議，包括對自身研究方法的檢討，以及對值得嘗試之方法的建議。

總之，本書各章節是以兒童氣質理論及實徵研究交互輝映的方式來呈現我對兒童氣質的探索與了解。在學理方面，本書能充實氣質研究領域的文獻，可提供其他相關領域與研究學者的參考，包括小兒及精神醫學和兒童發展研究學者在內；在實務方面，本書可提供兒童心智科醫生臨床上的參考，另一方面可提供教師和父母在教學及輔導孩子的參考，避免教師錯估孩子的能力及行為，也讓父母不再質疑自己的教養方式，能真正認清氣質的本質，並能接受孩子的氣質特性。

第一部分
氣質的特性與類型

第二章

氣質的特性

圖畫：羅翊夫

第一節　背景

一、氣質起源爭辯與模式

二、氣質理論取向

第二節　兒童氣質與性別、社經地位之研究

一、研究對象

二、研究工具

三、研究結果與討論

　　人類氣質到底是天生或是後天經驗造成的？學者對這項議題的爭辯由來已久。Buss 和 Plomin（1975）提出三種氣質模式來解釋氣質的起源，即白紙狀態模式、單項氣質模式，以及氣質與環境互動模式。氣質起源沒有定論，氣質一詞的定義也是眾說紛紜，莫衷一是。第一節就將討論這些有關氣質起源的爭辯、模式、相關理論取向，以及我在本書中採取的立場。

　　無論對氣質的起源與定義採取何種立場，氣質特性在不同文化中有所差異，或許是大家都可以同意的現象。第二節的研究就在探討影響文化甚巨的性別與社經地位兩項基本要素和兒童氣質之間的關係。首先我將呈現民國八十一年及九十一年〈兒童氣質在性別和社經地位之研究〉，比較相隔十年，兒童氣質特性在哪些特性上呈現顯著差異，並討論導致氣質差異的可能因素。

第一節　背景

一、氣質起源爭辯與模式

　　有關氣質的起源，東方人對這概念先散見於占卜術，以陰陽五行闡述人格氣質類型，陰陽指氣質的強弱，五行指氣質的形態，之後，氣質之說則化形潛義，散見於各書籍中（林瑞發，民 77）。就此觀點而言，中國人認為「氣質」是一直在改變的，個人的情緒及行為也不是固定不變的，如果覺得某個人是憂鬱的，並非他是憂鬱氣質類型的人，因為這種特質是暫時的，並非永遠不變。中國人對氣質缺乏興趣，並未繼續加以探討，西方對於人類氣質起源早有爭辯，在古羅馬時代，醫生相信氣質是天生的，但後來研究認為氣質受後天經驗所影響，孰是孰非，以下進一步討論之。

㈠氣質起源爭辯與模式

1. 氣質是天生的觀點

有關氣質是天生的看法，早在希臘時代，醫生Galen（1916）就根據人體所謂的熱、寒、乾、溼的能力，提出易怒氣質型、樂觀氣質型、冷淡氣質型及憂鬱氣質型等四種氣質類型，這觀點是建立在生理的基礎上，備受爭議，在幾世紀後，大家不再接受此種看法。

到了十九世紀，許多學者以更有系統的方式探討人類的腦部，認為腦部的某些特定區域與人類的行為有關，如 Franz Gall（1835）就認為氣質及情緒與腦部皮質的結構有關，並可由頭蓋骨測量出來，Joseph Simms 則探討身體體型與氣質間的相關性，他將二十種以上的心理質與五種身體體型做相關，Furneaux Jordan 也提出三種類型，即活動型／心平氣和型、熟慮型／激動型、中間型，並了解與下列心理特性的相關性，如軀幹、健康、顏色及指甲的硬度（Kagan, 1989）；至十九世紀末，受達爾文物競天擇理論的影響，許多學者提出身體體型、臉部、眼睛的顏色、頭髮及皮膚與特定的行為的相關。

在二十世紀初，以體質為基礎的氣質理論仍被接受，如Seldon（1942）從體質的角度探討人格，按體型將人區分為胖、中、瘦三類，每一類型皆與氣質有關，雖是如此，他也相信環境會影響氣質的形成。不久之後，希特勒在政治上濫用體質與氣質的看法，認為只有某一種體型的人優於其他人，在這件事之後，有關生理與行為之間的研究日漸式微。

2. 氣質是後天的觀點

有關氣質的天生理論不受重視時，強調後天環境影響氣質的觀念日漸被接受；在一九三〇年代，在環境影響行為的觀念被接受時，弗洛依德認為成人的行為受早期經驗的影響才被接受，雖是如此，當時還是有些學者持續研究體型與氣質的關係，如Sanford（1942）及Walker（1962）

發現長得高瘦的兒童較會有膽怯的行為，Kagan（1966）也發現相同體型的人與熟慮認知方法有關。

　　至一九七〇年代，心理學家開始強調經驗及豐富環境對兒童行為形式發展的影響性，認為氣質的個別差異發展受社會因素的影響，如與母子的互動、早期經驗以及社經地位都會影響氣質的發展，雖然在一九七〇年代末，還有研究強調生理對氣質的影響，不過卻強調環境及經驗在氣質發展的重要性。

　　在二十世紀，心理學家的研究重點強調氣質對行為障礙的預測性，許多學者臆測氣質具有相當的穩定性，可從嬰兒預測至成人，尤其在一九五六年，Thomas 及 Chess 兩人首先對幼兒先天行為模式的個別差異進行長期追蹤研究，並以「原始反應」和「最初反應」來界定兒童早期的行為特徵。事實上這種早期的個別差異是一種內在行為方式的差異，是嬰幼兒與生俱來的固有特性，在個體發展中，主動積極與環境因素相互作用，而形成個體的個別性；在一九六〇年代，學者也了解兄弟姐妹間的氣質差異，並非只由社會化或經驗所能解釋，因為父母對家中的孩子會有不同的反應，每個孩子對父母而言都是獨立的個體（Thomas, Chess & Birch, 1968）。

3.近代氣質觀點

　　在探討人類行為的過程，最近仍有學者對於氣質起源持續不斷的研究，並提出經驗及生理因素同時影響氣質，如一九六八年，Thomas、Chess 及 Birch 認為生理對氣質的影響並非永久不變，在個體發展的過程中，仍會受到外在環境的影響。在一九八八年，Bornstin 及 Lamb 提出適當的氣質模式必須認同由環境及生物個體交互影響所形成的。事實上，許多學者也認同這個看法，認為氣質雖然具有天生的生理基礎，不過會受後天環境或經驗的修飾，使兒童的氣質有助於未來人際關係及人格的健全發展（Thomas & Chess, 1977；Rorhbart & Derryberry, 1981；Campos, Lamb, Goldsmith & Sternberg, 1983）。

　　我個人認為氣質如同我們的身高、體重般，雖有天生的個別差異，

受基因影響，但是在個體的成長過程中，受環境的影響，並與環境互動，並因社會環境的需求做適度修飾，以因應環境的需要，因而也造成氣質在一段時間或不同的情境下的穩定與變化。

㈡氣質模式

類似氣質的起源觀點，Buss 和 Plomin（1975）在《人格發展的氣質理論》（*A Temperament Theory of Personality Development*）一書中，提出三種氣質模式，如下所述：

1. 白紙模式

假定一個人出生猶如一張白紙，須賴後天的環境予以塑造，不認為人一生下來，就有個別差異。這種模式採取環境決定論，認為環境決定人的一切，如果個人之間有差異時，是在後天環境學習而來；Buss 和 Plomin 認為這種模式只是針對人格的某些層面，對於個人天生傾向之自尊、罪惡感或是獨裁，則無從解釋起。這個觀點類似上述氣質是後天的論點，認為後天環境會決定一切。

2. 單向式氣質模式

有三項基本假設，(1)兒童與生俱來就有遺傳的人格傾向，但顯現於外在表面上，則具有不同的人格特性。(2)個人源於先天基因的不同，而有相異的行為形式，而遺傳傾向於形成人格的個別差異；(3)遺傳的傾向可為環境所修飾，即在發展上除受遺傳、成熟等因素影響外，更因環境及學習經驗的不同，而有不同的行為表現方式。這個論點如前述，是假設氣質是天生的，具遺傳性的。

3. 氣質與環境互動模式

這種模式比單向模式複雜，其中有主要三個論點。

(1)設定風格：由於個人的氣質不同，在呈現自我與他人的互動之中，

會建立不同形態的關係。例如有兩個人都在等待第三個人，其中一人比較沈著，另外一個人就顯得焦慮不安。這兩個人都在建立與第三個人之間，即將到來的交互作用。我們相信在沈著與焦慮不安的個別差異之間，有著氣質的基礎，這種個別差異可以決定與他人互動的初始行為式，這種影響是間接，且具擴散性。

(2)**主動引發的行為**：例如社交能力不同的孩子，會引發不同的行為反應。如果個人在社會互動中有很好的回饋，則會提高彼此之間的回應。互動過程中的溫暖、微笑，也會提升溝通的層次。換句話說，正向的互動，使得人際溝通更加頻繁；負向的互動，容易阻礙與他人關係的建立。

(3)**增強**：增強是社會互動中重要因素之一，如果個體對別人的反應增強時，他人反應的頻率也會增加；反之，如果沒有反應，別人的反應自然消弱。

以上 Buss 和 Plomin（1975）提出的白紙與單向氣質模式，源始於內在的生理傾向，會因個體成熟、學習和環境的差異而做調整。事實上，雖然環境可以改變氣質，但仍有限度。因為，再強的環境也不能完全改變氣質的傾向，最常見的是兒童身上的外界壓力一旦解除後，馬上就會恢復內在原始的活動本性，但不容否認的，氣質也可能改變影響他的環境。

不過，氣質與環境互動模式，不僅摒棄情境論與特質論的單向考慮，同時考慮個人與環境的相互影響，認為人的行為不是單向被動地決定於情境本質，人的反應也並非機械性模式，而是個體與個體知覺到情境之間交互溝通的動態歷程。這理論主要有下列四點觀念：(1)互動的連續歷程，Lewin 早在一九三五年就指出行為是個體與情境因素間持續不斷互動的結果；(2)個體具有主動解釋情境、賦與意義及決定行為的能力；(3)個體具有概化情境刺激的認知及歸類情境事件的能力；(4)情境對個人的心理意義，必須由個體對情境的解釋與認知內容去了解。

由此可知，個體的行為是由個體與環境交互作用而來。我們深知，環境是可修飾氣質，不過，就氣質特性而言是有限的。任何特定環境的影響，其某些現象乃視氣質而定，否則強烈的環境壓力也不能完全改變

氣質的傾向。就此觀點而言，活動小的孩子不能使之成為「永遠活動的機器」；而活動量高的孩子，我們不可能使之永遠保持靜止不動。原因在於孩子對外在的壓力會有反應，即孩子的氣質會受外在環境的影響。

二、氣質理論取向

在氣質起源的爭辯中，可知氣質是受先天及後天環境的交互影響。雖是如此，對於氣質的觀點，發展心理學家、人格理論學家、精神病理學家、行為遺傳學家、臨床醫學家、精神科醫生、小兒科醫生、特殊教育學者等都對氣質有興趣，也分別從不同的角度探討氣質，因為著重觀點互異，莫衷一是。在一九八七年，有一場以 "What is temperament？"為主題的會議，邀請來自不同專業領域的專家，如發展心理學家、精神病理學家、行為遺傳學家、小兒科醫生和特殊教育家等，一起討論氣質的概念。以下是這場會議中，不同學者對氣質的論述觀點。

㈠萌發人格理論

Buss 和 Plomin（1987）認為氣質具有遺傳的人格特質，出現在生命的初期，兩人認為氣質需要具備兩種特性：第一種特性是具有遺傳性，如同智商，第二種特性是氣質特徵是在嬰兒時期出現，尤其是在生命的第一年，以區辨其它的人格特質。在他們的觀念中，有些不屬於人格特質的個別差異會出現在嬰兒時期，這些差異對父母或小兒科醫生而言，在了解孩子是非常重要的，不過這些出現在嬰兒早期的特質，在以後的人格發展上消失不見的，則不屬於氣質特性，例如規律性即是，因為這種行為是屬於過渡性的特質，在未來的發展會消失不見。

㈡行為反應理論

Thomas 和 Chess 認為氣質是指行為如何反應，並非指行為「是什麼」或是「為什麼」，「氣質或許應是指行為如何反應的一般術語，它

不同於能力，氣質指的行為是什麼或如何；它也不同於動機，是解釋個人為何如此做的原因；相反的，氣質是關心個人的行為方式」（Thomas & Chess, 1977, p.9）。他們並認為氣質應具有下列特性：(1)氣質是獨立性的心理特質：氣質不同於動機、能力和人格，也不屬於認知、喚覺、動機或情緒等心理特性，不過在個體的成長過程中，氣質會與這些心理屬性互動，在互動的過程中，會使得孩子在特定的情境下，表現出他的行為反應，例如對於低堅持的孩子，如果他動機很高時，會讓他持續專注在某件工作上；如果孩子動機不高，則容易終止正在進行的工作。(2)氣質是一種對外在刺激、期望或要求的反應：當外在環境對個體心理特質產生影響時，氣質對這種影響會產生互動或介入的功能，所以相同的刺激對個體會產生不同的行為，因此氣質應是在社會情境下加以評量，例如孩子傷心難過時，表現強烈的負向情緒時，在家裏媽媽希望他能靜下來，而向他妥協，可能會增強孩子負向情緒反應；在學校，老師堅定表達自己的立場，決不妥協，則會減弱孩子的此種反應。由此可知，孩子的氣質沒變，但因社會情境的不同，可能增強或減弱孩子的反應。

　　事實上，Thomas 和 Chess 兩人早在一九五〇至一九六〇年就提出氣質與環境是相互影響的概念，環境會影響孩子的氣質特性，相對的，氣質也會影響個體在環境中的判斷、態度及行為。此外，二人也說明氣質與人格之間的關係，認為人格包含了動機與能力、標準與價值、防衛系統及氣質，所以不同的人格特質，可能具有相同的氣質，而相同的人，也可能具有不同的氣質。

㈢情緒／生理調節理論

1. Rothbart 及 Derryberry（1981）的觀點

　　他們認為氣質具有相當的穩定性，並植基於生物性的基礎上，是一種具有反應及自我調節個別差異的特性。就反應性而言，是指個體的興奮行為、內分泌腺、自主中央神經系統的喚醒程度而言；就自我調節而

言，調節本身就是一種過程，例如注意、趨近、趨避和壓抑等等都可以調節反應。就行為觀點而言，氣質是在各種年齡層都可以觀察到的個別差異，如情緒、活動量及注意力；就現象觀點而言，氣質是種精力、興趣及喜愛的情感。

他們認為氣質在嬰兒時期是包括活動量、微笑、害怕、忍受限制（挫折）的程度及適應性，在成人時期，包括自主反應、動作的壓力與反應、腦皮質反應對不舒服的敏感度、害怕、挫折、傷心、快樂的反應程度、注意力分散度及行為壓抑性等等。這些變項與Thomas及其他學者有明顯的相似之處；二人也認為氣質是影響行為及經驗的因素，其它影響的因素有個人的動機、知識結構和期望，因此二人認為個體在特定情境下的反應受個體之前的增強、懲罰或知識結構所影響，為了減少這些影響，他們在許多情境及事件之下，蒐集孩子的反應來評量氣質。

此外，二人認為氣質是人格的部份，因人格包括認知結構，如自我概念及特定的期望和態度，同時也涵蓋在個體與環境間的知覺性及反應性的策略。因此就此觀點，就初生的嬰兒而言，氣質與人格是一致的，但隨著個體的成熟度及與環境之間的互動，則人格結構與策略會隨之成長，所以氣質是未來的人格發展的生物性基礎。

2. Goldsmith 和 Campos（1982，1986）的觀點

他們認為氣質是種表達和經驗原始情緒及原始喚覺的個別差異。兩人將氣質界定在行為層次，但並非認為氣質只有行為的特質而已，他們認為遺傳基因對氣質具有決定性的因素，但是氣質的行為特性在社會情境中更能顯示出它的意義性，且有助於實證的研究。

他們也認為氣質應包括原始的情緒本質，非短暫性的情緒性行為，此外，氣質不包括認知或知覺性的因素或者是短暫性的狀態。Campos、Barrett、Lamb、Goldsmith 和 Sternberg等人（1983）認為情緒應包含下列四項特徵：(1)能調節內在心理過程；(2)能調節社會和人際之間的行為；(3)可由臉部、聲音及姿勢的表達了解基本的情緒；(4)基本情緒的表達是一種無規律化的溝通過程。對於氣質與人格之間的關係，認為氣質是未

來某些人格發展的基礎，如傾向易於生氣者，易發展成攻擊行為，堅持度則會影響成就動機；害怕易形成害羞的特質等等；此外，有些因素，如自我概念、社會及認知技巧會與氣質特質互動，影響未來人格的發展。

由上可知，學者專家因背景之故，導致有不同的氣質觀點。在本書我是採取 Thomas 和 Chess 論點，原因在於他們以實地觀察、訪問及開放式問卷蒐集孩子的行為反應，是同步蒐集質化與量化資料的長期追蹤研究，有著嚴謹的理論基礎。Carey 和 McDevitt 等人（1978, 1984）也基於紐約長期追蹤的理論基礎，編製一系列適合不同年齡層的氣質量表，國內許多醫院，如台大醫院、台北市立婦幼醫院或榮民總醫院都使用這些量表，顯示這些量表具有不錯的信效度；此外，國外學者對這個量表也有不錯的評價。Rothbart 和 Goldsmith 是從情緒／生理調節的角度來看氣質，雖然我個人有興趣從這觀點探討氣質，不過，這方面牽涉許多生理上的專業知識，自己個人受限於這方面的專業背景，因此在本書中暫不從這觀點談論氣質。

第二節　兒童氣質與性別、社經地位之研究

人類學家 Margaret Mead 曾言：「我們應提供證據說明人類的性格是建立於生物基礎上，惟此一生物基礎卻可因社會的標準形成無數的變異」（李亦園，民 81，p.13）。個體是生存在一文化脈絡中，不斷地和外在環境互動，氣質特性也會因在不同文化情境下，而有所不同，在探討文化之間的差異時，性別及社經地位是最基本的現象，以下詳述〈兒童氣質與性別及社經地位之研究〉。

一、研究對象

研究對象取自兩個時間點，第一個時間點在民國八十一年，第二個時間點在民國九十一年，兩者都根據台北市政府教育局編印之「台北市公私立幼稚園一覽表」所劃分之十二個行政區，以分層取樣方式所選取

的。在民國八十一年時，每個行政區選取三至五所幼稚園，每所幼稚園選一至二班大班兒童為研究對象，男生計 644 名，女生共計 623 名，共計 1267 名，研究對象分布情形，詳見附錄 2-1；在民國九十一年時，每個行政區公私立各選擇一所，每所發放約四十份問卷，共發出七百份分問卷，剔除無效問卷，男生 251 名，女生 267 名，共計 518 位，研究對象分布情形詳見附錄 2-2。

二、研究工具

本研究使用的測量工具計有「家庭社經地位調查表」、「幼兒氣質量表」[1] 及「兒童氣質量表」等三種，以下分別予以說明：

㈠家庭社經地位調查表

本調查表主要在了解研究樣本家長教育程度與職業狀況，並據以計算其家庭社經水準。本調查表參考陳英豪（民 67）、張新仁（民 71）之設計，將家長之教育與職業區分為五個等級：⑴高級專業人員或高級行政人員；⑵專業人員或中級行政人員；⑶半專業人員或一般公務員；⑷技術性工人；⑸無技術或非技術工人。家長之教育程度也分為五個等級：⑴研究所以上；⑵專科或大學；⑶高中或高職；⑷初中或國中；⑸小學或未上學。

社經地位指數，即以父母二人教育等級較高者為代表，以 Hollingshed（1957）二因子社會地位指數，將教育程度乘以四，職業指數乘以七，

1　在民國八十一年，我因為研究目的，必須由老師和家長分別填寫孩子氣質，氣質量表的選擇上，只有台北市師範學院幼教系修訂的三至七歲「幼兒氣質量表」，具有老師題本和家長題本兩種，所以採用這量表，共有六個氣質項目。在民國九十一年，我為了持續追蹤孩子在氣質的穩定和變化，所需的量表必須適合從幼稚園持續追蹤至小學，其中依 Thomas 和 Chess 理念編製的一系列嬰幼兒至小學的量表最適合這個研究，有九個氣質項目。

根據兩數之和區分為五個等級，將Ⅰ、Ⅱ歸為高社經、Ⅲ歸為中社經Ⅳ、Ⅴ歸為低社經。其等級之計算方式如表 2-4-1 所示：

表 2-4-1　社經地位等級計算方式

教育等級	教育指數	職業等級	職業指數	社經地位指數	社經地位等級
Ⅰ	5	Ⅰ	5	$5 \times 4 + 5 \times 7 = 55$	Ⅰ（52-55）高社經
Ⅱ	4	Ⅱ	4	$4 \times 4 + 4 \times 7 = 44$	Ⅱ（41-51）高社經
Ⅲ	3	Ⅲ	3	$3 \times 4 + 3 \times 7 = 33$	Ⅲ（30-40）中社經
Ⅳ	2	Ⅳ	2	$2 \times 4 + 2 \times 7 = 22$	Ⅳ（19-29）低社經
Ⅴ	1	Ⅴ	1	$1 \times 4 + 1 \times 7 = 11$	Ⅴ（11-18）低社經

㈡幼兒氣質量表

1. 編製者

幼兒氣質量表（Temperament Assessment Battery for Children, TABC）為美國喬治亞大學教授 Martin（1988a）根據 Thomas & Chess 的氣質問卷（Thomas & Chess, 1977）所編製，共計三種題本：父母題本、教師題本及臨床人員題本，此量表由台北市立師範學院林佩蓉、湯梅英、王珮玲等三人共同修訂（民 80）。

2. 量表內容

幼兒氣質量表計有四十八題，有六個分量表，題目分布情形如下所述，題目內容見附錄 2-3。

(1)活動量（activity）：係指孩子在全天的活動中，其動作節奏的快慢及活動頻率的多寡，如「這個孩子似乎無法安靜坐好，常會動來動去或離開座位」或「這個孩子常用跑的而很少用走的」等之類行為，包括

1、14、18、26（-）[2]、34、40（-）、44（-）、48（-）等八個題目。

(2)**適應性**（adaptability）：指孩子適應新社會環境時，所表現出自如或速度的傾向，如「這個孩子剛開始參與新的活動或遊戲時，會感到猶豫，但很快就能克服」或「這個孩子剛開始不能和其他相處融洽，但不久就能改善關係」等之類行為，包括 5、11、15（-）、19（-）、25、30（-）、38（-）、43 等八個題目。

(3)**趨近性**（approach/withdrawal）：指孩子對新社會情境所表現之接受或拒絕的最初反應。這種新情境包括陌生人、新的食物或新的情況，特別指接受新經驗而言，如「這個孩子能很快地投入新的學習情境」或「即使是第一次，這個孩子也會毫不猶疑地站起來在班上表演（例如：唱歌、背頌）」等之類行為，包括 2（-）、8（-）、16、23、31、35、36（-）、46（-）等八個題目。

(4)**情緒強度**（emotional intensity）：係指孩子表現情緒的傾向，特別是指激烈負向情緒（如生氣、挫折），不僅包括情緒表達層面，也涵蓋了極度興奮或熱心，如「提到周末、假期所發生的事情時，孩子會熱切、興奮地大聲說」或「這個孩子會大聲地回答問題或反應」等之類行為，包括 4（-）、6、12、21（-）、27（-）、32、41、45（-）等八個題目。

(5)**注意力分散度**（distractibility）：指孩子是否易受外界環境的刺激而干擾其正在進行的活動或改變其活動方向的程度，如「這個孩子容易受噪音影響而分心（例如窗外的事物、其他小朋友的耳語）」或「老師說故事時，這個孩子會因為其他小朋友的走動或講話分心」等之類行為，包括 7、10、13、20（-）、28（-）、33（-）、9、47（-）等八個題目。

(6)**堅持度**（persistence）：指孩子持續嘗試去解決困難學習或問題的傾向，即使面對干擾與障礙時，能繼續維持該活動方向的程度而言，如「如果這個孩子所進行的活動被打斷，他仍會做原來的活動」或「這個

2　題目有（-）標示者，代表負向計分題，即本來計分為 1 分、2 分、3 分、4 分、5分、6 分、7 分，負向題為 1 分→7 分、2 分→6 分、3 分→5 分、4 分→4 分、5分→3 分、6 分→2 分、7 分→1 分。

孩子會一再練習新的技巧」等之類行為，包括 3、9 (-)、17 (-)、22、
24、29、37 (-)、42 (-) 等八個題目。

3.計分方法

　　由教師觀察兒童行為予以評量，但教師在評量孩子的氣質之前，須
至少認識孩子兩個月以上，並根據過去三個月的行為表現，予以評量之。
若對問題不清楚時，則不予填答，假使量表中有三題或三題以上未填答，
則量表則不予計分。教師題本有四十八題，評估時間約需十五分鐘，每
題係按兒童表現的頻率程度分為由「從不」、「有時」到「總是」七點
量表，分別給與一到七分，負向題 (-) 則轉換計分。

4.信度

　　原量表內部一致性信度為 .70 至.90，同一位教師評量之再測信度.70
至.83。在本研究中，活動量內部一致性信度為 .86，適應性為 .80，趨近
性為 .85，情緒強度為 .73，注意力分散度為 .82，堅持度為.86，全量表內
部一致性信度為.86。

㈢兒童氣質量表

1.修訂者

　　由台大醫院兒童心理衛生中心發展研究小組修訂自 Carey 和 McDevitt
（1978b）編製的「兒童氣質量表」（Behavior Style Questionnaire, BSQ）。

2.內容

　　分為兩部分，第一部份為基本資料，第二部份為氣質量表，見附錄
2-4。

　　⑴基本資料：除了家庭基本狀況之外（父母教育程度、職業等），
也包括母親生育孩子的相關問題，如 A.懷這個小孩的年齡；B.懷小孩時

是否患病；C.懷小孩時，除了維生素、鐵劑外，有無長期服藥；D.懷孕期，是否有陰道出血、下腹痛、打過安胎針 E.懷孕期是否有併發症；F.懷孕期；G.嬰兒出生時體重；H.生產方式；I.胎位；J.嬰兒剛出生時的情況；K.有沒有在保溫箱；L.有沒有發生新生兒黃疸；M.出生後至今是否曾患過腦炎、腦膜炎、發高燒、頭部受傷、腦性麻痺、鉛中毒、抽筋；N.滿足歲前的活動情形；O.您的這位小孩有沒有注意力短暫、寫字顛倒、動作協調不好、記憶力較差、數字觀念差、語言發展較遲緩；P.家中其他小孩有沒有比較好動的人；Q.小孩主要由誰照料。

(2)**量表內容**：包括九個向度，詳述如下。

①**活動量**：指孩子全天的活動中，其動作節奏的快慢及活動頻率的高低。例如「不論在室內或室外活動，孩子常用跑的而少用走的」或「在遊樂場玩時，很活躍，定不下來，會不斷地跑，爬上爬下，或擺動身體」等，各分布在 1、18、24、34（-）、45、53（-）、60（-）、64（-）等八個題目。

②**規律性**：指孩子反覆性的生理機能，如睡眠和清醒的時間、饑餓和食量等是否有規律。例如「每天要定時吃點心」、「每天定時大便」等，各分布在 6、13、20、31（-）、38（-）、47（-）、55、70 等八個題目。

③**適應性**：不論孩子的趨近性如何，他適應新的人、事物、場所和情況的難易度和時間的長短，即為適應性。例如「到別人家裏，只要去過二、三次後，就會很自在」或「在新環境中（例如，托兒所、幼稚園或小學），二、三天就適應」，各分布在 7、15、25（-）、32、40（-）、51（-）、59、68（-）等八個題目。

④**趨近性**：指孩子第一次接觸人、事、物、場所和情況等新刺激時，所表現接受或拒絕的態度。例如「對陌生的大人不會感到害羞」或「遇到陌生的小朋友不會感到害羞」，各分布在 4（-）、10（-）、21、30、42、46、62（-）、66（-）等八個題目。

⑤反應強度：指孩子對內在和外在刺激所產生反應的激烈程度。例如「對食物的喜好反應很明顯，喜歡的很喜歡，不喜歡的很不喜歡」或「做事做得不順利時，會把東西摔在地上，大哭大鬧」，各分布在 8、16、27（-）、35（-）、43、54、61（-）、69（-）等八個題目。

⑥情緒本質：指孩子在一天中，行為表現愉快或不愉快，和悅或不和悅，友善或不友善程度的比例。例如「和其他小孩玩在一起時，顯得很高興」或「當談到一些當天所發生的事情時，會顯得興高采烈」，各分布在 2、14、19、29（-）、41、50（-）、56（-）、65（-）等八個題目。

⑦易轉移注意力：指孩子是否容易轉移其注意力，例如「心情不好時，可以很容易地用笑話逗他開心」或「逛街時，他很容易接受大人用別的東西取代他想要的玩具或糖果」，各分布在 9、17、26（-）、36（-）、44（-）、52、63（-）、71等八個題目。

⑧堅持度：指孩子正在作或想作某件事時，若遭到困難或挫折時，仍繼續維持原活動的傾向。例如「做一件事時，例如，畫圖、拼圖、做模型等，不論花多少時間，一定做完才肯罷休」或「玩一樣玩具或遊戲，碰到困難時，很快地就會別的活動」，各分布在 5、12（-）、22（-）、28、37、48（-）、58（-）、72，各分布在等 8 個題目。

⑨反應閾：指引起孩子反應所需要的刺激量。例如「嗅覺靈敏，對一點點不好聞的味道很快地就感覺到」或「很快地注意到不同顏色，（例如會指出那些顏色好不好看）」，各分布在 3（-）、11、23（-）、32、39（-）、49、57（-）、67 等八個題目。

(3)信效度：信度原量表之再測信度為 0.89，內部一致性信度為 0.84。陳玉華的研究中，再測信度為 0.38-0.73；效度有建立構念效度。

三、研究結果與討論

㈠研究結果

1. 兒童氣質與性別

　　⑴民國八十一年：由表 2-4-2 中顯示不同性別在兒童氣質各分量表平均數、標準差及 t 考驗結果。由平均數來看，男生以適應性和及注意力分散度最低；而女生以適應性最高，但以活動量為最低。由 t 值得知，男生在氣質各分量表得分高於女生且達.001 顯著水準有：活動量、情緒強度及注意力分散度，女生高於男生且達.001 顯著水準有：適應性及堅持度。

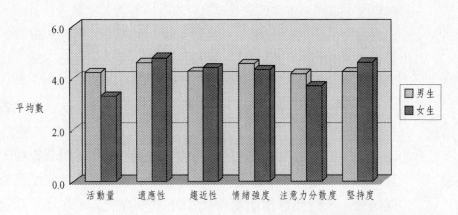

圖 2-4-1　民國八十一年男女兒童在氣質各向度的直條圖

表 2-4-2　民國八十一年兒童氣質與性別之 t 考驗

性別 氣質向度　M.SD	男生（N=593）		女生（N=544）		t 值
	平均數	標準差	平均數	標準差	
活動量	4.217	10.481	3.3100	8.423	12.91***
適應性	4.623	8.338	4.824	8.023	-3.30***
趨近性	4.290	9.160	4.417	9.263	-1.87
情緒強度	4.577	8.160	4.342	7.875	3.93***
注意力 分散度	4.171	8.847	3.695	8.173	7.46***
堅持度	4.261	9.341	4.637	8.407	-5.71***

***p<.001

(2)民國九十一年：由表 2-4-3 中顯示不同性別在兒童氣質各分量表得分的平均數、標準差及 t 考驗結果。由平均數來看，男生以適應性及注意力分散度最低；而女生以適應性最高，但以活動量為最低。由 t 值得知，男生在氣質各分量表得分高於女生且達.001 顯著水準有：活動量、適應性、注意力分散度及反應閾，女生高於男生且達.001 顯著水準有：情緒本質及堅持度。

表 2-4-3　民國九十一年氣質與性別之 t 考驗

氣質向度　　　性別　M.SD	男生（N=243）		女生（N=256）		t 值
	平均數	標準差	平均數	標準差	
活動量	3.737	.8329	3.486	.7420	3.545***
規律性	4.513	.7419	4.414	.8828	1.318
適應性	5.110	.7949	4.970	.7910	1.984*
趨近性	4.161	.8465	4.078	.8565	1.107
反應強度	3.644	.8143	3.673	.7599	-0.402
情緒本質	4.769	.6950	4.921	.5990	-2.632**
反應閾	3.509	.8041	3.348	.7640	2.132*
注意力分散度	5.562	1.1059	4.927	1.0216	7.46***
堅持度	5.681	1.1676	6.182	1.0510	-5.71***

*p<.05；**p<0.1；***p<.001

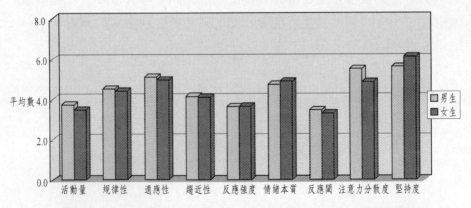

圖 2-4-2　民國九十一年男女兒童在氣質各向度的直條圖

　　(3)民國八十一年和民國九十一年兒童氣質在性別的差異：由表 2-4-4 中顯示不同性別在兒童氣質各分量表得分的平均數、標準差及 t 考驗結

果。由平均數來看，我們發現民國八十一年高於民國九十一年的氣質特
性有適應性、注意力分散度，其他如活動量、趨近性、堅持度、反應強
度則低於民國八十一年，見圖 2-4-3 所示。

表 2-4-4 民國八十一年和民國九十一年兒童氣質比較摘要表

氣質向度　　　　　年代 M.SD	民國 81 年（N=1267）平均數（標準差）	民國 91 年（N=518）平均數（標準差）
活動量	3.763（1.182）	3.616（.793）
規律性	----------------------	4.467（.838）
適應性	4.536（1.023）	5.025（.789）
趨近性	4.356（1.151）	4.404（.893）
情緒本質	----------------------	4.844（.651）
注意力分散度	3.933（1.064）	4.508（.723）
堅持度	4.449（1.109）	4.098（.579）
反應閾	----------------------	3.429（.754）
反應強度	4.460（1.002）	3.656（.779）

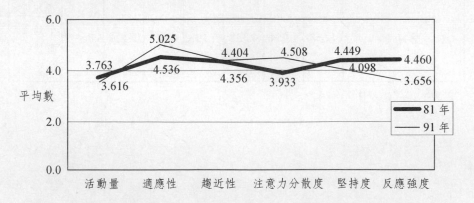

圖 2-4-3 民國八十一年和民國九十一年兒童氣質比較圖

2.兒童氣質與家庭社經地位

　　由表 2-4-5 中顯示家庭社經在氣質各分量表的平均數、標準差及單變量考驗。從平均數來看，無論高社經、中社經或低社經皆以適應性最高，以活動量為最低。而由 F 值得知，家庭社經水準在氣質之注意力分散度、堅持度分別達.05 及.001顯著水準，並以Scheffe'做事後比較，注意力分散度，中社經高於高社經，在堅持度上，高社經高於中社經及低社經。

表 2-4-5　兒童氣質在家庭社經地位之單變量考驗及事後比較

社經地位　　M.SD 氣質向度	高社經（N=339）		中社經（N=358）		低社經（N=117）		單變量 F 值	Scheffe' 事後比較
	平數數	標準差	平均數	標準差	平均數	標準差		
活動量	3.634	1.241	3.844	1.299	3.838	1.319	2.569	
適應性	4.837	0.995	4.736	1.067	4.672	1.061	1.401	
趨近性	4.411	1.158	4.376	1.054	4.285	1.122	0.895	
情緒強度	4.517	1.013	4.455	1.054	4.374	0.958	1.641	
注意力分散度	3.767	1.032	3.985	1.378	3.970	1.132	4.116*	中社經>高社經
堅持度	4.658	1.054	4.358	1.193	4.425	1.126	6.86***	高社經>中社經 高社經>低社經

*p<.05；***p<.001

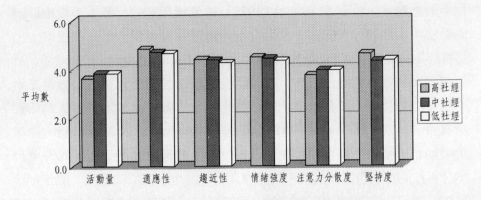

6.0
4.0
2.0
0.0

平均數

活動量　適應性　趨近性　情緒強度　注意力分散度　堅持度

高社經
中社經
低社經

圖 2-4-4　兒童氣質在家庭社經地位的直線圖

(二)討論

1. 兒童氣質與性別

　　從實徵研究中顯示的男女氣質差異，可以讓我們知道在不同文化下對男女角色的期望與價值觀。在民國八十一年的研究顯示男生顯著高於女生是活動量、情緒強度和注意力分散度；女生高於男生的是適應性和堅持度；在民國九十一年，男生顯著高於女生的是活動量、適應性、注意力分散度和反應閾，女生高於男生有情緒本質及堅持度。相隔十年，男生高於女生共同的特性是活動量和注意力分散度，女生高於男生則是堅持度。換句話說，這十年來，家長一直認為男生比較好動，不容易坐得住，也比較容易分心。男生好動是很自然的一件事，家長似乎比較不會特別限制他們的行動，不過，家長比較不易接受易女生好動，認為女生要有女生的樣子，對女生的動作比較會有所要求，因此形成男生在活動量高於女生的主要原因。

　　Thomas 和 Chess（1977）在 NYLS 的縱貫研究中，曾探討性別與氣質質的關係四十五次，結果呈現性別差異之特質者有活動量、注意力分散度及堅持度各一次，適應性二次，反應閾三次，其他皆無性別差異，Carson（1984）研究 202 位十二至三十六個月孩子的氣質，也發現男生比

女生活動量大，Buss 和 Plomin（1975）曾瀏覽相關的文獻，並提出以下的看法：「四歲以下的孩子，男女在活動量沒有差異，然而四歲以上，卻有許多研究指出男生的活動量大於女生」（Buss & Plomin, 1975, p150），為何四歲前後有如此的差異？四歲以後的孩子是否受到男生活動量應大於女生的刻板性別角色社會化的影響。為了更嚴謹有效地了解男女活動量真正的差異，Halverson（1988）嘗試在不同情境，以 Actometer、標準化觀察和評量表不斷重複觀察孩子的行為，結果也發現，在不同的場合中，男孩的活動量高於女孩。國內學者的研究也有類似的結果（陳玉華，民 70；鄒國蘇，朱曉慧、陳美吟、黎曉鶯、徐澄清，民 76；張美麗，民 80）。

2. 兒童氣質與社經地位

從研究中發現高社經的兒童比中低社經地位兒童，比較能集中精神，不易分心，而且具有高堅持度。在相關研究中顯示高注意力集中度和堅持度兩種氣質特性是工作導向的指標，因此具這兩種特性的孩子，也比較有高學業成就。在 Berry（1980）的研究顯示，父親的職業狀況和兒童的氣質有顯著相關，具有專業工作的父親，其子女皆無難養育型，而職業不需技能者，其子女大都被母親評為難養育型。Renfeldt（1982）的研究也發現，難養育型的兒童與母親的社會地位有很大關係。

不過，有些研究卻顯示兩者之間沒有相關存在，如 Persson-Blennow 和 McNeil（1981）的研究顯示：社經階層與氣質無關係存在。至於國內的研究，葛應欽、莊義利、許重勝、葉紅村、陳金樹、許重慶等人（民 70）認為規律性、反應強度、活動量、堅持度及注意力分散度與家庭社會經濟階層有密切的關係，不過鄒國蘇（民 76）在北部地區的研究卻指出：家庭社經地位與各氣質特徵皆無相關存在。

我們深知，個體的行為是由氣質與環境交互作用而來，因此在不同的時空下，男女兒童氣質的外在表現，會顯示當時價值觀念的影響。從以上的研究結果，我們發現民國八十一年高於民國九十一年的氣質特性有活動量、反應強度，其他如適應性、趨近性、注意力分散度、堅持度，

則低於民國八十一年。換句話，比起十年前五至六歲的孩子，現在的孩子，活動量比較小，適應能力比較好，比較大方外向，不過，也比較容易分心，堅持度高，情緒反應比較弱。在活動量上，或許與現在孩子活動的空間有限，迷於電動、參加才藝課程及到安親班有關。在趨近及適應上，因為孩子有較多及較早機會接受外在的資訊，相對地，也可能因為太多外在的資訊，導致孩子容易分心的現象。此外，現代孩子會有所堅持，不過，在情緒反應上，比以前的孩子收斂，或許他們較早在社會的期許下，期望他們表現合宜的行為。

　　在民國八十一年和民國九十一年的兩個時間上，男生高於女生的氣質特性有活動量及注意力分散度，女生高於男生的氣質特性，只有堅持度。這種現象，似乎反應我們傳統長期以來性別角色的觀念，認為男生比女生好動、易分心。不過，果真如此嗎？或許本研究的兒童氣質資料，是由父母填寫問卷，受限於家長知覺孩子的氣質，未來的研究可嘗試由孩子、家長、老師分別填寫，做進一步的比較。

第三章

氣質的類型

圖畫：吳劍葳

第一節　氣質類型介紹

一、Hippocrates 和 Galen 的氣質類型觀

二、Sheldon 的氣質類型觀

三、Thomas 和 Chess 等人的氣質類型觀

四、Kagan 的氣質類型觀

第二節　研究歷程

一、研究對象

二、研究工具

三、資料的處理和分析

第三節　研究結果、討論與建議

一、研究結果

二、討論

三、建議

　　在第二章，我們不僅清楚氣質的概念，而且了解在不同文化時空下氣質的差異。不過，在日常生活，和眾多兒童相處，我們不難發現，每個兒童都有自己的「型」，有些害羞內向，有些活潑外向。中國古代將人的這種特性，分成木、火、土、金、水等五類型，西方醫生 Hippocrates 依人的體液分類成多血液體質、黃膽汁體質、黑膽汁體質型及黏汁液體質等四類型，之後，Galen（西元前 129）修飾 Hippocrates 的觀念，提出易怒型、樂觀型、冷淡型及憂鬱型等四類型。不過，這些看法，缺乏客觀的科學基礎，一度受到質疑。

　　在一九五六年時，小兒科醫生 Thomas 和 Chess 依據理論和臨床的經驗，認為每個兒童都是某種氣質向度的組合，只是強弱程度的差異。他們將孩子依養育的難易度分為「安樂型」、「慢吞吞型」及「困難型」等三類型，Carey 和 McDevitt（1977）修正這觀點，增加「中度養育困難型」和「輕度養育困難型」孩子。Kagan（1994）則提出行為抑制型（In-hibited Type）和非行為抑制型（Uninhibited Type）兩種氣質類型。

　　以上是國外學者的氣質分類，國內孩子情形如何？在本章中，我蒐集國內 490 位大班兒童的氣質資料，以集群分析處理，發現孩子被分為六集群，依每集群特性，分別命名為普遍型、社交型、專注型、自如型、好動型、文靜型。此外，並探討這些氣質類型在性別及社經地位的分布，以下詳述之。

第一節　氣質類型介紹

　　中國在古代就已有氣質方面的概念，並以陰陽五行闡述人格氣質類型，陰陽指氣質的強弱，五行指氣質的形態。就陰陽而言，在易經中提出「陰」及「陽」，形成「氣」，「氣」使個人身心達到一平衡狀態（南懷瑾，民 78）。中國對個人五種氣質形態「木、火、土、金、水」提出與季節、情緒、味覺及器官之間的相關性，就木而言，其季節在春天，但情緒反應是生氣的、味覺是酸性、器官在肝臟，其餘見表 3-1-1。

　　中國人根據陰陽五行提出有關氣質形態，不過，認為「氣」是一直

在改變的因素，例如我們覺得某個人是憂鬱的，但是這種特質是暫時的，並非永遠不變，所以氣質無從研究起，並未繼續加以探討。西方人不同於東方人的觀點，對於氣質類型，他們的想法如下。

表 3-1-1　中國對自然的分類

五行	木	火	土	金	水
季節	春天	夏天	夏季末	秋天	冬天
情緒	生氣	喜悅	憐憫；同情	傷心	害怕
味覺	酸的	苦的	甜的	鹹的	辣的
器官	肝臟	心臟	脾臟	肺臟	腎臟

資料來源：Jerome Kagan (1994), *Galen's Prophecy*, p.5

一、Hippocrates 和 Galen 的氣質類型觀

　　早在希臘羅馬時代，西方醫師 Hippocrates 就根據人體的熱、寒、溼的現象，提出四種的氣質類型，他認為一個人身上會同時具有四種體液且成平衡狀態，倘若有不平衡狀態，是身上某種體液較占優勢，因而形成不同氣質類型，例如黑膽汁體液占優勢，個人表現在外特質就比較傾向憂鬱，比較敏感。四種體液表現在外特質如下所述。

　　1. 多血液體質型（blood）：這種體質類型給人感覺活潑大方，精力旺盛，反應靈敏，正直，樂觀，好交際，能順應時代潮流，可是意志力薄弱，遇到挫折容易屈服。

　　2. 黃膽汁體質型（yellow bile）：這種體質類型感覺上反應快，積極且意志力強，不過急躁易怒，容易衝動，也較難約束。

　　3. 黑膽汁體質型（black bile）：這種體質類型多愁善感，情緒脆弱，做事十分謹慎小心，敏感，畏縮以及不愛說話。

　　4. 黏汁液體質型（body fluids）：這種體質類型感覺上缺乏活力，行動遲緩，在做人方面拘謹，感情上極少動搖或產生變化，在工作上有耐

性、冷靜而堅強。

這四種體液會產生兩種身體體質,即「暖對冷」及「乾對濕」兩種,並與四種基本物質產生關聯性,即「火、氣、土、水」,如圖 3-1-1 所示,氣質與四行之相關,見表 3-1-2。這四種物質會在個人體內上產生看不到的內在特質,但我們可從個體的外在表現的理性、情緒及行為中觀察得到。例如有些人個性比較容易衝動或發怒,是因為他們先天本質較屬於「濕性」所導致的。

根據四種體液,Galen 醫生(西元前 129)修飾 Hippocratics 的觀念,根據四種體液提出下列氣質類型:(1)易怒氣質類型;(2)樂觀氣質類型;(3)冷淡氣質類型;(4)憂鬱氣質類型。形成這四種氣質類型,是因為體內某種體液過多所產生的,例如易怒氣質類型因為體內過多的黃膽汁,所以體質比較「暖及乾」,個性比較容易衝動及生氣。樂觀氣質類型的人,因為體內較多的血液,所以體質比較「暖及濕」,個性比較開朗。冷靜氣質類型的人是因為體內過多的黏液質,體質比較「冷及濕」,個性傾向平穩、冷靜。憂鬱氣質類型的人是因為體內過多的黑膽汁,體質比較「冷及濕」,個性傾向憂鬱、不開朗。

雖然這四種氣質類型與個人的體液有關,但無疑的個人的特性還是會受到外在因素的影響,特別是氣候及食物。通常個人的體質在春天會比較溫暖和潮濕,人會比較樂觀,在秋天,個人的體質會比較寒冷和乾躁,會比較傾向憂鬱;因此 Hippocrates 就認為亞洲人身處溫帶,個性較地中海區域的人溫和(Kagan, 1994)。

表 3-1-2　氣質與四行及體液的相關表

氣　　質	因素(四行)	體　　液
易怒氣質類型(choleric)	火(fire)	黃膽汁(yellow bile)
樂觀氣質類型(sanguine)	氣(wind)	多血液(blood)
冷淡氣質類型(phlegmatic)	水(water)	黏汁液(body fluid)
憂鬱氣質類型(melancholic)	土(earth)	黑膽汁(black bile)

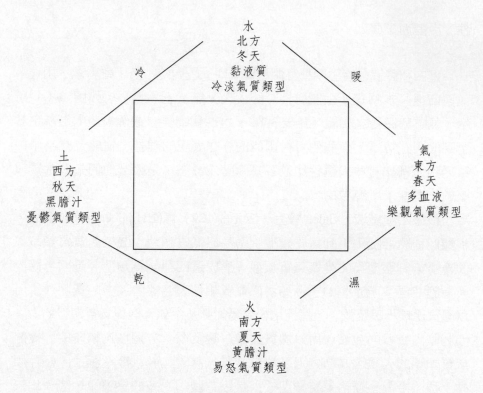

圖 3-1-1 Galen 的氣質類型與四種自然領域

資料來源：Jerome Kagan (1994), *Galen's Prophecy*, p.3

二、Sheldon 的氣質類型觀

早在一九四二年，Sheldon 出版 *Varieties of Temperament* 一書時，人們便把他的名字與氣質聯想在一起，並了解他是從體質的角度探討人格。Sheldon最主要的貢獻是提出人格類型論，每一類型皆與氣質有關。他蒐集四千多張大學男生之裸身照片。按體型區分為胖、中、瘦三類。

1. 內胚型：矮小、圓胖是屬於內胚型，具有臟腑性氣質，其特性為好舒適、反應慢、喜交遊、待人寬容、情緒表達平衡、極易感到滿足，同時好美食且消化機能良好，此種體型與氣質相關為 0.79。

2. 中胚型：體格結實、肌肉發達的人是屬於中胚型，具有肌體型氣

質，其特性為體力強健、精神充沛、好冒險、喜運動，具有競爭與侵略的精神，故衝動而好鬥，對權力之追求極感興趣，本項體型與氣質之相關為 0.82。

　　3. 外胚型：身材瘦長、肌肉不堅實的人則是外胚型，其具有神經性氣質，其特性為思想周密、行動謹慎、情緒緊張、反應靈敏、多憂慮、患得患失、好獨處、不擅交際，對各種願望多壓抑隱藏於內心，本項體型與氣質之相關為 0.83。

　　以後的學者根據此觀點做研究，卻發現類型論與氣質之間的相關低；另外，Sheldon 對氣質特性或發展，並未作任何說明，只是認為體型的建立是一重要變項。

三、Thomas 和 Chess 等人的氣質類型觀

　　在紐約長期追蹤研究中，Thomas 和 Chess Birch（1977）發現，兒童氣質中之規律性、趨避性、適應性、情緒本質和反應強度等五項較會影響親子關係的建立、社會化的過程及行為問題的發生。因此根據此五項氣質向度，將兒童養育程度的難易分為三類型。

　　1. 養育困難型：這類型氣質特性為不規則的生理機能表現，面對環境改變的適應性低，對新刺激採取退縮反應，且反應強度激烈，多為負向情緒表現。

　　2. 慢吞吞型：這類型兒童對新情境採取退縮反應，須很長時間才能適應新的環境，此外，其活動量低，反應強度弱，會有負向情緒表現。

　　3. 安樂型：這類型對環境的改變適應性高，對新情境採趨近性，於日常生活中表現出愉悅的態度。

　　在研究中發現氣質類型的人數比例大致是：養育困難型占 10%，慢吞吞型占 15%，安樂型占 40%，另外有 35% 的兒童不易分類。由此三類型中可知，不見得每位兒童都能歸類在某種類型上，更何況這三類型皆

屬較極端特質，因此後來Cary和McDevitt（1978a）以203位嬰兒建立新的常模，並以「困難—容易」的氣質項目之得分，與常模比較後，將幼兒的氣質特徵分為下列五種：根據此三類型，又加入「高度養育困難型」和「中度養育困難型」兩種類型。

1.高度養育困難型：此類型氣質的孩子在五項「困難—容易」的氣質項目中，有四或五項得分須高於平均值，其中必須包括反應強度，且至少有兩項得分必須高於一個標準差。

2.慢吞吞型：此類型氣質的孩子在四或五項「困難—容易」的氣質項目中得分須高於平均值，但是趨近性或適應性必須有一項得分必須高於一個標準差，活動量得分則不可高於一個標準差，情緒本質得分則不可低於一個標準差。

3.中度養育困難型：此類型氣質的孩子在四至五項「困難—容易」的氣質得分必須高於平均值，其中有一項必須高過一個標準差，或是有二至三項的得分必須高於平均值，以及有二至三項氣質項目大於一個標準差。

4.輕度養育困難型：不屬於其他四種類型的孩子。

5.容易養育型：此類型氣質的孩子有二項以下在「困難—容易」的氣質得分高於平均值，但沒有任何項目大於一個標準差。

四、Kagan 的氣質類型觀

上述的學者將孩子分成三至五種類型，但 Kagan 只將孩子分成行為抑制型（Inhibited Type）、非行為抑制型（Uninhibited Type）兩種氣質類型，以下分別論述之。

㈠行為抑制型

Kagan 和他的同事們認為對於陌生的人，無論同儕或其他成人都會感到害羞，是氣質中的一部份，稱為對陌生的抑制行為（Arcus, 1991; Kagan, 1994; Kagan, Reznick, Clark, Snidman, & Garcia-Coll, 1984）。抑制型對於陌生的人、事、物或情境，剛開始都會逃避或者感到苦惱，或者會花較多的時間去接近陌生的同儕團體或遊戲情境，甚至是否有無在玩，都需花許多時間接近媽媽；此外，對於問題解決上，他們傾向於很快回應（衝動型）或者花很長的時間回應（沈思型），然而，這類型的孩子可能會因為經驗而學會在陌生人面前不再那麼害羞。此外，行為抑制型較非抑制型孩子的媽媽，認為孩子較常感到害怕、常做惡夢、便秘或失眠（Kagan et al., 1984），形成此因在於交感神經的生理機制導制以上的各種現象。

如果一位二十一個月大的幼兒，被歸為行為抑制型，一般而言，此類型的兒童會有抑制行為，至四十八個月時，也會有高度交感神經的喚起，至四歲時，他會有下列行為：⑴對於陌生的同儕團體會有抑制行為；⑵在認知過程中，會有頻率較高且穩定的心跳；⑶在聽一喚起孩子同理心的故事過程中，幼兒心跳會加速；⑷會自願猜想不完全的圖案及周遭的聲音；⑸在聽故事時，會執著在被動的角色上；⑹會常瞥向主試者，較少不安的行為。

㈡非行為抑制型

Kagan 認為非行為抑制型孩子對於陌生的人、事、物或情境，較具社交性，或者較有情感的反應，在問題解決上，他們傾向於以一般速度回應，不像行為抑制型的衝動或沈思；此外，也不似行為抑制型的孩子常做惡夢、便秘或失眠，或者交感神經易被喚起，對陌生的同儕不會害羞，在認知過程中，在生理上會有頻率較低且具變化的心跳。事實上，有關行為抑制型或非行為抑制型，如同 Jung（1923）和 Eysenck（1947）所劃分的內向及外向類型或者是 Galen 所認為的樂觀氣質類型和冷淡氣質類型，通常內向型的人被認為是害羞的、細心的或者怕羞的；而外向型的人通常被認為具社交性及外向的，類似 Kagan 的非行為抑制型孩子。

第二節　研究歷程

一、研究對象

　　本研究之樣本乃根據台北市政府教育局編印之台北市公私立幼稚園一覽表所劃分之十二個行政區，每個行政區選一至二所幼稚園，每所幼稚園選一至二班大班兒童為研究對象，男生計 247 名，女生共計 243 名，共計 490 名，分布區域和學校如表 3-2-1 所示：

二、研究工具

　　研究中只使用「幼兒氣質量表」，有關量表的編製者、內容、計分方法和信效度，如下所述：

　　㈠編製者：幼兒氣質量表（Temperament Assessment Battery for Children, TABC）為美國喬治亞大學教授 Martin（1988a）根據 Thomas & Chess 的氣質問卷（Thomas & Chess, 1977）所編製，共計三種題本：父母題本、教師題本及臨床人員題本，此量表由台北市立師範學院林佩蓉、湯梅英、王珮玲等三人共同修訂（民 80）。

　　㈡量表內容：兒童氣質量表計有四十八題，有六個分量表，題目分布情形如下所述：

表 3-2-1　研究對象一覽表

區　域	幼　稚　園	男　生	女　生	全　體
松山區	敦化國小附幼	13	13	26
	三民幼稚園	8	11	19
信義區	永吉國小附幼	12	12	24
	信義國小附幼	14	15	29
大安區	大安國小附幼	13	13	26
	懷恩幼稚園	15	13	28
中山區	吉林國小附幼	14	14	28
	長春幼稚園	14	8	22
中正區	市立師院附幼	13	12	25
	螢橋國小附幼	12	14	26
大同區	明倫國小附幼	9	11	20
萬華區	萬大國小附幼	13	13	26
	光仁國小附幼	7	9	16
文山區	萬芳國小附幼	15	9	24
	力行國小附幼	12	10	22
南港區	東新國小附幼	12	14	26
	欣兒幼稚園	10	5	15
內湖區	麗山國小附幼	9	13	22
	藝能幼稚園	8	9	17
士林區	士林國小附幼	9	13	22
北投區	關渡國小附幼	7	8	15
	愛彌兒幼稚園	8	4	12
總　數		247	243	490

1. 活動量（activity）：係指孩子在全天的活動中，其動作節奏的快慢及活動頻率的多寡，如「這個孩子似乎無法安靜坐好，常會動來動去或離開座位」或「這個孩子常用跑的而很少用走的」等之類行為，包括1、14、18、26（-）、34、40（-）、44（-）、48（-）等八個題目。

2. 適應性（adaptability）：指孩子適應新社會環境時，所表現出自如或速度的傾向，如「這個孩子剛開始參與新的活動或遊戲時，會感到猶豫，但很快就能克服」或「這個孩子剛開始不能和其他相處融洽，但不久就能改善關係」等之類行為，包括 5、11、15（-）、19（-）、25、30（-）、38（-）、43 等八個題目。

3. 趨近性（approach/withdrawal）：指孩子對新社會情境所表現之接受或拒絕的最初反應。這種新情境包括陌生人、新的食物或新的情況，特別指接受新經驗而言，如「這個孩子能很快地投入新的學習情境」或「即使是第一次，這個孩子也會毫不猶疑地站起來在班上表演（例如：唱歌、背頌）」等之類行為，包括2（-）、8（-）、16、23、31、35、36（-）、46（-）等八個題目。

4. 情緒強度（emotional intensity）：係指孩子表現情緒的傾向，特別是指激烈負向情緒（如生氣、挫折），不僅包括情緒表達層面，也涵蓋了極度興奮或熱心，如「提到周末、假期所發生的事情時，孩子會熱切、興奮地大聲說」或「這個孩子會大聲回答問題或反應」等之類行為，包括4（-）、6、12、21（-）、27（-）、32、41、45（-）等八個題目。

5. 容易轉移注意力／注意力分散度（distractibility）：指孩子是否易受外界環境的刺激而干擾其正在進行的活動或改變其活動方向的程度，如「這個孩子容易受噪音影響而分心（例如窗外的事物、其他小朋友的耳語）」或「老師說故事時，這個孩子會因為其他小朋友的走動或講話分心」等之類行為，包括7、10、13、20（-）、28（-）、33（-）、9、47（-）等八個題目。

6. 堅持度（persistence）：指孩子持續嘗試去解決困難學習或問題的傾向，即使面對干擾與障礙時，能繼續維持該活動方向的程度而言，如「如果這個孩子所進行的活動被打斷，他仍會做原來的活動」或「這個

孩子會一再練習新的技巧」等之類行為，包括3、9（-）、17（-）、22、24、29、37（-）、42（-）等八個題目。

㈢計分方法：由教師觀察兒童行為予以評量，但教師在評量孩子的氣質之前，須至少認識孩子兩個月以上，並根據過去三個月的行為表現，予以評量之。若對問題不清楚時，則不予填答，假使量表中有三題或三題以上未填答，則量表則不予計分。教師題本有四十八題，評估時間約需十五分鐘，每題係按兒童表現的頻率程度分為由「從不」、「有時」到「總是」七點量表，分別給與一到七分，負向題（-）則轉換計分。

㈣信度：原量表內部一致性信度為 .70 至 .90，同一位教師評量之再測信度 .70 至 .83。在本研究中，活動量內部一致性信度為 .86，適應性為 .80，趨近性為 .85，情緒強度為 .73，注意力分散度為 .82，堅持度為 .86，全量表內部一致性信度為 .86。

三、資料的處理和分析

㈠以集群分析方法探索國內兒童氣質類型的分類。

㈡以 T 考驗和單因子變異數分析探討不同性別和家庭社經在氣質類型的分布。

第三節　研究結果、討論與建議

一、研究結果

㈠氣質類型之命名

1.氣質之六集群

本研究以集群分析方式，分析處理490位兒童在「活動量、適應性、趨近性、情緒強度、注意力分散度、堅持度」的得分，獲六集群，每集群的氣質特色有高、中、低三種程度之分，高分組為平均數+2 個標準差；中分組為平均數±1 個標準差；低分組為平均數-2 個標準差），每一集群的特色見表 3-3-1。

表 3-3-1　六種氣質類型在氣質各向度的特色

集群 向度	集群一	集群二	集群三	集群四	集群五	集群六
命名	普遍型	社交型	專注型	自如型	好動型	文靜型
活動量	中	中	低	低	高	低
適應度	中	高	中	高	中	中
趨近性	中	高	中	高	中	低
情緒 強度	中	中	低	中	高	低
注意力 分散度	中	低	低	低	高	中
堅持度	中	中	高	高	低	中

高：M+2SD　　中：M±1SD　　低：M-2SD

(1)**集群一**：氣質各向度特性得分都屬於「中分組」，都在平均數上下一個標準差之內。

(2)**集群二**：氣質向度中的適應性和趨近性屬於「高分組」，注意力分散度屬於「低分組」，活動量、情緒強度、堅持度則屬於「中分組」。集群三：氣質向度中的活動量、情緒強度及注意力分散度屬於「低分組」，堅持度屬於「高分組」，適應性及趨近性則屬於「中分組」。

(3)**集群四**：氣質向度中的適應性、趨近性、堅持度「高分組」，活動量及注意力分散度屬於「低分組」，而情緒強度則屬於「中分組」。

(4)**集群五**：氣質向度中的活動量、情緒強度及注意力分散度屬於「高分組」，堅持度較「低分組」，適應性及趨近性則屬於「中分組」。

(5)**集群六**：氣質向度中的活動量、趨近性及情緒強度都屬於「低分組」，另外的適應性、注意力分散度及堅持度都屬於「中分組」。

2.氣質類型命名

根據各集群的特性，命名的理由及名稱如下所述：

(1)**集群一**：各氣質特性都屬於「中分組」，無極端現象出現，而且大多數的孩子都屬於這種氣質特性，在所有集群中人數最多，百分比也最高，命名為「普遍型」。

(2)**集群二**：在適應性及趨近性都屬於「高分組」，堅持度屬於「中分組」，換句話說，這種類型的孩子會主動和他建立關係，也容易相處，固執性不高，因此命名為「社交型」。

(3)**集群三**：最大特徵是注意力分散度及活動量都屬於「低分組」，堅持度屬「高分組」，其中注意力分散度和堅持度兩項後來被合併為「工作導向」，因此命名為「專注型」。

(4)**集群四**：除適應性及趨近性屬於「高分組」外，和「社交型」一樣，不過，這集群和「社交型」的差異，在堅持度的不同，社交型原則上比較不會固執己見，和他人有握璇的空間，堅持度「低分組」，但這集群的孩子堅持度「高分組」，因此以「自如型」命名之。

(5)**集群五**：在六個集群中只有這集群活動量屬於「高分組」，其它

集群不是「中分組」，就是「低分組」，加上這集群注意力分散度「高分組」，換句話說，這類型孩子最大特色是活動量高，又不易專心，因此命名為「好動型」。

(6)**集群六**：最大特徵是活動量、情緒強度及趨近性都屬於「低分組」，換句話說，這類型孩子不愛動，對陌生的人或情境，容易退縮，加上情緒的反應比較弱，不容易察覺出來，因此命名為「文靜型」。

3.各氣質類型人數百分比

每一類型人數、百分比及平均數如表 3-3-2 所示，普遍型人數最多，有 130 人（26.53%）、社交型有 116 人（23.67%）、文靜型有 92 人（18.77%）、專注型有 82 人（16.75%）、自如型與好動型各有 35 人（7.14%），人數比例最少。

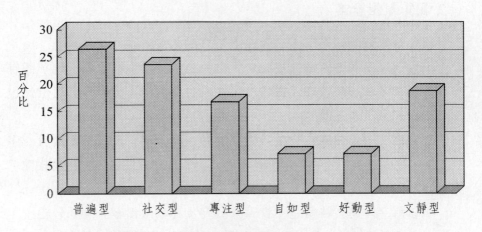

圖 3-3-1　六種兒童氣質類型百分比立體圖

表 3-3-2　六種氣質類型在氣質各向度的平均數

人數向度＼類型	普遍型 (N=130) (26.53%)	社交型 (N=116) (23.67%)	專注型 (N=82) (16.74%)	自如型 (N=35) (7.14%)	好動型 (N=35) (7.14%)	文靜型 (N=92) (18.78%)
活動量	37.3308	31.0345	17.2195	22.0000	48.7714	24.5761
適應性	32.2154	44.7931	38.7195	50.8857	35.6857	34.2717
趨近性	30.9154	43.1466	31.0488	45.4857	38.7143	28.6630
情緒強度	36.7154	38.8190	25.9268	33.7429	44.4857	30.7500
注意力分散度	37.9385	30.7500	20.4146	17.4286	45.4000	31.1630
堅持度	29.1308	40.3017	42.6951	48.6000	22.5429	34.7935

(二)性別在兒童氣質類型的分布

由表 3-3-3 中顯示男女在兒童氣質類型分布的人數，就普遍型而言，男生人數多於女生；社交型，女生人數多於男生；專注型的女生人數多於男生；自如型是女生人數多於男生；好動型，男生人數多於女生；文靜型，女生人數多於男生。

表 3-3-3　性別在兒童氣質類型上的分布

性別＼類型	普遍型 人數 (百分比)	社交型 人數 (百分比)	專注型 人數 (百分比)	自如型 人數 (百分比)	好動型 人數 (百分比)	文靜型 人數 (百分比)	合計
男生	90 (35.2%)	51 (19.9%)	39 (15.3%)	9 (3.5%)	30 (11.7%)	37 (14.4%)	256
女生	35 (16.1%)	60 (27.7%)	43 (19.8%)	24 (11.1%)	5 (2.3%)	50 (23.0%)	217

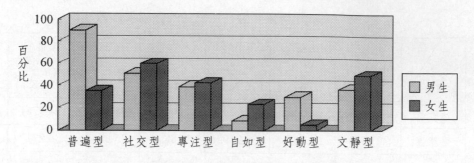

圖 3-3-2　性別在氣質類型上的分布立體圖

㈢出生序在兒童氣質類型的分布

　　由表 3-3-4 中顯示出生序在兒童氣質類型分布的人數，就普遍型、社交型、專注型、好動型，都是老二人數多於老大、老三、老四及老五；自如型也是老二人數多於老大、老三、老四；文靜型的孩子中，則是老大多於老二、老三、老四。

表 3-3-4　出生序在兒童氣質類型上的分布

出生序　　　人數	老大 人數(排序) 百分比	老二 人數(排序) .百分比	老三 人數(排序) 百分比	老四 人數(排序) 百分比	老五 人數(排序) 百分比	合計
普遍型	52(二) (41.6%)	54(一) (43.2%)	16(三) (12.8%)	2(四) (1.6%)	1(五) (0.8%)	125
社交型	44(二) (39.6%)	56(一) (50.5%)	8(三) (7.2%)	2(四) (1.8%)	1(五) (0.9%)	111
專注型	25(二) (30.5%)	40(一) (48.8%)	15(三) (18.3%)	2(四) (2.4%)	0(五) (0.0%)	82
自如型	11(二) (33.4%)	20(一) (60.6%)	1(三) (3.0%)	1(三) (3.0%)	0(四) (0.0%)	33
好動型	11(二) (31.4%)	19(一) (54.3%)	3(三) (8.6%)	2(四) (5.7%)	0(五) (0.0%)	35
文靜型	37(一) (42.0%)	36(二) (41%)	12(三) (13.6%)	3(四) (3.4%)	0(五) (0.0%)	88

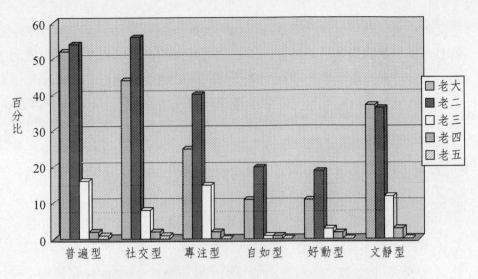

圖 3-3-3　出生序在氣質類型上的分布立體圖

二、討論

　　研究中根據六集群氣質向度屬性比重的不同，並根據各集群特色分別將氣質類型分別命名為「普遍型」、「社交型」、「專注型」、「自如型」、「好動型」、「文靜型」。為了解這些命名是否有文化的差異，我在美國馬里蘭大學人類發展學系，針對全體師生發表氣質研究過程中[1]，曾邀請幾位老師及學生，依據每集群特色命名。他們認為集群一為 Universal Type，集群二為 Sociable Type，集群三為 Concentrated Type，集群四為 Easy-going Type，集群五為 Active Type，集群六為 Quiet Type；由英文的字義來看，六種氣質類型的中文命名也獲得英文命名的肯定。

　　與國內外氣質類型相比較，似乎在這些氣質類型中可找到共同存在

---

[1]　我於民國八十六年七月在美國馬里蘭大學從事博士後研究，並應該校人類發展學系教授 Kennth Rubin 邀請，針對系上師生演講，當時，曾將氣質六集群的特色列出，並請在場的師生一起為這六集群以英文命名，命名分別為 Universal Type、Sociable Type、Concentrated Type、Easy-going Type、Active Type、Quiet Type。

的現象或共同的特性。在本研究中，「自如型」和「社交型」的孩子，兩者之間的差別只在於堅持度，不過兩者共有的氣質特性都是適應能力強，大方外向，對環境的改變適應性高，對新情境採趨近性，於日常生活中會表現出愉悅的態度。這類型孩子的特性類似陰陽五行中「木氣質類型」、或 Hippocrates 和 Galen 的「多血液體質型」或「樂觀氣質類型」、亦或類似 Thomas 和 Chess 的「安樂型」孩子，Kagan 的「非行為抑制型」孩子，對於陌生的人、事、物或情境，較具社交性，或者較有情感的反應。

至於「好動型」的孩子，氣質特性是活動量大，有較多的肢體動作，個性衝動，無法控制自己，易引起肢體的衝突，特性類似「火氣質類型」，或如 Hippocrates 所言，身上有較多的黃膽汁，或 Galen 認為的「易怒氣質類型」，感覺反應快，積極且意志力強，不過急躁易怒，容易衝動，也較難約束。「文靜型」與「好動型」最大的差異就在活動量，不僅不愛動，對陌生的人或情境，也容易退縮，加上情緒的反應比較弱，不容易察覺出來，類似「水氣質類型」，是充滿「陰」的狀態，似乎萬物在冬季都呈休息或停止狀態，也如「黏液質型」或「冷淡氣質類型」，整體感覺較軟弱無氣力、較平靜或害羞內向，也類似 Kagan 提出的「行為抑制型」的孩子，對於陌生的人、事、物或情境，剛開始都會逃避或者感到苦惱，或者會花較多的時間去接近陌生的同儕團體或遊戲情境。

就國內外氣質類型中，似乎沒有與「專注型」或「普遍型」特性類似的孩子。就「專注型」孩子而言，究其原因，或許是研究工具所導致的，因為本研究中的氣質量表是由教師填寫，較針對老師觀察孩子在學校的行為，不似 Thomas 和 Chess（1986）的研究是由主要照顧者填寫，是以家中的觀察為主，而有這類型的孩子產生。至於「普遍型」孩子，在國內外氣質類型的分類中，未出現這類型孩子，可能的原因是這些學者的分類較屬於極端的分類。在本研究中，因為對象來源是未經任何事先的挑選，屬於一般的分布狀態，所以才會出現「普遍型」的孩子。

三、建議

　　本研究僅以台北市 490 位五至六歲的孩子為分析對象，在分析氣質類型的數據資料可能受限。建議未來的研究，可擴大蒐集對象，嘗試探索是否會有不同類型孩子的產生，並試著了解這些差異的主要原因。此外，也可了解不同年齡層的氣質分類。在研究方法上，是以集群分析的方法將孩子分類，未來有興趣的研究者，可以嘗試其它分類的方法，例如在教室情境中，觀察記錄孩子的行為反應方式，依記錄內容，嘗試分析出在某種情境中的氣質類型。

第四章

兒童氣質的
穩定性和變化

圖畫：吳仲升

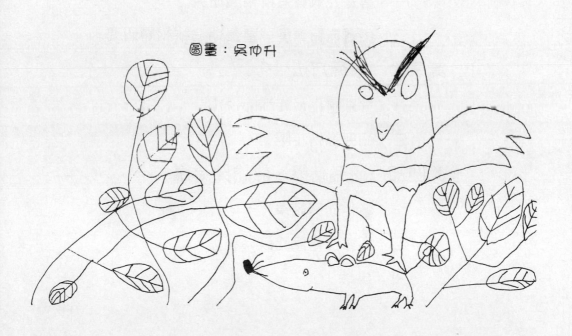

第一節　氣質的穩定性及變化情形

一、活動量

二、苦惱傾向

三、注意力

四、正向情感及行為抑制

第二節　氣質長期追蹤相關研究

一、嬰幼兒氣質追蹤相關研究

二、困難氣質類型兒童長期追蹤相關研究

第三節　研究方法

一、採取量化及訪談的理由

二、研究進行步驟

第四節　研究結果、討論與建議

一、量化研究結果

二、與家長電話訪談結果

三、建議

　　在兒童氣質上，我從民國七十九年開始，就進行一系列氣質相關研究，至今已十餘年，不過，這些研究主要偏重在橫斷面的研究，在多方探索之後，深深體認氣質長期追蹤研究是有其必要性。藉由長期追蹤，我們不僅可以了解氣質隨年齡而產生的變化，也可以知道早期氣質的那些特性可預測孩子的行為。針對這問題，國外學者早已有這種體認，紛紛投注心力從事研究，如＜紐約長期追蹤研究＞（New York Longitudinal Study, NYLS）（Chess & Thomas, 1984; Thomas, Chess & Birch, 1968; Tubman, Lerner, Lerner, voe Ee, 1992）、＜澳州氣質研究＞（Australia Temperament Project）（Sanson, Smart, Prior & Oberklaid, 1994）、＜但丁長期追蹤研究＞（Dunedin Longitudinal Study）（Capsi, Henry, McGee, Msofftt & Silva, 1995）及＜布魯明頓長期追蹤研究＞（Bloomington Longitudinal Study）（Bates, Bayles, Bennett, Ridge & Brown, 1991）等等，這些來自不同國家的研究，都證實兒童氣質會影響成長之後的行為，也會持續影響至成人人格的發展（Chess & Thomas, 1984; Caspi & Silva, 1995），不過國內長久以來，有關兒童發展的長期研究卻非常有限。

　　早在民國八十四年，柯華葳＜談兒童發展——近十年嬰幼兒發展回顧＞一文中，已經提出國內兒童發展的研究較缺乏長期的追蹤研究（柯華葳，民 84）。民國八十八年，國科會委託台北市立師範學院幼教系舉辦一場「幼兒教育研究的昨日、今日與明日——開創幼教新紀元學術研討會」，邀集多位研究者分析從民國七十八年至八十八年十年間幼兒研究取向。我曾在會中提出＜幼兒情緒人格及社會行為十年的研究走向＞一文，文中瀏覽近十年研究，提出國內需加強兒童發展的基礎及長期追蹤研究的看法，並鼓勵國內學者能投注時間及心力從事這方面的研究，以利了解及預測孩子的發展（王珮玲，民 88）。由這兩篇回顧文章的呼籲看來，近二十年來，有關兒童發展的長期研究十分缺乏，應有更多的學者共同從事長期追蹤研究。

　　去年底，中央研究院、教育部、國科會曾主辦「台灣教育長期追蹤資料庫」（Taiwan Education Panel Survey, TEPS）學術研討會，會中也有學者提及「建立台灣的長期教育資料庫是必要的，這是從事教育基礎研

究的中外學者的共識。」（張笠雲，民 90，12 月）。這項建立台灣教育長期追蹤資料庫的研究，共有六位中研院全職研究人員，以及多位師大、政大、台東師院和中正大學相關領域的學者參與，投入了大量的時間及精力。顯見，國內學術單位及政府機構也體認長期追蹤研究之必要。

因此研究主要目的在追蹤 116 位兒童在六到八歲時，兒童家長知覺孩子氣質的穩定和變化情形，目的有二：

1. 探討六歲至八歲兒童在活動量、規律性、適應性、趨近性、情緒本質、反應強度、容易轉移注意力／注意力分散度、堅持度、反應閾等九個向度的穩定性和變化情形。

2. 了解家長對六歲至八歲兒童氣質特性變化的外在和內在可能因素的知覺。

第一節　氣質的穩定性及變化情形

在發展心理學和人格心理學上，人類行為的穩定及變化的概念，一直是備受討論的議題，Rutter（1987）曾對「發展穩定」歸納出下列五種的觀點：

⑴穩定是不變的（Stability as invariance）：在發展上，穩定表示永遠不會改變，例如孩子一旦學會用筷子吃飯，或學會騎腳踏車，這種技能就永遠不會忘記，不過，沒有一項氣質特性是永遠不變的。

⑵穩定是指改變形式的規則性（Stability as regularity in a pattern of change）：在 Louisville Twin Study 對於同卵和異卵雙胞胎的分析，可看出他們在智商改變的相似性（Matheny & Dolan, 1975）。通常對於某一年齡的評量，並不能預測下一個年齡層的發展，但是同卵雙胞胎在一段時間內，會顯示出相似性的改變。

⑶常態的穩定（Normative stability）：是指在一段時間內，個人和團體之間的高相關程度，例如我們測量兩個年齡階段的身高，雖然身高顯示彼此間的差異，不過，這兩個年齡的身高，與團體的比較，我們仍可發現常態的穩定。

(4)穩定是指個人重要特質的規律性：例如個人的明顯特質是負向情緒，雖然在某一段時間中，他的負向情緒逐漸轉弱，正向情緒逐漸增加，呈現一種規律性。不過，整體而言，個體在這一段時間內，他的情緒仍是相當負向，穩定是和自己相比，不是和其他人相比。

(5)行為轉換過程的穩定性：例如，我們可以從幼年早期的負向情緒，預測孩子未來的害羞特性，換句話說，負向情緒與害羞特質之間，一定有共同的特質。

對於穩定的看法，學者 Hinde 和 Bateson（1984）認為由下列現象，也可以了解相隔一段時間的穩定及變化：(1)如果發現孩子表現新行為，例如他們突然出現微笑和害羞的外在特質；(2)兒童某種行為的頻率突然增加，例如二至三個月嬰兒微笑突然增加（Emde & Robinson, 1978）；(3)從不同年齡，不同行為組合的相關性，例如在嬰兒早期，活動量和憂傷是正相關，過一段時間，活動量卻和憂傷呈現負相關（Wolff, 1987）。

至於有關氣質穩定的相關研究，在紐約長期追蹤研究中，發現孩子的前五年，在氣質的九個向度上呈現穩定的狀態，只有活動量在每年之間，都達顯著相關。學者Stevenson-Hinde 和 Simpson（1982）認為四十二個月及五十個月的高活動量幼兒，容易顯示拒絕、發脾氣及難以處理的行為表現，至其三至七歲時，活動量與趨近、生氣、衝動呈正相關，與害羞和退縮行為呈負相關。

Buss 和 Plomin（1975）也曾指出從出生至十二個月的嬰兒，他們的活動量在這段時間內，顯示中等程度的穩定性。他們兩人認為可能的原因有二，原因之一是活動量可能與正負向情感有關，嬰兒的正向情感，可以預測他未來有外向行為的傾向，嬰兒的負向情感，可以預測他未來有退縮行為傾向，造成這種現象的理由是，具有焦慮特質的一歲嬰兒，在進入一個陌生情境時，他會降低活動量，形成活動量的不穩定性。對於活動量的穩定程度，有學者認為從出生至兩歲幼兒，他們的活動量顯示穩定性（McDevitt & Carey, 1981; Riese, 1987; Wilson & Matheny, 1983），有的學者認為從嬰兒至五歲呈現穩定（Huttenen & Nyman, 1982）；也有

學者則認為從學前至小學階段，氣質是穩定的（Hegvik, McDevitt & Carey, 1982; Maziade, Cote, Boudreault, Thivierge & Boutin, 1986）。

由以上研究可知，氣質在那段時間呈現穩定或不穩定，說法不一。不過，就長期發展來看，氣質確實是有不穩定或不連貫性的可能。Cairns 和 Hoods（1983）曾討論引起發展的改變，可能有下列因素：(1)生理上的限制，如孩子逐漸成熟；(2)發展過程中的社會網絡，如社會網絡隨時在變化時，則兒童氣質的不穩定性可能就比較高；(3)個體行為和社會學習的結合，產生變化；(4)社會喚起效應，如性別、年齡或生理特徵；(5)生態上的改變，如個人的物理空間和經濟的因素。

雖然以上各家對於氣質的穩定及變化說法不一，不過，本研究所界定兒童氣質的穩定及變化，是指在幼稚園至小學二年級中，家長知覺孩子在「兒童氣質量表」之活動量、規律性、適應性、趨近性、情緒本質、反應強度、容易轉移注意力／注意力分散度、堅持度和反應閾（敏感度）九個向度的變化，換句話說，在團體方面，是指六歲至八歲在每次評量之間，氣質九個向度的團體平均數是否達到顯著差異，在個人方面，是以深入訪談法了解家長知覺孩子在不同階段中，氣質產生變化的原因。

關於氣質在發展過程中所呈現的穩定和變化，我們針對氣質領域中的活動量、苦惱傾向、注意力／努力控制、正向情感及行為抑制等的穩定性及變化予以討論。

一、活動量

對於活動量而言，有些學者認為具有穩定性，可預測某些行為，如 Simpson 和 Stevenson-Hinde（1982）認為四十二及五十個月活動量較大的幼兒易顯示拒絕、發脾氣及行為難以管理，至其三至七歲時，活動量與趨近、生氣、衝動有正相關，與害羞、抑制行為呈負相關；最近學者在實驗室中的研究，指出十三個月的活動量可預測六至七歲的活動量、外向及對挫折的反應（Rothbart, Derryberry, Hershey, 1995）。不過，也有研究顯示活動量不具穩定性（Rothbart, DerryBerry, Hershey, 1995; Saudino &

Eaton, 1993），如 Buss 和 Plomin（1975）的研究指出嬰兒期活動量穩定性低，至十二個月時，顯示中等程度的穩定性。

二、苦惱傾向

在 Louisville Twin Study 指出，新生兒至九個月及二十四個月時，苦惱傾向具有穩定性，如新生兒的焦躁及難以撫慰，可預測九個月時的負向情緒，也可預測二十四個月的苦惱反應、對刺激缺乏注意力、對人缺乏反應等等（Matheny, Riese & Wilson, 1985; Riese, 1987）；學者也從新生兒行為評量表所獲得的焦躁、缺乏警覺及困難性氣質，預測十五個月時的困難氣質、不善社交及低適應性（Larson, DiPietro &Porges, 1987）。雖是如此，並非所有的研究發現苦惱傾向都具穩定性，有研究指出父母記錄新生兒前六週的焦躁不安，較能預測十個月，甚於三個月大時的焦躁不安（St. James-Roberts & Plewis, 1996）；有關苦惱傾向的穩定性出現在幼兒早期並非出現在所有的年齡階段，在後來的研究中，整合苦惱傾向與缺乏注意力的控制，發現嬰兒至六至七歲以及幼兒至成人都具穩定性（Capsi & Silva, 1995; Rothbart, Derryberry & Hershey, 1995）。

三、注意力

注意力是個體對情境中的許多刺激，只選擇其中部份反應，從而獲得知覺的心理活動，具有反應與自我調節作用。有研究曾探討十二至三十個月大幼兒對一堆玩具的注意力持續性，此特性分別在十二和十八個月以及二十四和三十個月時顯示穩定性，在二十四個月時，注意力持續性與自我控制呈正相關；此外，十二個月大高注意力持續性的的幼兒，至其二十四及三十六個月大時，通常母親認為這些較安靜，較不活躍（Krakow, Kopp & Vaugh, 1981）。Krakow 和 Johnson（1981）也探討十八至三十月大幼兒的自我控制能力，結果發現在十二個月期間，自我控制有中等程度的穩定性。

　　兒童的注意力似乎也會隨著成熟度的增加而增長，如 Reed、Pien 和 Rothbart（1984）發現年齡對四十至四十九個月的兒童中，對自我控制是影響因素；換句話說，隨著年齡的成長，自我調節的能力也隨之增加，可是對控制力較弱的兒童，孩子的活動量易被陌生情境或刺激所喚起。此外，Mischel 認為延宕滿足的能力與注意力及情緒的控制有相當的穩定性，在研究中指出會等待獎賞物的幼兒能顯著預測他有如成人般的注意力（Mischel, 1983; Shoda, Mischel & Peake, 1990）；在 Capsi 和 Silva（1995）認為適應良好的幼兒，對於目標導向具有彈性，能夠保留，也能夠控制，此外，研究中也指出同時具焦躁及缺乏自我調節的三至四歲幼兒，至其十八歲時有顯著的負向情緒導向。

四、正向情感及行為抑制

　　有關正向情感，學者 Werner（1986）認為二至四個月嬰兒微笑會持續增加，三至四個月嬰兒會逐漸增加發音，也有研究在家中觀察及由父母陳述幼兒的情感，認為三至九個月幼兒正面情感具穩定性，此情感包括微笑、笑聲以及動作等的活動量，研究也指出三至十三個半月幼兒微笑及笑聲呈穩定成長（Rothbart, 1981, 1986, 1987）；除微笑等正向情感在嬰兒期有穩定性外，有研究認為從嬰兒至十八歲，內向及外向的特質較具穩定性（Bayley & Schaeffer, 1963），Pedlow 等人（1993）認為趨近性及社交性，從嬰兒至七至八歲呈穩定狀態。

　　有些五或六個月高趨近性嬰兒會因陌生場合或強烈刺激情境中，壓抑自己的趨近反應（Rothbart, 1988; Schaffer, 1974），但學者也指出在實驗室中，六個半至十個月的嬰兒會逐漸增加對陌生或強烈刺激的玩具的抓取，不過，在長期研究中顯示，一旦趨近的壓抑行為建立後，將成為氣質相關持久性的層面，此種壓抑的行為，學者認為是種焦慮的狀態，因為對不熟悉情境的知覺，導致緊張害怕，壓抑自己的趨近性。

　　有關正向情感的預測性，學者也認為微笑及笑聲可同時預測六至七歲時的趨近性（Rothbart, Deryberry & Hershey, 1995），Caspi 和 Silva

（1995）的研究發現高趨近性、急欲負擔工作以及在富挑戰性情境感到自在的三至四歲幼兒，至其十八歲時，這些孩子認為自己較具低控制性以及高社會潛能；在學前階段被認為行為較具壓抑性的幼兒，至其十八歲時具低攻擊性、低社會潛能以及高危險避免性，在此研究中，幼兒早期害怕性及壓抑性的人格特質，可預測長大後攻擊行為較弱。所以如果要了解正向情感，應知道孩子的趨近性，以及趨近性的特質在面對害怕的情境時，會形成行為壓抑的特性。

第二節　氣質長期追蹤相關研究

一、嬰幼兒氣質追蹤相關研究

在紐約長期追蹤研究中，Thomas 和 Chess 二人認為兒童早期的氣質會影響未來人格發展，研究中也指出規律性低、適應性低、反應強度強及具負向情緒的幼兒，到了兒童後期，會顯示出內化的行為問題；Block 和 Block（1980）也認為早期的個別差異可了解成人時的行為，他們的研究只指出三歲的幼兒有不穩定的情緒、焦躁不安、攻擊等狀態，到了青少年時，有使用大麻及嗑藥傾向。

在 Bloomington 的長期追蹤研究中，情感反應強烈和注意力分散度大的嬰幼兒，我們可以預測他們到兒童中期階段時，在母子互動過程中，可能容易發生行為問題（Bates & Bayles, 1988; Bates, 1991; Lee & Bates, 1985），這研究也提出孩子早期對陌生情境的負向反應，比較能預測他未來的內化問題，至於孩子早期無法控制自己的行為，比較能預測他未來外化行為的傾向上。此外，Rende（1993）也探討，嬰幼兒氣質對於兒童未來問題行為的預測性，他的研究對象有 116 位，是來自於長期科羅拉多收養計畫（the Longitudinal Colorado Adoption Project）的樣本，研究中發現，情緒反應激烈的男幼兒，與其他孩子相比，他們容易出現注意力和焦慮／憂鬱等問題；高情緒及低社交的女孩，容易出現焦慮／憂鬱

問題。Hagekull（1989）也探討八個月和三十六個月的嬰兒，研究認為早期的衝動性可預知孩子未來的外化問題及低自我強度，活動量可同時預測內化及外化行為問題，至於負向情緒可同時了解未來的問題行為及低自我強度。

在 Dunedin 的長期追蹤研究中，Caspi 分別與不同的學者，觀察一九七二年四月一日至一九七三年三月三十一日出生紐西蘭南島 900 位幼兒的氣質。在孩子三歲、五歲、七歲和九歲時，分別施以氣質評量，並分出三類孩子，即(1)缺乏控制；(2)趨近性；(3)遲緩的；至這些孩子九歲及十一歲時，由老師及父母分別評量他們的行為問題，包括焦慮（害怕性、分心、過動及反社會行為；在十三歲及十五歲，他們行為再被評量，包括焦慮、退縮、注意力問題、行為障礙、社會化犯罪。結果發現：(1)缺乏控制的兒童，外化問題行為較內化問題行為多，此外，與過動及無法專心有顯著相關，並與兒童後期的反社會行為及青春期的問題行為有關，但與社會化犯罪無關；(2)趨近型的兒童在青春期較少焦慮及憂鬱行為；(3)遲緩型兒童容易有焦慮及憂鬱行為，這類型的女孩容易有注意力的問題；缺乏控制及懶散的孩子，至其成年時，社會能力比較弱；由這十二年的長期研究可知，幼年期的某些特定氣質或許可預測青春期的特定行為問題（Caspi, Henry, McGee, Moffitt, Silva, 1995）。

在同一個長期追蹤研究中，學者嘗試了解這群孩子至十八歲時的人格特質，在孩子成長過程中，他們每隔二年接受心理、醫學及社會等方面的測量。根據氣質問卷評量，並以集群分析的方法將兒童分成五組，即低控制組、壓抑組、自信組、羞怯組和適應良好組，十八歲的青少年則以「自我陳述的多向度人格問卷」為工具，內容有下列三項：(1)強迫：有傳統、避免傷害及控制量表；(2)負向情緒：包括攻擊、疏離、壓力反應量表；(3)正向情緒：包括成就、社會能力、福利及社會親密量表。結果發現，當到了青少年時，(1)低控制組的孩子在衝動性、危險尋求、攻擊及人際間的疏離的分數也高；(2)壓抑組的孩子在衝動性、危險尋求、攻擊及社會能力分數低；(3)自信的孩子在衝動性分數高；(4)羞怯的孩子在社會能力分數低；(5)適應良好的孩子則持續顯示正常的行為（Capsi &

Silva, 1995）。

　　Capsi在另一篇研究中，對同一群人，以三歲幼兒氣質及家庭因素預測十八歲時的犯罪行為，結果顯示，⑴在三歲及五歲缺乏控制的兒童，在犯罪及無犯罪行為上有顯著差異；⑵在單親家庭中的十三歲男孩，易有犯罪行為，28%的男孩有暴力犯罪，17%的男孩沒有犯罪（Henry, Caspi, Moffitt & Silva, 1996）。在犯罪群中，有暴力犯罪傾向的孩子，顯示較高的缺乏控制能力。研究中同時也指出，幼兒時的氣質，至少與一位在十八歲之前的犯罪者有關，只有氣質可區辨有暴力犯罪及非暴力犯罪的人，這些結果係以追蹤及回溯的長期追蹤方法得知。

　　十八歲的這群青少年，到二十一歲時，學者（Newman, Caspi, Moffitt & Silva, 1997）在下列四種情境中觀察其人際關係（包括社會脈絡、家庭環境、羅曼蒂克關係、工作場合）：⑴人際適應：在社會脈絡中，壓抑組及低控制組至成人時，在社會脈絡都低，其他三組未有顯著差異。在家庭環境中，低控制組至成人時，與他人關係最弱，在羅曼蒂克關係中，權力的平衡及相互利益較低，相互的關係較具權威性，在工作場合，也認為工作不適合之。⑵人際衝突：在社會脈絡中，自信組及壓抑組，有較大的社會負擔；低控制組及自信組在反社會行為中分數最高；低控制組是犯罪行為中的受害者；在家庭環境中，低控制組及壓抑組在自我陳述人際關係中，常有衝突的描述；在羅曼蒂克關係中，只有自信組有較顯著伴侶暴力；在工作場合，只有低控制組及羞怯組因人際衝突被解聘。⑶社會評價：壓抑組及低控制組幾乎無優勢，也較少文化及活力，在人際關係上有較多的衝突；壓抑組在自主性及活動上較低，低控制組較缺乏善惡觀念。

二、困難氣質類型兒童長期追蹤相關研究

　　有關困難型氣質兒童的長期追蹤研究中，Maziade、Cote、Bernier、Boutin 和 Thivierge（1989）探討七歲困難氣質兒童，至青少年時的精神狀況。樣本來自 980 位魁北克兒童，根據 Thomas 等人的「父母氣質問

卷」，找出極端困難氣質兒童 24 位，安樂型兒童 15 位。在孩子十六歲時，分別由研究人員進行四次的家庭訪問，並為了確保評量的獨立性，在訪問時，研究人員會向父母解釋，並請他們簽寫同意書。研究中包括(1)進行兩份結構性訪問及錄影，(2)並填寫氣質量表、青年自我報告量表（內外化症狀）、自我意象問卷（職業教育目標量表、內在世界處理量表、超適應量表）等等，此外，並請一位對孩子資料都不知情的精神科醫師評量結構訪問的錄影帶，每位研究人員也依據 DSM-III（Diagnostic and Statistics Manual of Mental Disorder 3rd edition）進行診斷。結果發現：十六歲困難型氣質的孩子與精神症狀無關，但與青少年自我陳述量表的內外化症狀有關；在十二歲時，有明顯的外化症狀，至十六歲時，與安樂型的相比，困難型的孩子有較低的自我形象。在這九年的長期追縱過程中，七歲的難養育型兒童與青少年早期及青少年期的行為障礙有關，不過，這篇文章透露出困難型孩子，如果生活在有障礙的家庭，則孩子至青少年時，容易有精神狀況出現，不過，生活在一控制良好的家庭，他們會與安樂型孩子一樣，無任何精神狀況。

　　有些學者嘗試探討青春期中期至成人初期，安樂型氣質與困難型氣質的適應情形，研究指出極端困難型孩子在兒童時期及成人初期具較弱的社會功能，此研究長達十五年（Tubman, Lerner, Lerner & von Eye, 1992）。研究樣本來自 NYLS 的 133 位中產階級的兒童。有關氣質的評量係以 NYLS 的精神科醫師以面對面的方式的半結構問卷，訪問青少年（十六至十七歲）、大學生（十八至二十三歲）、成人（二十五至三十一歲）等三年齡層；心理適應的評量，包括自我評量、家庭關係、學校功能、社會功能、性功能、目標、目標的實施、因應形式、工作功能、溝通、情緒表達、日常工作；結果發現，極端困難型的人在成人早期的適應性差，尤其在溝通適應上。由此可知，在 NYLS 中有顯著困難氣質的人，在兒童早期及中期社會適應力差。

　　在澳州氣質專案（the Australia Temperament Project）中探討從嬰兒至兒童的氣質長期追蹤，研究中發現，在嬰兒階段，如果母親及護士認為是困難型的孩子，通常這些孩子會有睡眠、腹痛、嚎啕大哭等現象，直

至學步期及學前階段，孩子通常也會有下列行為，如睡眠、哭、害羞、依賴、不穩的情緒、意外傾向、易怒、過動、攻擊等等，而且母親會過度評估困難氣質孩子的行為等等。Thomas 和 Chess（1986）認為三至五歲幼兒的氣質，可以預測成人的人格發展。Wolkind 和 DeSalis（1982）曾探討第一胎嬰兒在四個月時的規律及負向情緒等氣質，與三歲半時，孩子外化症狀的相關，結果發現只有些微相關或不相關；在 Lee 和 Bates（1985）追蹤嬰兒至三歲的困難氣質型的孩子，發現他們有高反抗傾向，以及容易與父母的教養方式產生衝突。

　　由以上的研究，使我們深知幼兒早期的氣質對其成長之後的人格發展及人際關係的影響。這些縱貫研究中，如紐約長期追蹤研究、澳州氣質研究和但丁長期追蹤研究等等，能使我們看到幼兒氣質的長期發展以及預測未來的行為。研究中，有些學者從嬰兒開始研究，有些從幼兒開始研究，時間少則三、四年，多則十幾年。反觀國內，則不見長期追蹤相關研究，可能的原因是必須投注相當多的時間、心力，以及維持研究經費的來源，導致研究者興趣缺缺。不過，從國外的長期研究中，我們發現嬰幼兒氣質能預測孩子未來的人格發展或身心發展，有其重要與必要性，是值得花心思深入及討論的領域。

第三節　研究方法

一、採取量化及訪談的理由

　　本研究兼採電話訪談和量化方法蒐集資料，包括運用「學齡兒童氣質量表」，以及對追蹤的 116 位兒童的家長進行電話訪談，以了解孩子氣質的發展趨勢，和了解家長知覺兒童氣質變化的可能原因。以下，將分述採用訪談及使用研究工具的理由：

㈠採用標準化氣質量表的原因

本研究主要目的是想追蹤和分析 116 位六歲至八歲兒童的氣質發展。目前評量氣質的方法有：家中的觀察或訪問、實驗室的生理實驗、或心理計量法。限於人力、經費和研究限制，本研究將採心理計量的方法，讓家長在孩子六歲至八歲的這段時間內，定時填寫標準化的「兒童氣質量表」。

有關氣質量表，國外學者已編製多種量表，在本研究中採用 Carey 和其同事所編製、已由國內學者修訂的標準化量表，原因有三：

1. 該量表適用於幼兒至學齡階段兒童，切合本研究需要

國外 Carey 和同事依據紐約長期追蹤的理論架構，編製適合從嬰兒至學齡兒童階段的氣質量表，如表 4-3-1 所示，其中包括從「兒童氣質量表」和「學齡兒童氣質量表」，對於研究兒童氣質長期發展而言，非常適切，也能因應本研究繼續追蹤兒童氣質發展的需要。

2. 該量表具有良好心理計量的特質

國內許多醫院，如台大醫院精神科兒童發展研究小組、台北市立婦幼醫院或榮民總醫院的臨床上都使用這個量表，顯示這些量表具有不錯的信效度。此外，國外學者對這個量表也有不錯的評價：

(1)信度：Hubert 等人（1982）曾對氣質的評量工具做一回顧，認為「兒童氣質量表」、「學齡兒童氣質量表」（Hegvik, McDevitt & Carey, 1982）有不錯的內部一致性信度及再測信度。

(2)效度：Slabach 等人（1991）在＜嬰幼兒氣質問卷評量：現況與未來導向＞一文中，回顧七年的工具中，至少有五個評量表有聚斂效度，如氣質與問題行為，在 NYLS 已強調氣質可預測孩子的問題行為，在下列研究中也發現到氣質評量表對問題行為的顯著影響性，如「父母氣質問卷」（Maziade, Caperaa, Laplante, Boudreault, Thivierge, Cote & Boutin,

1985）、「兒童氣質量表」（Wolfson, Fields & Rose, 1987）、「學齡氣質量表」（Wertlieb, Weigel, Springer & Feldstein, 1987）。

表 4-3-1　氣質量表一覽表

量表	編製者和修訂者	適用年齡層	量表內容
修訂嬰兒氣質問卷 （Revised Infant Temperament Questionnaire, RITQ）	* Carey 和 McDevitt * 台大醫院精神科 　兒童發展研究小組	4 至 8 個月	NYLS 的九個項目
學步期氣質量表 （Toddler Temperament Scale, TTS）	* Cary 和 McDevitt * 台大醫院精神科 　兒童發展研究小組 　台北市立婦幼醫院 　兒童心智科	1 至 3 歲	NYLS 的九個項目
兒童氣質量表 （Behavior Style Questionnaire, BSQ）	* Carey 和 McDevitt * 台大醫院精神科 　兒童發展研究小組	3 至 8 歲	NYLS 的九個項目
學齡兒童氣質量表 （Middle Childhood Questionnaire, MCQ）	* Hegvik、Carey 和 McDevitt * 台大醫院精神科 　兒童發展研究小組	8 至 12 歲	NYLS 的九個項目
青少年氣質量表	* Thomas 和 Chess * 榮民總醫院兒童少年 　精神科李鶯喬	13 歲以上	NYLS 的九個項目 （堅持度修改為工作取向）

3.該氣質量表基於紐約長期追蹤研究紮實的理論基礎

　　Thomas 和 Chess 所領導的紐約長期追蹤研究，是第一個有系統對氣質同步蒐集質化與量化資料的長期研究，Carey 和同事編製的量表都基於紐約長期追蹤的理論基礎，編製一系列適合不同年齡層的氣質量表，內容包括九個向度：活動量、規律性、適應性、趨近性、情緒本質、反應

強度、容易轉移注意力／注意力分散度、堅持度／工作取向、反應閾／觸覺。

㈡採用訪談的原因

　　從量的分析中，我們只能看到 116 位兒童從民國八十九年六月至民國九十年十月，這一段期間的氣質穩定性和變化的趨勢和現象，但是這只是一個現象，究竟是什麼原因造成孩子在氣質的變化，背後的問題更吸引著我。但究竟以什麼方法可以了解這些原因？在無充裕的人力、時間和經費下，在六歲至八歲初期研究這階段，我已經嘗試以電話訪談家長，並蒐集孩子某些氣質向度產生變化的原因。

　　雖然花了近兩個月時間，以家長方便的時間與他們電話訪談，過程中，發現大部分家長非常樂意談論孩子的事，分享孩子過去和現在的改變，在這種雙向溝通的過程中，不僅釐清兒童氣質的相關問題（家長對於兒童氣質不清楚的地方，他馬上可以問我，我也可以馬上答覆他，立即澄清問題），也與家長建立良好和互信的關係，這種關係是有利於資料的長期追蹤，因為在電話訪問的最後，家長都會問：「你這樣打電話給我們，很好，請問你會不會繼續調查下去？我很想繼續知道我的小孩氣質的發展！」（91/1/16，電話訪談）、「你會不會繼續追蹤？如果會，會追蹤到哪個時候，我很想知道。」（91/1/17，電話訪談）。在電話的訪談中，除了了解家長直覺孩子氣質的發展情形，並初步推估影響氣質穩定或變化的原因外，我也與家長建立了良好的關係。

二、研究進行步驟

㈠研究對象

1.爲何選擇六歲開始

　　瀏覽相關文獻，氣質在那個年齡層具有穩定或變化的說法不一，但是我們知道氣質會因後天環境等因素，如父母教養方式的不同，對氣質有不同程度的影響。國內的兒童，由幼稚園至小學一年級，如同水中的蝌蚪一下蛻變成陸上的青蛙，孩子必須面對許多學習和生活上的新適應，如：

　　⑴學習方式和學習環境的差異：由單元或主題的教學方法至分科的上課方式[1]；或由配合單元或主題的學習情境、生活公約、榮譽欄、學生園地等的布置。

　　⑵生活作息的改變：由單元教學和角落活動時間，改為每堂課四十分鐘，下課十分鐘，第二堂課，下課二十分鐘，並在回家後有固定的作業。

　　⑶家長對孩子的期許的不同：進入小學，家長或許覺得孩子已經長大，不自覺對他有不同的期望，如有不錯的學業成就和良好的人際關係。

　　由上可知，幼稚園和小學一年級之間，由於家長對孩子有不同的期許，也會運用不同的教養方式，對兒童氣質應有一定的影響，因此選擇從六歲開始追蹤孩子氣質的發展。

2.三個時間點樣本

　　本研究樣本是持續追蹤116位六至八歲兒童氣質的發展，然而這116位孩子從何而來？係從三個時間點而來，以下分別詳述之：

---

[1]　我的研究對象是民國八十九年九月一日進小學的孩子，而九年一貫教學於九十年九月一日正式起跑，所以這群孩子是接受分科，而非領域的教學方式。

(1)**第一個時間點樣本**：在民國八十九年六月，我根據「台北市公私立幼稚園一覽表」，選擇台北市十二個行政區公私立幼稚園各一所，計有二十四所幼稚園，每所各取大班一班為研究對象，共發出 700 份「兒童氣質量表」，剔除無效問卷，回收有效問卷，男生 251 名，女生 267 名，共計 518 位。

(2)**第二個時間點樣本**：相隔八個月，在民國九十年二月時，根據第一次 518 位樣本的基本資料，寄發第二次「兒童氣質量表」至孩子的家中，只有 180 位家長將問卷寄回[2]。

(3)**第三個時間點樣本**：再相隔八個月，至民國九十年十月，根據 180 位家長資料，再寄發第三次「兒童氣質量表」，經過四次電話的提醒[3]，有 116 位家長將問卷寄回，此為第三個時間點的樣本，樣本中男生有 58 位（50%），女生有 58 位（50%），其父母年齡、教育程度、職業量表填寫者及受訪者的分布，如下所述。

①父母年齡的分布：如表 4-3-2 及圖 4-3-1 所示，116 位研究對象父母的年齡以三十六歲至四十歲占的比例最高（45.69%），父親以五十一歲至六十歲的比例最低（0.86%），母親以二十六歲至三十歲的比例最低（7.76%）。

②父母教育程度的分布：如表 4-3-3 及圖 4-3-2 所示，116 位研究對象父母的教育程度以大專或研究所占的比例最高，次而高中及高職，父親以國中比例最低（4.35%），母親在國中及國小的比例一樣低（1.72%）。

③父母職業的分布：如表 4-3-4 及圖 4-3-3 所示，116 位研究對象父母的職業中，父親以半專業占的比例最高（31.03%），母親以無技術占的比例最高（35.35%），父母親雙方以專業占的比例最低。

2　由於我前往美國進行博士後研究，不便打電話提醒家長寄回量表，以致只回收 180 份量表。

3　感謝陳孟君、楊雅茹、楊佩怡、葉靜芳等四位同學協助打電話提醒家長寄回兒童氣質量表。

④量表填寫者及受訪者的分布：由表 4-3-5 可知，母親填寫量表有 105 位，父親有 11 位，接受訪談者，母親有 112 位，父親只有 4 位。

表 4-3-2　116 位追蹤兒童的父母年齡層分布表

父母親年齡	父親年齡層 人數（百分比）	母親年齡層 人數（百分比）
26-30	0（0%）	9（7.76%）
31-35	23（19.83%）	35（30.17%）
36-40	53（45.69%）	53（45.69%）
41-45	31（26.72%）	19（16.38%）
46-50	8（6.90%）	0（0%）
51-60	1（0.86%）	0（0%）

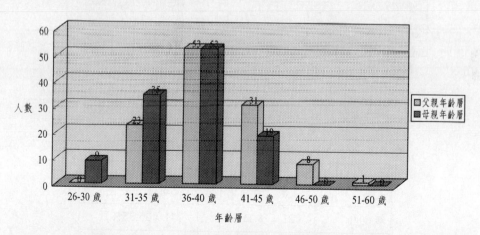

圖 4-3-1　116 位追蹤兒童父母年齡層分布直條圖

表 4-3-3　116 位追蹤兒童父母教育程度分布表

父母親 教育程度	父親教育程度 人數（百分比）	母親教育程度 人數（百分比）
未受正規教育	0（0%）	0（0%）
小學	0（0%）	2（1.72%）
國中	4（3.45%）	2（1.72%）
高中或高職	40（34.48%）	48（41.38%）
大專或研究所	72（62.07%）	64（55.18%）

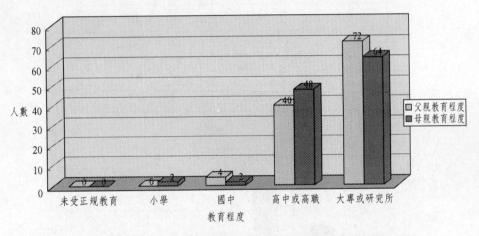

圖 4-3-2　116 位追蹤兒童父母教育程度分布直條圖

表 4-3-4　116 位追蹤兒童父母職業分布表

父母親 職業	父親職業分布 人數（百分比）	母親職業分布 人數（百分比）
無技術	21（18.11%）	41（35.35%）
半技術	35（30.17%）	19（16.38%）
技術	18（15.52%）	22（18.97%）
半專業	36（31.03%）	29（25%）
專業	6（5.17%）	5（4.30%）

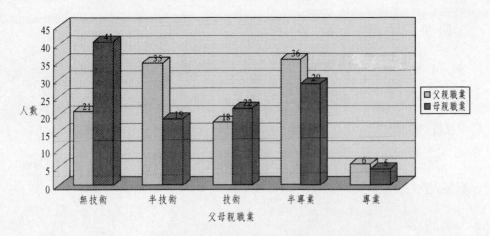

圖 4-3-3　116 位追蹤兒童父母職業分布直條圖

表 4-3-5　氣質量表填寫者及受訪者分布表

父母親及他人 填寫及受訪者	父親 人數（百分比）	母親 人數（百分比）	其他人 人數（百分比）
量表填寫者	11（9.48%）	105（90.52%）	0（0%）
電話接受訪談者	4（3.45%）	112（96.55%）	0（0%）

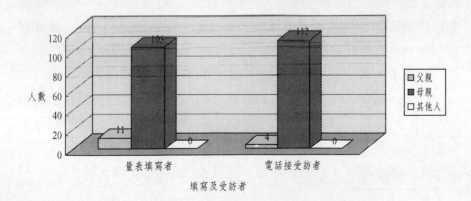

圖 4-3-4　116 位量表填寫及受訪者分布直條圖

㈡研究工具

本研究使用的研究工具為「兒童氣質量表」，有關工具的修訂者、內容及信效度，以下分別詳述之：

1. 修訂者

係由台大醫院兒童心理衛生中心發展研究小組修訂自 Carey 和 McDevitt 編製的「兒童氣質量表」（Behavior Style Questionnaire, BSQ）。

2. 內容

分為兩部分，第一部份為基本資料，第二部份為氣質量表。

(1)**基本資料**：除了家庭基本狀況之外（父母教育程度、職業等），也包括母親生育孩子的相關問題，如 A.懷這個小孩的年齡；B.懷小孩時是否患病；C.懷小孩時，除了維生素、鐵劑外，有無長期服藥；D.懷孕期，是否有陰道出血、下腹痛、打過安胎針；E.懷孕期是否有併發症；F.懷孕期；G.嬰兒出生時體重；H.生產方式；I.胎位；J.嬰兒剛出生時的情況；K.有沒有在保溫箱；L.有沒有發生新生兒黃疸；M.出生後至今是否曾患過腦炎、腦膜炎、發高燒、頭部受傷、腦性麻痺、鉛中毒、抽筋；N.滿足歲前的活動情形；O.您的這位小孩有沒有注意力短暫、寫字顛倒、動作協調不好、記憶力較差、數字觀念差、語言發展較遲緩；P.家中其他小孩有沒有比較好動的人；Q.小孩主要由誰照料。

(2)**量表內容**：包括九個向度，詳述如下。

 ①活動量：指孩子全天的活動中，其動作節奏的快慢及活動頻率的高低。例如「不論在室內或室外活動，孩子常用跑的而少用走的」或「在遊樂場玩時，很活躍，定不下來，會不斷地跑，爬上爬下，或擺動身體」等，各分布在 1、18、24、34（-）[4]、

---

[4] 題目有 (-) 標示者，代表為負向敘述句，採負向計分，即本來計分為1分、2分、3分、4分、5分、6分、7分，現為1分→7分、2分→6分、3分→5分、4分→4分、5分→3分、6分→2分、7分→1分。

45、53（-）、60（-）、64（-）等八個題目。

②規律性：指孩子反覆性的生理機能，如睡眠和清醒的時間、饑餓和食量等是否有規律。例如「每天要定時吃點心」、「每天定時大便」等，各分布在 6、13、20、31（-）、38（-）、47（-）、55、70 等八個題目。

③適應性：不論孩子的趨避性如何，他適應新的人、事、物、場所和情況的難易度和時間的長短，即為適應性。例如「到別人家裏，只要去過二、三次後，就會很自在」或「在新環境中（例如托兒所、幼稚園或小學），二、三天就適應」，各分布在 7、15、25（-）、32、40（-）、51（-）、59、68（-）等八個題目。

④趨近性：指孩子第一次接觸人、事、物、場所和情況等新刺激時，所表現接受或拒絕的態度。例如「對陌生的大人不會感到害羞」或「遇到陌生的小朋友不會感到害羞」，各分布在 4（-）、10（-）、21、30、42、46、62（-）、66（-）等八個題目。

⑤反應強度：指孩子對內在和外在刺激所產生反應的激烈程度。例如「對食物的喜好反應很明顯，喜歡的很喜歡，不喜歡的很不喜歡」或「做事做得不順利時，會把東西摔在地上，大哭大鬧」，各分布在 8、16、27（-）、35（-）、43、54、61（-）、69（-）等八個題目。

⑥情緒本質：指孩子在一天中，行為表現愉快或不愉快，和悅或不和悅，友善或不友善程度的比例。例如「和其他小孩玩在一起時，顯得很高興」或「當談到一些當天所發生的事情時，會顯得興高采烈」，各分布在 2、14、19、29（-）、41、50（-）、56（-）、65（-）等八個題目。

⑦容易轉移注意力：指孩子是否容易轉移其注意力，如「心情不好時，可以很容易地用笑話逗他開心」或「逛街時，他很容易接受大人用別的東西取代他想要的玩具或糖果」，各分布在

9、17、26（-）、36（-）、44（-）、52、63（-）、71 等八個題目。

⑧堅持度：指孩子正在作或想作某件事時，若遭到困難或挫折時，仍繼續維持原活動的傾向。例如「做一件事時，例如畫圖、拼圖、做模型等，不論花多少時間，一定做完才肯罷休」或「玩一樣玩具或遊戲，碰到困難時，很快地就會玩別的活動」，各分布在 5、12（-）、22（-）、28、37、48（-）、58（-）、72，各分布在等八個題目。

⑨反應閾：指引起孩子反應所需要的刺激量。例如「嗅覺靈敏，對一點點不好聞的味道很快地就感覺到」或「很快地注意到不同顏色（例如會指出那些顏色好不好看）」，各分布在 3（-）、11、23（-）、32、39（-）、49、57（-）、67 等八個題目。

(3)信效度及常模

①信度：原量表之再測信度為 0.89，內部一致性信度為 0.84。陳玉華（民 70）的研究中，再測信度為 0.38-0.73。

②效度：建立構念效度。

③常模：陳玉華（民 70）針對台北市中山區、台北縣泰山鄉 1931 位三歲至七歲的孩子，男女約各半，建立初步常模。

(三)實施歷程

研究實施過程，共分為三個時間點，第一個時間點為民國八十九年六月，第二時間點為民國九十年二月，第三個時間點為民國九十年十月，以下分別詳述各時間點的實施過程：

1. 第一個時間點（民國八十九年六月）

(1)與幼稚園聯繫：在民國八十九年五月，根據「台北市公私立幼稚園一覽表」所劃分之十二個行政區，在每區中，各選一所公立和私立幼稚園，共有二十四所，之後，分別打電話給園長，告知研究目的，以及

詢問園方協助的可行性，在確認二十四所幼稚園園長[5]口頭應允後，便發函至幼稚園。

(2)**正式行文給學校**：公函中說明服務單位、職稱及目的，以及期望園方的協助事項。

(3)**寫信給家長**：我們請幼稚園老師，讓幼兒將一封給家長的信及「兒童氣質量表」帶回家，請父母填寫，並請老師回收問卷。在家長的信上，我們說明了氣質是什麼，以及填答時應注意事項，此外，為了讓家長能長期配合填寫量表，我們告訴家長我們會將評量的結果，與同年齡層孩子做比較，並繪成簡要的側面圖，寄到家中，提供他們做為了解自己孩子的參考依據。

(4)**提醒家長和老師問卷的回收**：由於六月份是幼稚園最忙碌的階段，有些幼稚園約隔了一週就全部回收，有些幼稚園至七月尚未回收齊，原因是有些家長的問卷遲遲未能繳回，或者問卷掉了，需再補發一份請家長填寫，所以全部校園問卷收齊，約至八月中旬。

(5)**整理第一次樣本資料**：在問卷回收之後，將 518 位幼兒的基本資料，整理成冊，包括孩子的基本資料及出生時的特殊狀況、家長年齡、職業、教育程度、聯絡地址和電話，以利於日後查詢資料。

2.第二個時間點（民國九十年二月）

(1)**第一次問卷結果與第二次「兒童氣質量表」的寄發**：相距第一次問卷的寄發，約相隔八個月，我們寄出第二次「兒童氣質量表」及回郵信封給家長，為了讓家長能填寫及寄回第二份問卷，在信封中，我們附了一份第一次結果的側面圖給家長參考，並告知家長有任何問題，都歡

5　在打電話給園長過程中，有些幼稚園不方便協助，在這種情形下，我於同一行政區中，再找一所幼稚園，以確認每個行政區各有一所公私立幼稚園。在此感謝以下二十四位園長及老師的協助，他們是蘇月霞、林明鈺、洪瑩惠、羅綿絨、彭暄偉、邱春珠、王萌光、裴台蘭、劉文姬、袁淑靜、劉素顯、陳世敏、周靜羚、王碧霞、彭秀珍、紀紈紳、許明珠、婁世美、詹慧英、黃惠秀、柯谷蘭、曾壁明、鄭淑嬌和許欄香。

迎以電子郵件聯絡，相互討論。

(2)**家長第一次填寫「兒童氣質量表」**：在幼稚園階段，由於班級老師的幫忙，使得問卷回收率有 72%，而第二次問卷是直接寄到孩子的家中，在缺乏電話提醒之下，家長寄回的問卷有限。

3. 第三個時間點（民國九十年十月）

(1)**寄發第三次「兒童氣質量表」**：根據第二次時間點追縱的 180 位兒童，我在民國九十年十月寄發第三次問卷，為了讓家長樂意填答，並儘快將問卷寄回，在給家長的信上，告知「收到問卷後一個月內，我會打電話與你們聯繫，告知孩子的氣質的情形，並請留下一個方便聯絡的電話和時間，我會親自和你們聯繫」。

(2)**提醒家長寄出問卷**：或許家長很忙，在預定回收的時間內，只有一半的家長將問卷寄回，因此只好打電話提醒家長將問卷寄回，有四位大四學生幫忙，並打了四次電話，同時補發一次問卷，提升了問卷回收率，180 位家長中有 116 家長將問卷寄回。

(3)**與家長對話**：我與另外一位小學老師於民國九十一在一月七日至三月七日期間，花了將近兩個月的時間，根據家長方便的聯絡時間，打電話給家長[6]，告知家長孩子從幼稚園至小學二年級氣質的評量結果。

(四)資料分析與處理[7]

1. 量表資料的分析與處理

以單因子變異數分析中的重覆量數（repeated measure）處理三個時間點的穩定性與變化。

6　本次電話訪談，承蒙台北縣東山國小李淑俐教師的協助，得以順利完成，李老師本身已有十二年幼稚園及三年小學教學經驗，有十五年與家長接觸的經驗，對於在電話訪談上，家長詢問孩子的相關問題，有足夠的經驗和歷練因應家長的問題。

7　本次有關量方面資料的處理，承蒙台北市立師範學院初等教育學系盧雪梅老師在統計方法上的建議。

2.訪問資料的分析與處理

　　將每次與家長的電話訪談記錄下來，從記錄中分析家長認為孩子在活動量、規律性、趨近性、適應性、情緒本質、反應強度、容易轉移注意力、堅持度及反應閾產生變化的可能原因，以了解家長知覺孩子氣質向度產生變化或穩定的可能因素。

第四節　研究結果、討論與建議

　　我在民國八十九年六月、九十年二月、九十年十月三個時間點，蒐集孩子從六歲至八歲三個時間點的資料，以量和訪談的方法蒐集資料，及處理分析資料，在量方面，發現規律性、趨近性和反應閾在三個時間點達顯著差異（P<.05），其他六個向度無顯著差異（P>.05），之後也以電話訪談家長認為孩子某項氣質改變的原因，以下分別詳細論述之。

一、量化研究結果

㈠兒童氣質在三個時間點的穩定性和變化

　　表 4-3-1 及表 4-3-2 顯示，兒童氣質在三個時間點的平均數和單因子變異數分析，由表可知規律性、趨近性和反應閾在三個時間點分別達.05及.001 的顯著差異（P<.05），顯示這些氣質向度從幼稚園至小學二年級三個時間點呈現變化狀態，其它活動量、適應性、情緒本質、反應強度、容易轉移注意力、堅持度等六個向度在三個時間點則無顯著差異（P>.05），表示這六個氣質向度在這段時間的穩定狀態。從氣質在三個時間點的平均數及表 4-3 事後比較來看，我們發現孩子的規律性、趨近性和反應閾在第一個時間點至第二個時間點、第一個時間點至第三個時間點平均數變化最大，第二個時間點至第三個時間點變化最小，換句話說，

孩子從幼稚園過渡至小學一、二年級階段，氣質中的規律性、趨近性和反應閾有明顯的改變。

1. 活動量的穩定及變化

由表 4-3-1 可知，活動量在三個時間點的平均數分別為：⑴ 3.5216；⑵ 3.3977；⑶ 3.3471。116 位兒童的活動量隨著年紀增加而逐漸減少，尤其從幼稚園至小學一年級減少最多。在三個時間點上，活動量未達顯著差異（P>.05），表示具穩定性。

2. 規律性的穩定及變化

由表 4-3-1 可知，規律性在三個時間點的平均數分別為：⑴ 4.4684；⑵ 4.6617；⑶ 4.6510。116 位兒童的規律性在三個時間點達顯著差異（P<.05），表示有變化，變化最大是在幼稚園至小學一、二年級。

3. 適應性的穩定及變化

由表 4-3-1 可知，適應性三個時間點的平均數分別為：⑴ 5.0590；⑵ 5.2092；⑶ 5.2092。116 位兒童的適應性從幼稚園至小學一年級增加，但在二年級則沒有改變。不過，適應性在三個時間點未達顯著差異（P>.05），表示具穩定性。

4. 趨近性的穩定及變化

由表 4-3-1 可知，趨近性三個時間點的平均數分別為：⑴ 4.0428；⑵ 4.5686；⑶ 4.6090。116 位兒童的規律性在三個時間點達顯著差異（P<.05），表示有變化，變化最大是在幼稚園至小學一、二年級。

5. 情緒本質的穩定及變化

由表 4-3-1 可知，情緒本質在三個時間點的平均數分別為：⑴ 4.8754；⑵ 4.8784；⑶ 4.8461。116 位兒童的情緒本質在小學一年級稍微增加，但在小學二年級時又減少。不過，在三個時間點上，情緒本質未達顯著差

異（P>.05），表示具穩定性。

6. 反應強度的穩定及變化

由表 4-3-1 可知，活動量三個時間點的平均數分別為：(1) 3.636；(2) 3.5756；(3) 3.4990。116 位兒童的活動量隨著年紀增加而逐漸減少，不過，反應強度在三個時間點未達顯著差異（P>.05），表示具穩定性。

7. 容易轉移注意力的穩定及變化

由表 4-3-1 可知，容易轉移注意力在三個時間點的平均數分別為：(1) 4.5293；(2) 4.6036；(3) 4.67041。116 位兒童的容易轉移注意力隨著年紀逐漸增加。不過，在三個時間點上，容易轉移注意力未達顯著差異（P>.05），表示具穩定性。

8. 堅持度的穩定及變化

由表 4-3-1 可知，堅持度在三個時間點的平均數分別為：(1) 4.148；(2) 4.0756；(3) 4.1111。116 位兒童的堅持度在小學一年級稍微減少，但在小學二年級稍微增加。在三個時間點上，堅持度未達顯著差異（P>.05），表示具穩定性。

9. 反應閾的穩定及變化

由表 4-3-1 可知，反應閾在三個時間點的平均數分別為：(1) 3.134；(2) 3.0088；(3) 3.0691。116 位兒童的規律性在三個時間點達顯著差異（P<.05），表示有變化，變化最大是在幼稚園至小學一、二年級。

(二)研究結果討論

由以上量的分析結果，從 116 位兒童幼稚園至小學二年級氣質變化來看，可明顯看出氣質中規律性、趨近性及反應閾三項達顯著差異（P<.05），表示這三項在三個時間點呈現變化，其中規律性從幼稚園至

小學一、二年級變化非常明顯，呈現顯著差異（P<.05）。形成這種現象可能的原因之一，或許與孩子進入小學之後，有固定的日常生活作息有關：例如早上七點五十分之前，孩子必須到學校，在學校中，他們必須依既定的生活作息活動，放學後，也有既定的活動要參加或作業要做，有些孩子由老師接送到安親班，有些孩子由父母接回家，或由父母送到另一種學習場所，進行才藝的學習。

表 4-4-1　兒童氣質各向度在三個時間點的平均數和標準差

時間點　　　氣質向度	第一個時間點（N=116）平均數（標準差）	第二個時間點（N=116）平均數（標準差）	第三個時間點（N=116）平均數（標準差）
活動量	3.5216（.8287）	3.3977（.8422）	3.3471（.8800）
規律性	4.4684（.9593）	4.6617（.8141）	4.6510（.9282）
適應性	5.0590（.8639）	5.2092（.8478）	5.2092（.9265）
趨近性	4.0428（.8609）	4.5686（.9737）	4.6090（.9732）
情緒本質	4.8754（.6235）	4.8784（.7158）	4.8461（.7080）
反應強度	3.6366（.7951）	3.5756（.8708）	3.4990（.8647）
容易轉移注意力	4.5293（.8395）	4.6036（.8059）	4.6704（.8325）
堅持度	4.1480（.6369）	4.0756（.5541）	4.1111（.5868）
反應閾	3.3134（.7267）	3.0088（.7698）	3.0691（.8331）

　　所有進了小學的孩子，似乎父母對他們的期望增高（台北市政府教育局，民81），希望他們未來有所成就。因此要求孩子除了學校的學習之外，課後時間，能再進行其它的學習，孩子的一天生活作息都已被妥善安排，或許這些因素讓家長知覺孩子進了小學後，尤其是從幼稚園至小學一、二年級階段，生活作息變得極有規律的主要原因。

表 4-4-2　兒童氣質各向度在三個時間點的變異數分析摘要表

	平方和	自由度	平均平方和	F 值
活動量	1.869	1.698	1.100	2.949
誤差	72.866	195.32	.317	
規律性	2.735	1.849	1.479	3.911*
誤差	80.405	230	.350	
適應性	1.746	2	.873	2.870
誤差	69.943	230	.304	
趨近性	23.150	1.620	14.294	33.599***
誤差	79.236	186.249	.425	
情緒本質	7.374	2	3.687	1.817
誤差	46.10	230	.200	
容易轉移注意力	1.155	2	.578	1.636
誤差	81.208	230	.353	
堅持度	.304	2	.152	.757
誤差	46.202	230	.201	
反應閾	6.039	1.794	3.019	8.584***
誤差	80.897	206.337	.352	
反應強度	1.102	2	.551	.184
誤差	69.738	230	.303	

*P<.05 ；***P<.01

　　兒童的趨近性也是變化非常明顯的一個特質。從幼稚園至小學一、二年級平均數增加，達顯著差異（P<.05）。產生這種現象的原因，或許是孩子社會化過程中，家長都希望自己的孩子是大方的，在陌生場合不怕生，對於來家裡拜訪的陌生人有禮貌，能主動與他們打招呼或寒喧，期望孩子表現出來的行為是社會認可的。因此天生本質害羞的孩子，可能在父母的教養及期待下，調節自己天生害羞的行為，呈現出社會能接受的行為，所以由量化資料的結果可知，孩子的趨近性由幼稚園進入小學，平均數增加，且達顯著，換句話說，孩子的害羞行為會因為父母的

教養方式，及社會的需求，做適當的調整。這種現象在 Jerome Kagan（1994）的研究中獲得證實，他和同事曾觀察一群二十一個月表現害羞傾向的孩子，四年後，Kagan 再觀察這群已上幼稚園的孩子，發現外向的孩子沒有人變害羞，但是害羞的孩子仍有 2/3 孩子還是內向，有 1/3 的孩子從害羞改變為比較外向，換句話說，害羞的孩子長大之後，並不一定都是害羞。

表 4-4-3　表 4-1 資料的 Scheffe'事後比較

三個時間 氣質向度	第一個時間點 平均數	第二個時間點 平均數	第三個時間點 平均數	Scheffe' 事後比較
規律性	4.4684（.9593）	4.6617（.8141）	4.6510（.9282）	3=2>1
趨近性	4.0428（.8609）	4.5686（.9737）	4.6090（.9732）	3=2>1
反應閾	3.3134（.7267）	3.0088（.7698）	3.0691（.8331）	3=2>1

1 表示第一個時間點的資料；2 表示第一個時間點的資料；3 表示第一個時間點的資料。

　　在反應閾上，我們也發現孩子在幼稚園至小學一、二年級階段變化最為顯著。由這個現象，或許可以推知孩子進了小學之後，或許是他們成熟度增高，並熟悉外界相似的刺激，所以與幼稚園階段相比，只要少許的刺激量，就能引起孩子的反應和知覺。

　　從幼稚園至小學二年級的三個時間點上，九個向度兒童氣質中，除了規律性、趨近性、反應閾有顯著的改變之外，其它六個向度活動量、適應性、情緒本質、反應強度、容易轉移注意力、堅持度，則呈現穩定狀態。換句話說，這六個向度，平均數雖有差異，但沒有顯著的改變（$P>.05$），可能的原因是從民國八十九年六月至民國九十年十月之間的時間太短，我們看不到孩子這六項氣質長時間的發展情形，研究如能持續追蹤孩子氣質的發展，或許氣質發展圖中，可以呈現孩子這些氣質特性的穩定及變化。

二、與家長電話訪談結果

從民國九十一年一月七日至三月七日期間，我與另外一位助理老師花了將近兩個月的時間，依據家長留下方便的聯絡時間，打電話與家長聯繫及對話。在電話訪問的過程中，發現他們都樂於接到我們的電話，非常想要透過我們的訪談了解孩子的氣質，以及給與相關的輔導方法，以協助他們教導自己的孩子，此外，他們也期望研究能持續進行，以了解孩子未來氣質的發展。

在電話訪談過程中，我首先向家長說明孩子從幼稚園至小學一、二年級，三次氣質的評量結果，以及三次評量氣質的穩定及變化情形。針對變化的氣質特性，因為三次氣質的評估，都是由家長填寫，所以我一一的請他們談談：「他們為什麼覺得孩子在某個氣質向度會有所變化，到底是什麼原因導致孩子在氣質特性上的變化？」。在電訪中，有些家長在告知孩子從幼稚園至小學一、二年級氣質的變化之後，她（他）們才恍然大悟，知道孩子氣質在某方面的改變，例如我們對某位家長說他孩子的活動量的分數由幼稚園的 5.5 分，至小學一年級時為 2.5 分，家長回應：「我平常在做生意，很忙，孩子下課之後，就送到安親班，沒有特別留意到他活動量的變化，只是覺得他最近比較不愛動，不像幼稚園那麼活潑……」（91/1/15，電話訪談）。

雖然從量化的結果，我們可以明顯地發現孩子在規律性、趨近性及反應閾三項上達顯著差異，有明顯的變化。不過，當電話訪談家長時，我們發現家長在回應問題時，他們會傾向於對孩子會影響家中的安靜、生活常規等等的行為，比較在意，出現這些回應頻率也比較高，至於在量表中出現顯著差異的反應閾而言，家長回答的比較少，或許與他們不知如何表達孩子在這方面行為的變化有關。有關家長知覺大多數孩子氣質特性變化的原因，以下整理出大多數家長回應頻率較高的原因。

㈠規律性

幾乎所有的家長認為孩子變得比較有規律的原因，是為了配合小學的生活作息。他們認為在幼稚園階段，孩子上學或不上學，及上學是否準時到校，不是一件重要的事，如果晚點進教室，是不會帶來困擾的，因為沒有所謂的學業及操性成績。然而孩子上小學後，生活作息就有很大的改變，他必須準時到校，參加學校朝會，也必須繳交老師指定的作業等等。例如有位家長說：「孩子現在變得比較規律的原因，我想可能是配合小學的生活作息，因為每天早上必須七點起床，準備上學，因為怕他太晚睡，爬不起來，所以我們都會要求他九點就上床睡覺」（91/2/20，電話訪談）。有位爸爸認為：「因為孩子是越區就讀，每天早上必須很早起床，在前一天晚上，他必須把功課做完，把隔天要帶到學校的東西都準備好，我想，這可能是影響他養成規律習慣的原因吧！」（91/1/25，電話訪談）。

㈡趨近性

從這次量化資料及家長的訪談中，我們沒有發現高趨近的孩子變得害羞內向，全部還是維持他們原來的本質。不過，我們發現一些原先害羞內向的孩子，變得比較外向，整理家長訪談的資料，發現孩子特質改變的主要原因如下：

1. 家長的教養方式

在社會期望下，我們希望孩子在任何場合都能落落大方。家長對孩子的要求也不例外，在公共場合或會見朋友親戚時，他們希望孩子能落落大方，有禮貌，主動與長輩打招呼。在訪談中有位家長說，「每次家中有訪客時，孩子常躲在房間不肯出來，遇到在陌生人更會緊張，我也不知如何是好。在朋友的建議下，帶他去看小兒科醫生，醫生診斷後，建議讓他接受一些課程的訓練，在課程上完後，我發現他變得比較大方，

也比較不害羞，現在他已經是小學二年級，在公共場合說話都沒問題！」（91/1/9，電話訪談）。

2.與外界接觸頻繁

有些孩子變得比較大方，是因為他有許多機會接觸外在環境，使得許多事對他而言，已經不再是第一次經驗，如有位家長說「我知道我家的孩子比較怕生，不過，因為我是單薪家庭，沒有多餘的錢，讓孩子去學一些才藝或到外面參加活動，所以我只好讓孩子參加美術館或行天宮舉辦的一些免費活動，讓他有機會盡量參加各種活動，接觸不同的人，或許是這樣的原因，慢慢養成他不怕生的個性」（91/1/17，電話訪談）；有些孩子是因為有機會上才藝班，如英文、電腦、鋼琴等，與外界接觸多了，就不會顯得怕生。

3.擔任班級幹部

有些孩子因為擔任班級幹部，有服務他人的機會，與同儕互動的機會增加，也比較不怕生。例如有位家長認為「我覺得孩子最近變得比較大方，可能是因為他被選為副班長，有機會為其他同學服務，而且與他們接觸的機會比較多，所以不會像以前那樣怕生」。（91/1/18，電話訪談）。

(三)反應閾

從量化結果，我們知道孩子在幼稚園至小一階段變化最顯著。不過，在電話訪談過程中，父母幾乎沒有任何意見及看法，只有少數幾位家長認為可能是孩子成熟度增高所導致的。

由以上初步訪談資料結果顯示，家長對孩子趨近性和規律性，變化的知覺比較高，也比較清楚這些氣質向度變化的原因，反應閾的提高或降低，家長比較感覺不出來，這或許與評量相隔期間太短所致，或者家

長不知如何說出這方面的改變有關。如果研究能繼續持續下去，長期性地訪談家長，應該可以更清楚看出孩子氣質穩定和變化的可能原因，並建構研究者與家長的長期正向意義。總之，與家長對話中，除了解家長知覺孩子氣質的穩定及變化的特性之外，在訪談結束前，家長常會主動詢問：「這研究會不會繼續做下去，我很想知道我家孩子未來在氣質的發展特性？」，由家長的問話，知道家長期望能繼續了解孩子氣質的發展，所以在我請教家長「下次寄發量表時，是否願意繼續協助填寫量表」，所有家長的回應是願意繼續配合研究進行，支持追蹤孩子氣質的發展。

三、建議

㈠繼續追蹤孩子氣質發展

　　在發展領域上，對兒童進行長期追蹤研究是十分重要與必要的。在我追蹤 116 位六歲至八歲兒童的氣質，看到幼稚園至小學二年級在氣質的規律性、趨近性和反應閾呈現變化狀態，其它活動量、適應性、情緒本質、反應強度、容易轉移注意力、堅持度等六個向度呈現穩定狀態。換句話說，我雖然看到某些氣質向度發生變化，某些氣質向度維持穩定，這樣的發現對於了解氣質特性雖有助益，但卻仍嫌不足。因為兩年的追蹤，時間太短，我們只能看到氣質短時期內的變化及穩定情形，無法了解氣質隨年齡發生的各種變化，以及這些變化如何發生。唯有長時間不斷地追蹤氣質特性的發展，才能更全面、更具深度地了解氣質的變化，在這樣的基礎上，或許才能更有信心地推估氣質特性如何影響孩子問題行為的發生及成人人格的發展。期許自己能繼續追蹤這 116 位兒童氣質的發展，以及持續和家長進行電話訪談，更深入了解父母知覺孩子氣質變化的可能因素；也期望從孩子的角度了解某些氣質向度發生變化的原因，或許可以讓我們更周延地了解孩子氣質穩定及變化的原因。

㈡以氣質行為項目訪問父母

　　從電話訪談過程中，我們知道家長對於孩子在趨近性和規律性上變化的知覺比較高，比較清楚這些氣質向度變化的原因。不過，對於反應閾，父母幾乎沒有任何意見及看法，換句話說，家長比較感覺不出孩子在這方面的變化，或許在電話訪談中，我們若能以明確具體的行為項目來訪問家長，他們或許能更清楚孩子在反應閾的外在行為表現，如「旁邊只要有一點點的聲音，他就睡不著」等等具體行為題目，家長可能比較能陳述他們對於孩子行為產生變化的看法。

第二部分
氣質在社會互動中的呈現與構成

第五章

氣質在家庭互動中的呈現

圖畫：吳京哲

第一節　父母教養方式的意義與類型

一、父母教養的意義

二、父母教養的類型

第二節　兒童氣質與父母教養方式

一、合適度的概念

二、兒童氣質與父母教養方式相關研究

第三節　研究歷程

一、研究樣本

二、研究工具

三、資料分析方法

第四節　研究結果、討論與建議

一、研究結果

二、討論

三、建議

在孩子早期，父母是孩子最先接觸的重要他人，在與他們相處過程中，父母對孩子的教養方式，會受他們氣質特性的影響，相對地，孩子本身的氣質特性，也會影響父母處理孩子的方式（Allert, 1982; Buss & Plomin, 1975; Hinde, Easton, Meller & Tamplin, 1982; Maccoby, Snow & Jacklin, 1984）。對於父母教養方式的觀點，在心理學中，並無專為解釋父母教養方式及其效果而單獨建立的理論，在過去的文獻中，學者Mead（1976）曾試圖整理出六種心理學的取向，即心理分析論、發展成熟論、社會目的論、認知發展論、存在現象論和行為論等，他檢視並比較這些教養方式的概念，其中心理分析論對人格的發展有深入的探討，但在解釋父母教養方式對子女行為的影響上無甚助益，不過他提出的社會化、認同的概念以及學習理論，則成為六十年代研究者對子女教養方式的重要解釋依據；就認知發展理論，其重點在於父母如何協助幼兒智慧的發展，協助幼兒會問好問題，了解其內心思考，至於其他的理論，如發展成熟論、社會目的論、存在現象論和行為論等，皆不能真正觸及父母教養方式的真正核心問題。

除了 Mead 的六種取向外，六十年代以後，學者嘗試從互動論的觀點，來探討此問題，Lewin 早在一九三五年就主張行為最基本的要素，是個體與情境因素間持續不斷互動的結果；Schaefer（1978）也曾以互動理論來解釋母子互動行為。由此觀點，使我們不只視教養方式為父母對子女所做的行為，而是與子女一起發生的行為。因此教養行為乃是一連串的互動關係，隨著子女的成長而不斷的變遷，此觀點摒棄情境論與特質的單向考慮，同時考慮父母特徵與子女個人特徵的相互影響。

本章首先陳述有關父母的教養方式的意義與類型，繼而探討兒童氣質與父母教養方式相關研究，並以國內孩子為研究對象，探討氣質與父母教養之間的關係，依據研究結果，予以討論，並提出相關的建議。

第一節　父母教養方式的意義與類型

一、父母教養的意義

　　過去有關父母教養方式、管教態度及親子關係的研究甚多，但各學者對父母教養方式所持的論點不同，而有不同的主張和說法。國外學者Sears 及 Maccoby（1957）認為父母對子女的教養方式，在本質上是一種親子之間交互作用的歷程，包括父母的態度、價值、興趣、信念以及照顧和訓練的行為，以達身心健全發展為目標。

　　國內學者認為父母教養態度係指父母教養子女時，所表現的態度、情感、信念及其在行為上所顯示的基本特徵（林正文，民70）；也有學者指出，基本上，父母的教養方式應同時包含態度層次與行為層次；其中教養態度是指父母在訓練或教導子女方所持有關認知（或知識與信念）、情感（或情緒）及行為意圖（或傾向），教養行為是指父母在訓練或教導子女方面所實際做的行動與做法，所以教養方式可稱為管教方式（含管教態度與管教行為），教養方式兼及嬰幼兒之飲食行為、衛生習慣及基本動作的養育訓練與青少年做人做事的管教指導（楊國樞，民75）。

二、父母教養的類型

　　在過去的文獻中，關於教養方式對兒童發展影響的研究很多（Maccoby & Martin, 1983；楊國樞，民75），這些研究根據一些特徵，試圖對雙親的管教方式加以區分；這種區分有的只是建基於單項行為特徵，有的則是基於多項行為特徵之整體形式；另一方面，探討不同的教養方式對幼兒的影響，由於研究方式不同，如問卷法或觀察法、研究對象不同或研究工具不同（有些測量父母或子女的價值、態度，有些則針對特殊的行

為描述），使得教養類型，有頗多不一致的地方。根據國內外相關的研究，教養方式大致可分為單層面、雙層面及多層面等教養類型。

㈠單層面取向的教養方式

有關教養方式之分類，採單層面的劃分方式不盡一致，少者或採三分法，多者或採十分法，詳略雖異，然而採用單層面的分類觀念是相同的。就採三分法而言，有的分成專斷威權型、開明威權型以及放任型（Baumrind, 1967, 1971）；有的區分為接納型、縱容型和民主型（Baldwin, 1965）；有的區分為專斷型、感情剝奪型及誘導型，係在學者檢討雙親教養方式對兒童道德發展影響時，雙親教養行為較頻繁使用之單特徵行為，做為區分類型的基礎（Hoffman, 1977）。除了三分法外，也有學者採四分法、七分法及十分法，例如 Pumroy（1966），將父母教養方式分為保護、嚴厲、拒絕和放縱四類型；Elder（1962）曾研究青少年心目中的父母教養方式，結果發現七種類型：獨斷型、權威型、民主型、平等型、寬容型、放任型及忽視型；Roie 和 Seigelman（1963）在其編製的親子關係問卷中，將父母教養方式分為十類型，即愛護、保護、寬鬆、命令、拒絕、忽視、精神獎勵、物質獎勵、精神懲罰及物質懲罰。

在國內方面，學者也有不同的分法，例如朱瑞玲（民75）對 Roie 和 Seigelman 的問卷進行分析處理，結果發現父母教養方式可分為嚴厲型、關愛型和寬鬆教養方式等三種類型；張春興（民58）則將父母教養方式分為寵愛、放任、嚴格和民主等四種類型。而賴保禎（民61）曾修訂日本東京大學品川不二郎所編製的父母管教態度測驗，將父母管教態度分為拒絕、溺愛、嚴格、期待、矛盾和紛歧等六種類型。而吳正桓（民78）採用 Baumrind 量表，使用晤談法，發現母親的管教行為分為：權威主義、誘導、拒斥、對管教方式的自信、促發獨立性、嚴格執法和限制活動自由；而父親的管教行為則分為：權威主義、拒斥、要求成熟的行為、誘導、促發獨立性、安全的立場、平等的立場與提供豐富的認知。

㈡雙層面取向教養方式

　　有些學者從兩類變項各分高低兩層面，根據縱橫交織原理構成四個象限的分類方法來解釋教養方式。例如 William（1958）將幼兒知覺之父母教養方式之兩個獨立的基本層面「權威」和「關懷」，並按高低程度的組合分為：「高關懷、高權威」、「高關懷、低權威」、「低關懷、高權威」及「低關懷、低權威」等四種教養方式；Bronfenbrenner（1961）曾提出控制與支援二變項區分為四類型，即高控制高支援、低控制高支持、高控制低支援、低控制低支援等類型。有學者將父母教養方式劃分為「溫和─允許」、「溫和─限制」、「冷淡─允許」和「冷淡─限制」等四類；有的區分為「接受─拒絕」與「溺愛─限制」兩個層面；Maccoby 和 Martin（1983）以兩個向度，即接納─拒絕與要求─無要求，將父母教養方式區分為權威型、溺愛型、可靠型和忽視型等四個類型。

　　Schaefer（1965）提出「保護─敵視」與「控制─自主」兩個層面，以解釋分析父母的教養態度和教養方式。同時利用這兩個獨立的向度構成了一個環狀模型，來解釋多種不同的教養方式。其模型如圖 5-1-1 所示：

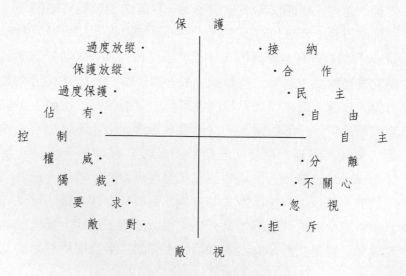

圖 5-1-1　Schaefer（1965）環狀模型

㈡多層面教養類型

除了單層面與雙層面取向外，Becker（1964）指出父母親教養方式表現於三個關鍵的基本層面，即「限制—溺愛」、「溫暖—敵意」與「焦慮的情緒涉入—冷靜的分離」並分為八種教養方式，包括縱容、民主、神經質的焦慮、忽視、嚴格控制 、權威性、有效的組織及過度保護。

綜觀上述，有關父母教養方式的分類見仁見智，繁簡不一，孰優孰劣，難以定論，原因在於影響父母教養方式的因素相當複雜，而且父母與子女接觸的層面較多，如將父母對子女的教養態度截然劃分為某一類，誠屬不當；但大致而言，由上述討論來看，父母教養方式大致可分為積極與消極二類：積極包括關懷、溫暖、寬容和民主等；消極則為冷酷、拒絕、控制和敵視等；積極的父母教養方式有助於兒童建立明確的自我觀念，形成自我的態度，而獲致良好的生活適應；消極的教養方式則可能使兒童遭遇挫折與衝突，形成自暴自棄，因而導致行為的不良適應（Ausubel & Sullivan, 1970）。

在本章中，父母教養方式的觀點，兼採取積極和消極雙層面，並以「親子關係問卷」所測得保護、愛護、拒絕、命令、忽視、精神獎勵、物質獎勵、精神懲罰、物質懲罰等九項分量表的分數做為父親教養方式與母親教養方式的操作型定義。

第二節　兒童氣質與父母教養方式

一、合適度的概念

所謂合適度（goodness of fit）是指個人的氣質或其他特性，如動機、智力及其它能力足以處理社會環境中持續不斷的需求、期待及機會，換句話說，當個人的能力不能成功的因應環境要求時，係為弱合適度（poorness of fit），倘若個人係在合適度的情形下，個體身心都能發展良好，若在弱合適度下，個體會經歷過度的壓力及適應問題，因而影響其正常的發展，但並不意謂著合適度就沒有壓力及衝突的存在，事實上，這種現象是無可避免的，且與個體的成長與發展同時並存著，此概念也被生物學家應用在身體健康的評量上，學者認為健康是個體與環境能相互配合，並達到合適及適應的狀態（Chess & Thomas, 1991）。

然而合適度是否是父母與幼兒或老師與兒童之間氣質特性的相似性？答案是否定的。在 Thomas 及 Chess 的研究中，發現父母與兒童的互動是各種可能性的組合，如親子間氣質的相似或不相似，都有可能導致合適度或非合適度。此外，兒童的氣質與環境之間達到合適性，兒童也可發展出健康的自我概念及穩定性的自尊。

二、兒童氣質與父母教養方式相關研究

兒童早期人格的形成，是受到許多因素的影響，在早期，父母養育之、照顧之，並教孩子因應自己需要，以備未來社會需求，直至成長，進入社會，幼兒逐漸受教師、朋友和不同權威人物的影響；在環境中影響兒童人格的發展，最重要影響因素是父母親教養方式；在孩子成長過程中，兒童氣質會不斷地與父母互動，針對此互動情形，學者 Buss 和 Plomin（1975）提出一互動模式，如圖 5-2-1 所示，由圖中模式可了解，兒童氣質會影響父母的教養方式，相對地，父母教養方式也會影響兒童的氣質；換句話說，不同兒童氣質特性會引發父母親新的行為形式或者改變父母的教養態度，例如對於難養育的兒童，父母行為的改變會傾向於控制兒童的行為。

不過，就合適度的概念而言，即使難養育型或者是慢吞吞型兒童，只要父母的教養方式能夠與兒童氣質特性相契合，如同齒輪，雖然大小不一，如果能夠相吻合，輪子便能轉動，倘若不契合，雖是好養育的安樂型兒童，親子之間還是會有摩擦出現；換句話說，兒童氣質與父母親教養方式是否能契合，根據Henderson（1913）所提出合適度觀念，即個

體和環境之間存著和諧狀況時，個體便獲得最佳發展，發展出健康的自我概念及穩定性的自尊，反之，在不調適的情況下，個體便會產生發展上的偏差。

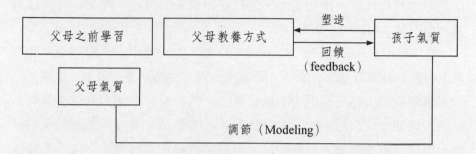

圖 5-2-1　兒童氣質與父母教養方式互動模式

　　有關兒童氣質與親子互動的研究，過去只注重父母對兒童行為單方面的影響，忽略兒童特性對親子互動的重要性，學者 Buss 和 Plomin（1975）首先從兒童氣質的特性探討親子互動的情形，研究中他以 137 個家庭二至六歲幼兒為對象，在氣質方面使用「EASI 問卷」，評量兒童之「情緒性」、「活動性」、「社交性」和「衝動性」等四方面特性，「親子互動問卷」內容，以「愛—敵意」及「控制—自主」兩層面評量，研究結果並不如預期的好，發現氣質與親子互動相關低，不過卻發現父母氣質與教養方式間有高相關，例如具高社會性的父母，傾向使用愛的教養方式、高活動量的父母，傾向使用控制的教養方式，對孩子較缺乏愛；學者認為此研究結論是暫時的，因為這篇報告是首篇探討兒童氣質與親子互動的研究，方法上以評量和自我報告獲取資料，這些限制都會影響結果，事實上，我們也難以相信父母對幼兒人格的發展沒有影響性。

　　隔了三年，Thomas 和 Chess（1977）也探討父母對不同氣質兒童管教方式，研究指出，在幼兒早期，父母容易受氣質影響，氣質也影響父母處理幼兒的行為方式，因此「安樂型」親子關係互動良好，不過「難養育型」，會讓父母覺得受到威脅，感到焦慮，抱怨過度的負擔，形成不佳的親子關係；在 Gordon（1983）的研究中，卻發現安樂型與困難型

兒童，在遊戲場所中，與媽媽的互動行為並無差異，但「安樂型」會比較依賴媽媽，「難養育型」對媽媽有比較多的意見；研究者更指出氣質是影響親子互動的強而有力因素，而且媽媽母親的反應與「養育困難型」之間有強烈負相關，換句話說，對於愈難養育的兒童，媽媽的反應也愈強，愈不佳（Million, 1978）。

在 Stevenson-Hinde 和 Simpson（1982）的研究中，也發現類似的結果，研究中將氣質分為三類型，即(1)活動型；(2)膽怯型（害羞及依賴）；(3)困難型氣質。結果發現：(1)活動量愈大的兒童，愈易發脾氣或具有拒絕性的態度，與父母間的互動是負向的；(2)膽怯型兒童，感到焦慮和害怕，與父母親間無顯著互動關係，但對父親有正向情感，之後，其關係漸漸消失；(3)難養育型，母親感到焦慮及困擾，親子互動也是負向關係。就活動量的研究而言，Buss 等人發現，對於活動量小的兒童，通常父母會提供較多的支援和鼓勵，並且與孩子易建立良好的工作關係，因為與活動量小的兒童互動較平和，與活動量大的兒童互動，則易有更競爭或爭執性的事情發生，其他的研究也有同樣的發現（Buss, Block & Block, 1980; Halverson & Waldrop, 1976）。

三年後，學者又再次探討兒童氣質與親子間的關係，研究中，了解害羞男孩與家庭間呈現負向關係，害羞的女孩與家庭的互動卻為正向，形成此種現象的原因，可能是社會對男女性別角色有不同期待。在社會中，我們期望男生大方、外向，如果兒童天生害羞內向，可能與父母的期許有所出入，因而形成親子間的緊張關係，相對地，對於害羞的女孩，似乎我們認為女生本應如此，因此與家人互動關係是良好的；此外，情緒強度反應高的男女孩，親子間的關係都不佳。

氣質與父母的互動過程中，也會影響親子關係的和諧性，研究中發現具高活動量、低規律性、趨避性高、負向情緒及反應強度高的兒童，親子關係皆不佳，此外，研究也呈現下列四點發現：(1)活動量大的兒童：較少與媽媽發生友善、關心、快樂及中性語言的互動；(2)害羞的兒童：四十二個月大的男幼兒較女幼兒依賴媽媽，而且會尋求媽媽的協助與認可，不過女幼兒會遠離媽媽；五十個月大的男幼兒，對媽媽同時具有敵

意和身體的友善態度，害羞的女幼兒孩則與媽媽有高層次的會話問題；
(3)依賴性氣質的兒童：四十二個月大時對媽媽有身體上友善的反應，不
過五十個月大的幼兒，則較少與媽媽有語言上的互動；(4)情緒性氣質的
兒童：對媽媽會有敵意的反應，且少與之共同活動以及有友善的語言互
動，但女生較比男生緊張，且對母親較不友善，與之互動較多；此外，
其他適應性低、規律性低且反應激烈的兒童，親子關係差，也較少獲得
母親的關心，與母親間有較多的敵意互動（Hinde, Easton, Meller & Tamplin,
1982），Grawford（1983）的研究也顯示兒童的氣質強烈影響親子關係，
此可在 Weston（1982）的研究中得到證明，研究指出父親對不太活潑的
兒童會以更傳統和心不在焉的遊戲方式待之。

　　在 Cameron（1978）的研究指出活動量小，反應閾高，反應強度激
烈，且適應性低的女孩，媽媽通常採取拒絕的方式；相對地，媽媽採取
拒絕態度，則兒童容易有適應不良的現象；研究更進一步指出，如果要
預測兒童未來的行為問題時，應考慮兒童特殊氣質與父母教養態度間潛
在交互作用可能產生的影響性；在Allert（1982）的博士論文中，探討學
前兒童氣質與父母親之間的互動情形，也發現高堅持度、高工作導向的
幼兒與高堅持度、低情緒強度媽媽的行為有顯著相關；然而，兒童的氣
質和父親行為間無顯著相關存在。

　　有研究也探討氣質是否會影響媽媽的照顧行為，結果發現反應強度
高的兒童會使母親增加對他的身體的接觸（Klein, 1984）；Nelson和Sim-
merer（1984）也探討兒童的氣質與父母親之間的行為，結果發現：如果
兒童適應性強、堅持度適中，以及具有趨近性的氣質特性時，則父親對
兒童會採取參與性、理性輔導、限制情境、反應敏捷及親密關係等方式，
不過父親的行為與兒童的情緒強度和活動量呈現負相關現象；然而母親
的行為與兒童氣質則幾乎無任何顯著相關。

　　在國內方面，有研究指出活動量高的兒童，如果超過父母的容忍限
度時，父母就會管制兒童行為，如果活動量低於父母期待時，父母會鼓
勵幼兒活動；此外，父母常會懷疑自己對愛哭，常發脾氣兒童的管教方
式，然而對情緒本質不錯的幼兒，父母則對自己的教養方式深具信心（俞

筱鈞，民 73）；林瑞發（民 77）也曾探討氣質與親子之間的關係，結果發現兒童氣質項目中最具影響親子之間的關係者為活動量、適應性和堅持度，並會造成親子之間的緊張關係。

謝智玲（民 87）的研究中以台北市十所小學四、五、六年級 230 位在學學童為樣本，研究中也發現父母親的管教態度對於孩子的氣質是一重要影響因素，民主化的父母，學童較廣結朋友，善解人意；獨裁式的父母，學童較情緒化，性情不穩定；至於放縱式的父母，相對地，學童較好動。除以上研究之外，李美瑩（民 83）也探討兒童氣質對家中氣氛的影響性，結果也發現活動量愈高、情緒反應激烈、反應愈遲鈍，家庭氣氛愈緊張凝重，相對地，氣質中的可預測性、趨避性、適應度、情緒本質及堅持度愈高者，家庭氣氛愈和諧快樂。

由上述研究可知，高活動量的兒童，無論父親或母親，都會採取較消極教養方式，會較少與母親有親密的互動現象，究其原因，可能是在現代的工商業社會，父母都外出工作，回家後已身心俱疲，無體力與之互動，所以較會採取懲罰等方式，事實上，對於情緒反應激烈的兒童，也有類似的情形；至於趨近性高的兒童，父母的對待方式，可能會因男女性別不同而有差異，父母可能較期望害羞的男孩比女孩能夠更大方、更外向，因此所採取的管教方式也有所差異。

第三節　研究歷程

一、研究樣本

本研究之樣本選自台北市四十六所公私立幼稚園，五十班的大班兒童，男生計 644 名，女生共計 623 名，共計 1267 名，樣本分布見附錄 1-1。

二、研究工具

本研究使用之評量工具計有「兒童氣質量表」（見第二章研究工具）和「親子關係問卷」兩種，以下為「親子關係問卷」的詳細內容。

㈠內容修訂

量表由初正平修定 Roe 和 Siegelman 編製之「親子關係問卷」（Parent-Child Relation Questionnaire）。原問卷分為父子關係與母子關係兩部份，題目內容全同，各一百三十題，皆由兒童或青少年自行填答，目的在測量孩子們所知覺的父母親的態度與行為。「親子關係問卷」本由兒童填答，在本章改由父親及母親分別填答，題目本以孩子的立場敘述，改以父親和母親的立場敘述，如：「我想要什麼，媽媽就會儘量替我想辦法」，改為「孩子想要什麼，我就會儘量替他想辦法」。原因是研究對象為五至六歲的兒童，對於識字和語文的理解有限，不易填答問卷。本章並以因素分析及信度考驗方法，將量表修訂為九個向度，保護、愛護、拒絕、命令、忽視、精神獎勵、物質獎勵、精神懲罰、物質懲罰，共四十五題，有關修訂量表之因素負荷量及信度如附錄 5-1 所示。有關量表各向度的內容和題目，分布如下：

　　1. 保護：父母保護子女避免受到傷害或不愉快的經驗或擔心孩子的安危等等，題目分布在 21、41、51、107、113 等五題。

　　2. 忽視：父母很少關心注意子女，也很少為子女作任何事，題目分布在 29、39、59、69、89 等五題。

　　3. 愛護：父母給與子女溫暖、關愛及適當的鼓勵與稱讚，題目分布在 48、58、68、78、105 等五題。

　　4. 拒絕：父母對子女充滿敵意、取笑、埋怨或傷害子女，甚至認為不如其他的孩子，題目分布在 13、63、73、83、93 等五題。

　　5. 命令：父母嚴格規定子女行為，要求子女絕對服從，完全控制子

女行動，不考慮孩子的感受，一切依照父母的決定，題目分布在 16、66、96、104、110、116 等六題。

6.精神獎勵：父母常以稱讚、關注和喜愛等無形方式鼓勵自己子女，題目分布在 15、25、45、95 等四題。

7.物質獎勵：父母使用金錢、禮物、特別的旅行等具體有形方式來嘉許子女，題目分布在 10、30、60、70、100 等五題。

8.精神懲罰：父母在他人面前羞辱子女、孤立子女或收回關愛等類似方法懲罰子女，題目分布在 32、42、62、72、82 等五題。

9.物質獎勵：父母使用懲罰、減少零用金、拿走玩具、取消答應的旅行等類似的方法懲罰子女，題目分布在 7、27、37、77、97 等五題。

(二)評量與計分方法

本份問卷共有四十五題，父母根據自己與子女相處的實際情況選擇最適當的回答。若答「完全一樣」給 4 分，「大致一樣」給 3 分，「大致不一樣」給 2 分，「完全不一樣」給 1 分。並以每人在每一題得分累加為每一項總分，最低為 6 分，最高為 24 分，統計之後，每位受試者皆有九項父親教養方式分數及母親教養方式分數。

(三)信效度

「親子關係問卷」分量表內部一致性信度分別為：保護為.93 及.90；愛護為.96 及.93；拒絕為.97 及.94；命令為.96 及.93；忽視為.97 及.95；精神獎勵為.93 及.90；物質獎勵為.94 及.90；精神懲罰為.96 及.93；物質懲罰為.95 及.90，全量表為 .99，效度可由因素負荷量得知，見附錄 5-1。

三、資料分析方法

本研究以積差相關及典型相關等方法分析處理資料。

1.以皮爾森積差相關分別分析兒童氣質和父親及母親教養方式的相關。

2.以典型相關處理兒童氣質和親子關係。

第四節　研究結果、討論與建議

一、研究結果

在這一節中，呈現兒童氣質與父母親教養方式的實徵研究，從分析資料中，獲知兒童氣質不僅會影響父母的教養，父母的教養也會因孩子的氣質特性有所不同。

(一)兒童氣質與父親教養方式之積差相關

表 5-4-1 為兒童氣質和父親教養各變項之積差相關矩陣，由表可知，活動量和父親教養之拒絕、命令、忽視、精神懲罰及物質懲罰達顯著正相關外，與其他變項無顯著相關，由此可知，兒童活動量愈大時，父親比較會採命令、拒絕、忽視、精神懲罰和物質懲罰的教養傾向，如果父親採取消極的教養方法，孩子活動量有愈高的傾向；適應性和趨近性和父親教養方式皆無顯著相關。

情緒強度和父親教養之保護達顯著負相關，和拒絕、命令、精神懲罰及物質懲罰達顯著正相關外，和其他變項無顯著相關，可知兒童的情緒強度愈強時，相對的，父親比較不會採保護態度，較會採命令、拒絕、精神懲罰和物質懲罰的教養傾向；注意力分散度和父親教養之拒絕、命令、忽視、物質獎勵和精神懲罰達顯著正相關外，與其他變項無顯著相關，可知之注意力分散度愈大的兒童，父親比較會採命令、拒絕、忽視、物質獎勵和精神懲罰教養傾向；堅持度和父親教養之愛護、拒絕、命令、忽視、及物質懲罰達顯著負相關外，與其他變項無顯著相關，可知兒童堅持度愈高時，父親比較不會採愛護、命令、拒絕、忽視與物質懲罰的教養傾向。

表 5-4-1　兒童氣質和父親教養方式之相關矩陣

變項	活動量	適應度	趨近性	情緒強度	注意力分散度	堅持度	保護	忽視	愛護	拒絕	命令	精神獎勵	物質獎勵	精神懲罰	物質懲罰
活動量	1.00														
適應性	-.11****	1.00													
趨近性	.24****	.69****	1.00												
情緒強度	.58****	.18****	.54****	1.00											
注意力分散度	.71****	-.38****	-.11**	.38***	1.00										
堅持度	-.47****	.57****	.42**	-.04	-.76**	1.00									
保護	-.020	-.030	-.04	-.06*	-.03	.02	1.00								
忽視	-.001	-.012	-.01	-.04	.03	-.06*	.25**	1.00							
愛護	.07*	-.020	.01	.07**	.11****	-.11**	-.11**	.23**	1.00						
拒絕	.10****	-.012	.03	.08**	.10****	-.10**	-.41**	-.12**	.26**	1.00					
命令	.06*	-.015	.01	.05	.08**	-.07	-.40**	-.18**	.13**	.53**	1.00				
精神獎勵	.01	.01	.03	.03	.01	-.01	.38***	.20**	.09*	-.15**	-.16**	1.00			
物質獎勵	.01	.01	-.002	.02	.07*	-.02	.22**	.26**	.16***	.04	-.05	.35****	1.00		
精神懲罰	.07***	.03	.05	.08***	.06*	-.02	-.20**	.13**	.41***	.49**	.28***	.01	.22***	1.00	
物質懲罰	.10***	-.02	.02	.11****	-.01	-.05	-.14**	.09*	-.35*	.42***	.27***	.62*	.29	.52***	1.00

* P<.05　；　**P<.01　；　*** P<.001

㈡兒童氣質與母親教養方式之積差相關

　　表 5-4-2 為兒童氣質和母親教養各變項之積差相關矩陣，由表可知，活動量和母親教養之拒絕、物質懲罰達顯著正相關外，與其他變項則無顯著相關，可知，兒童活動量愈大時，母親比較會採命令及物質懲罰的教養方式；適應性和母親教養之愛護達顯著正相關外，與其他變項無顯著相關，可知兒童適應能力愈好，母親比較會採保護的教養傾向；至於趨近性與母親教養之愛護、拒絕、精神懲罰達顯著負相關外，與其他變項則無顯著相關，可知兒童的趨近性愈高，母親比較不會採保護、命令、精神懲罰的教養傾向。

　　而情緒強度與母親教養之愛護達顯著負相關外，與其他變項無顯著相關，可知，兒童情緒強度愈強，母親較不會採愛護的傾向；注意力分散度和母親教養之保護、拒絕、物質獎勵、精神懲罰及物質懲罰達顯著正相關外，與其他變項無顯著相關，可知注意力分散度愈大的孩子，母親比較會採保護、拒絕、物質獎勵、精神懲罰與物質懲罰的教養傾向；堅持度和母親教養之拒絕、命令、忽視、精神獎勵、精神懲罰、物質懲罰達顯著負相關外，與其他變項則無顯著相關，可知，兒童堅持度愈高，母親比較不會採拒絕、命令、忽視、精神獎勵、精神懲罰、物質懲罰的教養傾向。

㈢兒童氣質和親子關係之典型相關

　　表 5-4-3 係以兒童氣質為 X 組變項，親子關係為 Y 組變項，進行兩組變項間之典型相關分析。由表可知，經分析後，得到二個典型因素，X 組變項的第一個典型因素（x1）可以說明 Y 組變項的第一個典型因素（$\eta1$）的總變異量 6.23%，亦 $\rho2$=.0623；而 Y 組變項的第一個典型因素（$\eta1$）又可解釋 Y 組變項的 5.78%，所以 X 組變項透過第一個典型因素（x1）可解釋 Y 組變項的 0.36%（重疊指標為.0036），即兒童氣質所抽出的典型因素 x1 可說明親子關係所抽出的典型因素（$\eta1$）的總變異量

6.23%，親子關係所抽出的典型因素η1 可以解釋所有兒童氣質總變異量 5.78%。所以整體而言，兒童氣質透過第一個典型因素可以解釋親子關係總變異量的 0.36。

　　X 組變項的第二個典型因素（x2）可以說明 Y 組變項的第二個典型因素（η2）的總變異量 5.22%，亦即ρ2=.0523。而 Y 組變項的第二個典型因素（η2）又可解釋 Y 組變項的 5.04%，所以 X 組變項透過第二個典型因素（x2）可解釋 Y 組變項的 0.26%，換言之，兒童氣質透過第二典型因素以解釋親子關係變異量的 0.26%。

　　由以上統計結果，可知所有兒童氣質成分對親子關係總變異量的解釋.62%。就結構係數來看，在 X 組變項中，與第一個典型因素（x1）相關較高變項是適應性、趨近性、情緒強度、注意力分散度和堅持度，其係數分別為-.4160、-.5891、-.6719、.3909、-.6759；在 Y 組變項中，與第一個典型因素（η1）相關較高的變項為父親的忽視和母親的愛護、忽視、物質獎勵，其係數分別為.3293、.4994、.3081、.3755。換言之，兒童的適應性愈差，趨近性低，情緒強度弱，注意力分散度大且堅持度低，則父親較會採忽視的態度，母親較會採愛護、忽視、物質獎勵方式；由此可知，針對這類型的孩子，父親比較會採消極的教養方式，母親則兼採積極與消極的教養方式。

　　就第二組典型相關而言，在 X 組變項中，與第二個典型因素（x2）相關較高的變項為適應度、趨近性，其係數分別為.4599、.6219。在 Y 組變項中，與第二個典型因素（η2）相關高的變項是父親教養之保護、拒絕，母親教養的保護，其係數分別為-.3657、.4058、-.4404。由此結果可知，兒童的適應度愈好、趨近性愈高，則父親較不會採保護方式，較會採拒絕的教養方式，母親也較不會採保護方式。

表 5-4-2　兒童氣質和母親教養方式之相關矩陣

變項	活動量	適應性	趨近性	情緒強度	注意力分散度	堅持度	保護	忽視	愛護	拒絕	命令	精神獎勵	物質獎勵	精神懲罰	物質懲罰
活動量	1.00														
適應性	-.11**	1.00													
趨近性	.24**	.69**	1.00												
情緒強度	.58***	.18***	.59***	1.00											
注意力分散度	.71***	-.38***	-.11**	.37**	1.00										
堅持度	-.47**	.57**	.42**	-.04	-.76**	1.00									
保護	-.02	-.07	-.03	-.03	.06*	-.04	1.000								
忽視	.01	-.07*	-.07*	-.09***	.05	-.01	.25**	1.000							
愛護	.06*	-.04	-.06*	.02	.09***	-.09**	-.051	.31**	1.00						
拒絕	.03	-.02	-.03	-.02	.04	-.08***	-.37**	-.05	.30***	1.00					
命令	.03	-.01	-.03	-.03	.03	-.05*	-.31**	-.08**	.15***	.48**	1.00				
精神獎勵	.01	.04	.04	.04	-.01	-.06*	.40**	-.20**	.09***	-.16**	-.20**	1.00			
物質獎勵	.02	-.03	-.04	-.02	.05*	-.03	.21**	.27**	.23***	.002	-.05	.37**	1.00		
精神懲罰	.04	.03	-.06*	-.01	.07*	-.07*	-.15**	.24**	.46**	.48***	.24***	.03	.24**	1.00	
物質懲罰	.08*	-.04	.04	.03	.08**	-.07**	-.11*	.20**	.37**	.312***	.17**	.10***	.34***	.51***	1.00

$* P<.05 ; **P<.01$

表 5-4-3　兒童氣質和親子關係之典型相關分析摘要表

	典型變項			典型變項	
X 變項	X1	X2	Y 變項	η1	η2
活動量	-.0654	-.1558	父親教養方式		
適應性	-.4160	.4599	保護	-.0223	-.3657
趨近性	-.5891	.6219	忽視	.2576	.2681
情緒強度	-.6719	.2148	愛護	.1786	.4058
注意力分散度	.3909	-.0315	拒絕	.0837	.0501
堅持度	-.6759	-.0613	命令	.3293	-.0095
			精神獎勵	-.0636	.2929
			物質獎勵	.0708	.0567
			精神懲罰	-.0891	.2452
			物質懲罰	-.2016	
抽出變異量					
百分比	.2643	.1123	母親教養方式		
			保護	-.0237	-.4404
			忽視	.4994	-.1413
重　疊	.0164	.0586	愛護	.2072	-.1124
			拒絕	.2868	-.0715
			命令	.3081	-.0960
			精神獎勵	-.2393	.1847
			物質獎勵	.3755	.0392
ρ2	.0623	.0522	精神懲罰	.2739	-.2076
			物質懲罰	.1612	-.1373
	***	*			
			抽出變異量		
典型相關	.2495	.2286	百分比	.0578	.0504
			重疊	.0036	.0026

* P<.05　；*** P<.001

二、討論

　　從文獻中，我們知道兒童氣質與父母教養產生相互影響。從相關矩陣表中可知，在活動量方面，孩子活動量愈大時，父親比較會採取命令、

拒絕、忽視、精神懲罰、物質懲罰等方式，母親比較會採取命令與物質懲罰的方式，換句話說，孩子太好動，家長比較會採取消極的管教方式。這種情形與國外學者的研究結果有類似之處（Hide, Easton, Miller & Tamplin, 1982; Stevenson-Hinde & Simpson, 1982），研究中認為高活動量的兒童，較少與母親發生友善、關心與快樂的親子互動。國內蔣惠珍（民75）也指出，活動量和父母親之精神懲罰與物質懲罰等二項教養行為有顯著相關。由此可知家長對於活動量大的孩子，比較會使用較消極的教養方式，如命令、物質懲罰，究其原因，五至六歲的孩子，正值好奇心強，充滿著精力的年紀，然而在目前工商時代，父母皆外出工作，回家後已身心疲憊，對於活動量較大的孩子已無體力應付，所以可能比較會採取消極的教養方法。

　　就適應性而言，對於適應力好的孩子，母親比較不會採取保護的管教方式，這可能是因為母親認為孩子適應良好，不需特別擔心他的健康或被別的孩子議笑。國內蔣惠珍（民75）發現，具適應性的兒童，父母會採寬鬆、愛護等積極的教養方式，不過，對於適應性差的兒童，國外學者Camerson（1978）指出，母親通常採取拒絕的教養方式，換句話說，父母管教孩子，是會受到某些氣質特性的影響。在趨近性方面，母親對於大方的孩子，比較不會採取保護、命令、精神懲罰的方式，究其原因，可能是母親認為孩子不怕生，較不擔心其發生意外，或者是受傷害等事情，不會特別保護之，也認為大方是很好的行為，不需採取命令及精神懲罰。

　　在工商業繁忙的時代，父母回家後，希望能好好的休息，若孩子情緒反應激烈，如嚎啕大哭或以頭撞牆，父母可能會更心煩，從研究中也獲得證實，即父親比較會使用命令、拒絕、忽視、精神懲罰或物質懲罰等比較消極的方法，來教養情緒反應比較高的孩子，但不會採用保護的方式。蔣惠珍（民75）也指出，無論是父親或母親對於情緒反應較激烈的孩子，比較不能夠接受。尤其是孩子的父親，比較會採消極的教養方式以懲罰孩子不適當的反應。

　　至於注意力分散度大的孩子，父親通常比較會採消極的教養方式，

如命令、拒絕、忽視、精神懲罰與物質懲罰等；然而母親兼採積極與消極教養方式，如保護和命令方式、物質獎勵和物質懲罰。由此可知，母親對於注意力分散度大的孩子較能體諒，雖採命令和物質懲罰方式，但也輔以保護和物質獎勵方式。對於堅持度較大的孩子，無論父親或母親，比較不會採取保護、命令、拒絕、精神懲罰和物質懲罰等教養方式。Allert（1982）在探討兒童氣質與母親的互動中發現，高堅持度和低情緒強度與高工作導向有顯著正相關，蔣惠珍（民75）發現父母對堅持度較大的孩子，比較會採精神獎勵的方式，但本研究與蔣氏結果不同，本研究認為：無論父親或母親對於堅持度較大的孩子，都比較不會採取保護、命令、拒絕、精神懲罰與物質懲罰等教養方式。

此外，從典型相關分析獲知，兒童適應性差、趨近性低、情緒反應弱、注意力分散度和堅持度都低的情形下，父親較會採忽視的態度，母親則採愛護、忽視及物質獎勵的方式，兼具積極與消極，換句話說，母親對於比較難帶的孩子，不像父親般置之不理，雖然會不理孩子，但還是會採用獎勵或保護的方式因應孩子的氣質特性。

三、建議

㈠父親角色的再肯定

本章的實證研究中，再次肯定父親的教養與孩子氣質是相互影響的，尤其我們從許多文獻中可以獲知，父親是家人安定的力量，子女非常需要父親的愛和關懷，尤其五至六歲的孩子，正值社會成長的初期，他需要學習符合社會需求的標準與價值，父親代表社會制度與傳統精神，母親則代表著溫暖與和諧，孩子不僅需要母親的照顧，更需要父親的關懷。因此，我們再次呼籲父親能重視自己在家庭中的角色，母親及教師也應該醒覺父親角色對孩子發展的重要性，不要認為父親不懂得照顧孩子，就把孩子所有的責任都攬在自己身上，母親應該能適時讓父親有機會和

孩子相處或者有照顧孩子的機會。

㈡親職教育再加強氣質概念

　　有些父母在帶孩子過程中，常覺得為什麼別的孩子那麼好帶，而自己家的孩子，無論怎麼教，都不斷地給自己添麻煩，因而質疑自己的管教方法，懷疑自己的能力，有時不禁會懷疑是否上輩子欠孩子什麼，為什麼孩子那麼難帶？孩子難帶是誰的錯，是爸媽？還是孩子？事實上，都不是誰對或誰錯的問題，因為孩子的氣質特性是天生下來，但它是不能夠決定夠我們的命運，最重要是後天環境如何依據孩子天生的氣質因材施教。

　　因此在親職教育中，我們必須讓家長了解孩子難帶，如太好動、害羞內向或者板著一張臭臭的臉，決對不是衝著你來，而是天生如此，身為家長和老師應該了解和接受天生的特性，才不致於在孩子情緒反應強或堅持度高的時候，採取一些負面的管教方法，反而能夠接納孩子的反應，並使用適切的方法來處理孩子的行為表現。

㈢以不同的研究法了解親子互動中的氣質

　　既然從巨觀的數據資料發現兒童氣質與父母教養的關係，但是隱藏在兩者之間互動背後的因素究竟為何？更是令人關心。因此建議未來的研究可採取微觀的觀點，選擇一些自願的家庭，到家中長時間觀察、錄影或以訪談方法，蒐集親子互動的相關資料，最後從原始資料中，試著整理分析文字資料，以發現兩者關係的端倪。

第六章

兒童氣質與社會能力

圖畫：傅鈺哲

第一節　兒童社會能力

一、社會能力的定義

二、社會能力的模式

第二節　兒童氣質與社會能力相關研究

第三節　研究歷程

一、研究對象

二、研究方法與工具

三、資料處理

第四節　研究結果、討論與建議

一、研究結果

二、討論

三、建議

在學校中，孩子之間相處時間長，互動頻繁，因此他們的社會能力往往會影響人際關係的良否。在同儕中，受歡迎的兒童較具社會技巧，有較多結交朋友的知識，能與不同的友伴互動、具同理心、會從他人的角度思考；相對地，較不受歡迎的兒童，常被同伴拒絕、較自我中心、缺少同理心，在衝突的情境中，比較會提出負向和不適當的解決策略（Asher & Renshaw, 1981; Gottman, Gornso & Rasmussen, 1975）。

兒童社會能力的影響因素很多，如性別、年齡、社經地位等，不過，比較少人注意兒童氣質對社會能力的影響。其實，在 Thomas 和 Chess（1977）的氣質模式中，早已指出氣質特性與社會能力間的關係，其他研究也指出，兒童氣質會影響孩子人際關係的發展（Billman & McDevitt, 1980）。

在本章各節中，首先論述兒童社會能力的定義，並對這能力做一澄清，繼而探討國內外兒童氣質與社會能力的相關研究，之後，在第三節中，我闡述以國內 1267 位大班孩子為對象，探索兒童氣質對社會能力及同儕地位影響的研究歷程及結果，以下詳述之。

第一節　兒童社會能力

一、社會能力的定義

近年來，對於社會能力探究頗多，但對於社會能力一詞的定義，因牽涉價值判斷，研究者觀點互異，定義也不同；事實上，不同的社會也以相異的觀點界定社會能力，甚至在相同的社會或文化中，也會因性別、年齡與社經地位的差異而有不同的解釋，例如有學者認為社會能力是一種人格特質，有學者則認為是種適應能力、行為能力、人際互動能力，甚至認為社會能力應涵蓋所有的能力，觀點互異，莫衷一是。在各家說法中，視社會能力為人格特質的學者們，認為應涵蓋溫暖、合作、樂於分享、熱心、同情、忠誠、善良和順從等人格特質（Guinaiard, 1962）；

有的學者認為社會能力是種適應能力，包括學業能力和社會適應能力，主要在適應學校有關要求與團體生活需要（Schaefer, 1978）；有的學者則以幼兒行為來界定，認為具有社會能力者，是能以有效行為結交朋友、具語言運用的能力、能主動發起及接受正向的活動、以及熟練的技巧（Asher, Oden & Gottman, 1977; Gottman, 1977; Putallaz & Gottman, 1981; Roistacher, 1974; Rubin, 1971）等等能力。此外，更有學者提出社會能力是個人有效知覺人際互動與社會角色，有學者也針對人際互動的觀點，提出互動模式，認為社會能力應包括：(1)兒童對環境刺激的反應；(2)社會的有效性，涵蓋人際互動的次數、自我概念和認知技巧等（Greenspan, 1981a；Dodge, 1985）。

除了視社會能力為人格特質、適應能力、行為能力和人際互動外，更有學者視社會能力是一切能力的表徵，就在美國以增進智能及學業成績為主的補償教育，即「起頭方案」（Head Start Project）失敗後，當時學者就致力於社會能力的研究。在一九七三年，美國兒童發展局所支持的專家研究會中，認為社會能力高於一般智慧能力，是涵蓋一切的能力，並綜合有關的理論及哲學觀點，以二十九項指標為社會能力的內容，如具有區分的自我概念和傳統的自我、具有主動和控制的自我概念、個人生活常規的養成、給與真實的自我評價、區辨人己的情感、覺察及了解人己的社會關係、維持積極情感的人際關係、知覺與了解不同的角色、適當約束反社會行為、具道德及利他傾向、具好奇心與探索行為、注意力集中、具有視、聽、觸、嗅知覺的技能、小肌肉動作能力、大肌肉動作能力、手眼協調能力、語言技能、分類能力、記憶能力、批判思考能力、創造思考能力、問題解決能力、獲得及運用訊息能力、數量與關係概念的了解及運用能力、具有一般知識的能力、具有成就動機、運用資源促進學習或解決問題的能力、對學習及學校經驗持正向態度、喜歡幽默、幻想及遊戲的樂趣（Anderson & Messick, 1974）。這二十九項社會能力的指標，範圍非常的廣泛，幾乎涵蓋幼兒所有層面的能力。

綜上所述，因各家立論觀點不同，價值判斷也相異，對社會能力定義也不同，有的學者視社會能力是種人格特質，有的則認是種適應能力、

人際互動或涵蓋一切能力等等，雖然莫衷一是，但各學者的觀點，整體來說，使我們對社會能力的定義有一周延而清晰的整體概念。

二、社會能力的模式

對於社會能力，有四位學者有著相異的看法，因此分別提出不同的模式。如 Schaefer（1978）認為社會能力是種適應行為，Greenspan（1981a）則認為是個人有效知覺人際間情境和社會角色，Breeding、Miller和Porterfield（1982）結合以上兩者的看法，認為社會能力應包括認知能力、人際能力和自知能力。

(一) Schaefer 社會能力模式

Schaefer（1978）認為社會能力是種適應行為，包括學業能力和社會調適兩層面。就學業能力而言，主要是指幼兒如何符合學校的有關要求，其下有兩個分層面，即「智力」與「工作能力」，智力為評量能力與計畫成果的指標，也是幼兒日後學校成功表現的指標；至於工作能力列於學業之下，曾引起許多爭議，但研究發現，工作能力與兒童成就有顯著相關；就社會調適而言，主要是適應團體生活，其下又有兩個分層，即為「內向—外向」和「愛—敵意」，並形成一個社會適應的環形模式，見圖 6-1-1 所示。

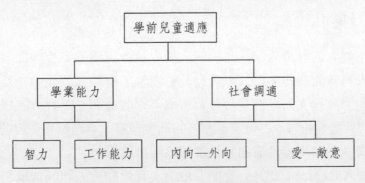

圖 6-1-1　Schaefer 的社會能力模式

(二) Greenspan 社會能力模式

Greenspan（1981）認為社會是一隨時在變化的結構體，然而對於社會能力的定義尚未有一致的看法，不過學者認為有目標取向、內容取向及技巧取向等三個方法，可以了解社會能力，如圖 6-1-2 所示。

1. 目標取向

主要探討個人獲取社會目標的能力，這方法中，可以了解不同相關的能力，例如處理變遷世界的能力、有效與環境互動的能力、足以反映社會複雜性的目標、學習各種行為反應以獲取目標、經由實際行動完成所欲達到的結果，因為不同的能力會導致特定的人際結果，如受歡迎、被拒絕、受爭論或受忽視等等，是個人社會地位的指標。

2. 內容取向

此取向主要在了解促進成功的特質，學者認為有兩種策略可確認此行為特質，第一種策略為價值策略，即列出所有可能的行為，此策略共有四種能力特徵，即身體健康和成長、認知能力、教育成就、動機和情緒；第二種策略，限於人際之間的行為，分為兩類：第一類為特質因素，其下分兩屬性，即愉快及社會活動；第二類為氣質因素，其下分兩屬性，即反思及冷靜層面。

3. 技巧取向

係指個人的社會覺醒，是指個人獲取社會目標的過程與能力，此能力為個人有效處理複雜的人際互動及有效地了解他人的能力，是種社會認知的能力。學者將社會覺醒分為三個不同的層面：(1)社會敏感度，如角色替代和社會推理；(2)社會洞察，如社會理解、心理洞察和道德判斷；(3)社會溝通，如指示性溝通和社會問題解決等等。

根據 Greenspan 認為社會能力是個人有效知覺人際間情境和社會角

色，此角色發展於氣質、特質及社會醒覺，為了進一步了解社會能力與個人能力之相關，Greenspan 也提出一基模表徵，如圖 6-1-2 所示。

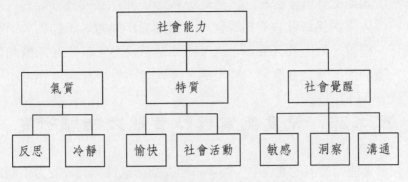

圖 6-1-2　Greenspan 社會能力模式

⟨三⟩ Breeding 等人社會能力模式

Breeding、Miller 和 Porterfield（1982）認為 Schaefer 模式重視外在環境，忽略了 Eigler 和 Trickett（1978）所強調之動機或情緒適應，所以結合兩者架構提出社會能力模式，如圖 6-1-3 所示。能力是模式最高層，其下有三個主要層面：(1)認知能力：包括智力、成就和工作導向；(2)人際能力：包括「愛—敵意」及「內向—外向」；(3)自知能力：包括動機和情緒。事實上，學者所提出的模式，是一假設性理想模式，代表個人與真實世界接觸之三個目標。

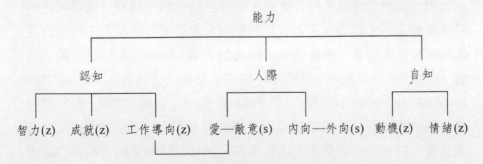

圖 6-1-3　Breeding 等人社會能力模式

註：(z)由 Zigler & Trickett（1978）所提出；(s)由 Schaefer（1978）提出

在一九八五年，Dodge 將不同的社會能力歸納為兩種現象：第一種現象為關心幼兒對環境刺激的反應，第二種現象是強調社會的有效性。在本章所論述的社會能力有二，一是從教師角度評量的社會能力，係指適當表現人際關係和社會責任的程度，包括工作能力、主動性、了解人己關係、禮貌、陌生及公共場合之反應和語言能力；二是從同儕角度評量的人際關係，分為受歡迎、被拒絕、被疏忽、受爭論和一般組。

第二節　兒童氣質與社會能力相關研究

在社會能力發展的過程中，許多研究都指出氣質和社會能力相關性，Baumrind 首先從理論和實際探索兩者之間的相關，發現兒童氣質會直接影響社會能力的因素是情緒性和趨近性，間接影響的因素是活動量和適應性；換句話說，具有良好情緒性和自我信任的兒童，社會能力較佳，反之，具負向情緒、趨近性又低的兒童，不僅同儕關係不佳，而且社會能力也差（Baumrind, 1967, 1973）。紐約長期追蹤研究的氣質模式中已明顯呈現這種關係，研究中指出安樂型的兒童常與父母、朋友互動，較少出現問題行為；但是難養育型兒童較少與他人互動，也較少參與團體活動，有時會有問題行為發生，此類兒童氣質特性是低規律性、低適應性、高趨避性、反應強度激烈以及具有負向的情緒本質。

在Blurton-Jones（1972）的研究指出，氣質中的活動量、趨近性、情緒強度、注意力分散度、反應閾和同儕互動有顯著相關，其中高活動量的兒童深具社交能力，不過容易有衝突情緒；學者也認為活動量大且喜歡刺激尋求的兒童，會加強孩子在遊戲情境中與他人的社會互動，相對地，在團體中，高敏感性的兒童，會有被社會孤立的現象（Lewis, Young, Brooks & Michalson, 1975）；在 Billman 和 McDevitt（1980）的研究中也發現類似的結果，他們以 78 位三十四個月至六十四個月的學前兒童為研究對象，結果指出活動量、趨近性和反應閾和同儕互動有顯著的關係；此外，在衝突的情境中，活動量高的兒童，較具社交性，趨近性低的孩子，會站在一旁觀看其他小朋友，不過會推開其他孩子，較少說話，至

於反應激烈的兒童較常用身體與同儕互動，如果是正向行為，同儕間則相親相愛，負向行為則出現打人的舉動，研究進一步指出，氣質的確可預測兒童同儕互動型式，以及解釋兒童在家和學校中的個別差異。

如果從同儕團體的角度來看社會能力，兒童氣質的影響為何？換句話說，同儕關係評量的受歡迎、一般、拒絕、受忽略、以及受爭論等五組兒童的氣質特性為何？Cohen-Hoy（1989）以二至六歲幼兒為對象，結果發現：(1)教師和父母都認為受歡迎兒童氣質是高趨近性，教師還認為此類型兒童較具正向情緒、適應度和反應度；(2)老師和父母都認為受忽略兒童趨近性低，較退縮內向，教師更認為此類型兒童適應性低、具負向情緒，在個人及社會的反應能力低；(3)老師認為被拒絕的兒童，活動量高，具負面情緒，在工作導向和反應度都顯著的低，此外，也發現男孩較具負向情緒，活動量高，工作導向低。

在紐約長期追蹤研究中，Thomas 和 Cess 將孩子分為「難養育性」、「安樂型」和「慢吞吞型」三類型，Bates（1980）探討這三類型孩子的社會能力，發現「安樂型」社會能力佳，「難養育型」社會能力差，Carson（1984）接續研究 202 位一至三歲幼兒氣質與社會能力的相關，以「學步期氣質量表」評量氣質，以「社會發展年紀量表」和「社會能力調查表」評量社會能力，發現「安樂型」遠較「難養育型」與「慢吞吞型」的孩子社會能力佳，同時也發現具高堅持度、高適應性、高趨近性、低規律性、低反應閾、低注意力分散度的幼兒，社會能力也愈好。隔了二年，Carson 與同事繼續探討 102 位一至三歲學前兒童的氣質和社會能力，也發現類似的結果，即「安樂型」孩子社會能力最好，次為「中間型」、「慢吞吞型」及「困難型」兒童。

Parker-Cohn 和 Bell（1988）也曾探討 104 位三十六至六十五個月的兒童，其氣質對同儕的影響，孩子大多來自中高社經背景，發現「安樂型」較具反應性，「困難型」及「慢吞吞型」次之；換句話說，具高活動量、高趨近性和低反應閾的兒童對同儕較具社會反應性。事實上，在其他研究也發現到類似的結果，Taylor（1984）以中低家庭社經的 57 位孩子為樣本，30 位男生，27 位女生，其中 29 位兒童被母親認為養育困

難，28 位為養育容易，結果發現「安樂型」比「難養育型」具有較好的社會能力，而「難養育型」的母親壓力較大，兒童適應性也較低。

除了美國，兒童氣質會影響社會能力發展外，其它不同的文化是否也有類似的影響，以下分別就韓國、以色列及台灣三種文化情境來看：Sull（1995）探討〈韓國兒童氣質、依附行為及同儕關係〉，在 38 位男孩及 51 位女孩中得知「困難型」比「安樂型」、「中度養育困難型」及「輕度難養育型」，顯示較多的焦慮及害怕行為，而「輕度難養育型」較「慢吞吞型」、「困難型」及「中度難養育型」，顯示較高的社會遊戲（Sull, 1995），上述的研究可證實「難養育型」的同儕互動關係較不佳，而「安樂型」較「慢吞吞型」和「難養育型」的同儕關係較佳。以色列學前兒童氣質對社會適應的影響有下列三項：(1)趨近性、情緒性和同儕適應有顯著關係；(2)堅持性、趨近性、情緒性與課程適應有顯著關係；(3)趨近性和堅持度對成人適應有顯著關係（Klein, 1987）。

國內研究指出活動量過高的孩子會出現適應、人際關係、學習效率、自我評價及焦慮等問題（林明珠，民 68），許惠萍（民 85）探討六歲學前兒童氣質與問題行為中，也發現高活動量的兒童，出現較多的社會攻擊與學習問題，不過，活動量低的兒童會出現消沉退縮的情形以及會有焦慮情緒的現象。此外，蔣惠珍（民 75）在學前友伴關係相關因素的研究中指出：(1)活動量愈大的兒童，其社會影響力愈大，社會偏好度愈低；(2)適應能力愈好的兒童的社會影響力也愈大，但與社會偏好度無多大關係存在；(3)趨近性愈高的兒童，其社會影響力愈大，社會偏好度愈高；(4)反應閾愈高的兒童，社會影響力愈大，社會偏好度愈低。換句話說，兒童具高活動量、高適應能力、高趨近性或者是高反應閾，大多社會影響力也高。

第三節　研究歷程

本節主要探討兒童氣質與教師和同儕評量中社會能力間的關係，因此首先呈現本研究的對象和評量工具，繼而解釋資料的分析和處理。

一、研究對象

本研究之樣本選自四十六所台北市公私立幼稚園，五十班的大班兒童，男生計 644 名，女生共計 623 名，共計 1267 名，詳見附錄 1-1。

二、研究方法與工具

研究中，兒童氣質以「兒童氣質量表」為評量工具（見第二章第二節研究工具）社會能力分別由教師及同儕評量，教師填寫「加州學前兒童社會能力量表」（California Preschool Social Competence Scale），同儕以「照片式社交評量法」評估，詳述如下。

㈠加州學前兒童社會能力量表

1. 修訂者

量表由簡淑真（民 74）參考 Levine、Elzey 和 Lewins（1969）所發展「加州學前兒童社會能力量表」修訂而成，目的在評量兒童在學校環境中人際互動的程度和勝任社會責任的程度。

2. 內容

⑴工作能力：指活動進行時的方法與態度，題目分布在 3、5、7、8、9、10、15、16、17、24 、26、27、29 等十三題。

⑵主動性：指主動積極參與或發起活動，題目分布在 11、12、13、14、18、20、21、25、31 等九題 。

⑶了解人己關係：指了解自己的身份、他人的姓名及社會關係，題目分布在 1、2、33、36 等四題。

⑷禮貌：以合於禮節的行為，表達思想與態度，題目分布在 22、

23、30、34 等四題。

(5)**陌生及公共場合之反應**：指在公共場合從容自在或以正向反應接近陌生人，題目分布在 19、32、35 等三題。

(6)**語言能力**：係指語言之聽寫能力，題目分布在 4、6、28 等三題。

3.評量與計分方法

量表共有三十六題，每題以四個描述某情況的句子以表示四種不同社會能力程度，其中(1)的情況表示最低的程度，依序表之，(4)是最高的程度。量表由教師評定，依兒童之實際表現，在適當的位置上打勾，兒童必須達到低程度才能進入高程度。教師對每題圈選的程度，即為該題的得分。自(1)至(4)分別給與一至四分，再依社會能力分項題目得分相加，即為該分項分數，每位兒童有六個分量表分數，得分越高，表示社會能力越佳。

4.信度

簡淑真（民 74）修訂後，評量者間的信度為.70-.93，內部一致性信度分別為：(1)工作能力.91；(2)主動性.91；(3)了解人己關係.86；(4)禮貌.82；(5)陌生及公共場合之反應.72；(6)語言能力為.80。在本研究中，內部一致性信度分別為：(1)工作能力.91；(2)主動性.91；(3)了解人己關係.70；(4)禮貌.78；(5)陌生及公共場合之反應.79；(6)語言能力為.77，全量表信度為.96。

(二)照片式社會計量法

「照片式社會計量法」是評估兒童在班級中的同儕地位的方法，將他們分為受歡迎、被拒絕、被疏忽、受爭論及一般等五組，換句話說，即為兒童同儕所評量之社會能力，實際的做法如下所述。

1. 兒童照片

請受試者教師為兒童拍攝個人的半身照，為避免照片背景及兒童臉上表情（如笑臉）會影響將來施測時受試者的判斷，因此拍攝時，以純一色（如教室牆壁）為背景，並要求兒童以最自然的表情來拍攝。照片沖洗後，請受試者教師在每一張照片後面寫上孩子的「姓名」及「座號」，最後，將各班兒童照片分別張貼於教室內四天以上，鼓勵小朋友利用課餘時間去觀賞辨認照片中的其他小朋友。

2. 施測程序

施測時以個別訪談方式進行，且在一不易受到干擾的場合進行評量。施測時，施測者首先將全班小朋友的照片以隨機次序排列在桌面上，然後問受試者：「這些照片中的小朋友都是你班上的小朋友。請你找找看，你在那裡？」無誤後，再隨機指二張照片問：「你知道這位小朋友叫什麼名字嗎？」確認小朋友能正確辨認照片中的小朋友後，然後問：「請你告訴阿姨，這些小朋友中，你最喜歡跟那三位小朋友一起玩？」倘若受試者無法馬上作決定時，主試者需耐心的鼓勵他們慢慢的想，一張張的問小朋友，直至選出三位小朋友。選完最喜歡的友伴後，重新用洗牌方式，請受試者選出三位最不喜歡跟他玩的小朋友。

3. 計分方法

依 Coie、Dodge 和 Coppotelli（1982）的同儕地位指標，將兒童區分為(1)受歡迎組；(2)被拒絕組；(3)被疏忽組；(4)受爭論組；(5)一般組等不同的同儕地位。其計算方式是，凡被提名一次「喜歡」者給一分（此即為正向分數），被提名一次「不喜歡」者給一分（此即為負向分數），將被提名喜歡分數加不喜歡分數成為社會影響力（social impact），而將喜歡分數減去不喜歡分數成為社會偏好度（social preference），並將社會影響力和社會偏好度兩個分數予以標準化，並根據分類指標，將兒童分為五組。

表 6-3-1　Coie、Dodge 和 Coppotelli 五種友伴地位指標

標準分數／同儕地位	喜歡	不喜歡	社會偏好度	社會影響力
受歡迎組	大於 0	小於 0	大於+1	
被拒絕組	小於 0	大於 0	小於-1	
被疏忽組	原始分數等於 0			小於-1
受爭論組	大於 0	大於 0		大於+1
一 般 組			界於 0.5 與-0.5 之間	

三、資料處理

本研究以皮爾遜積差相關、單因子多變量變異數分析、單因子單變量變異數、區別分析等統計方法分析處理資料。

㈠兒童氣質和教師評量社會能力關係

以皮爾遜積差相關及單因子多變量變異數分析（one way MANOVA），分析兩變項間的關係，結果達顯著時，即以單因子單變量變異數分析（one way ANOVA）和 Scheffe'事後比較進一步處理資料，以了解組別間真正的差異。

㈡兒童氣質和同儕評量社會能力關係

同儕評量之社會能力是以照片式社交評量法測量，所得之受歡迎組、被拒絕組、被疏忽組、受爭論組、一般組五種同儕地位是為類別變項，自變項兒童氣質是為連續變項，因此以區別分析（discriminant analysis）處理資料。

第四節　研究結果、討論與建議

一、研究結果

　　為了解兒童氣質與社會能力的關係，初以皮爾森積差相關進行考驗，探討兩者間的相關，繼而以單因子多變量變異數分析考驗不同程度兒童氣質在社會能力各分量表上的差異，若有顯著，即以單因子變異數分析和 Scheffe'事後比較進一步處理資料，以了解那兩組達到真正的差異。

㈠兒童氣質與社會能力之相關

　　表 6-4-l 為兒童氣質與社會能力各變項的積差相關矩陣。由表中可知，⑴活動量和工作能力、了解人己關係、禮貌和語言能力之間有顯著負相關，與主動性、陌生及公共場合之反應間有顯著正相關；⑵適應性和工作能力、主動性、了解人己關係、禮貌、陌生及公共場合之反應和語言能力間有顯著正相關；⑶趨近性和工作能力、了解人己關係、禮貌、陌生及公共場合之反應和語言能力間有顯著正相關，但與主動性間有顯著負相關：⑷情緒強度和工作能力有顯著負相關，與主動性、陌生及公共場合之反應和語言能力之間有顯著正相關；⑸注意力分散度和工作能力、主動性、了解人己關係、禮貌和語言能力間有顯著負相關；⑹堅持度和工作能力、主動性、了解人己關係、禮貌、陌生及公共場合之反應和語言能力之間有顯著正相關。

㈡兒童氣質在教師評量社會能力上的差異

　　為了解不同程度的兒童氣質在社會能力各分量表上是否有差異存在，乃以單因子多變量變異數分析進行考驗，若達.05 顯著，則進行單因子單變量變異數分析，並針對顯著變項，進行 Scheffe'事後比較。本章將兒童

表 6-4-1 兒童氣質與社會能力之各變項積差相關矩陣

	活動量	適應性	趨近性	情緒強度	注意力分散度	堅持度	工作能力	主動性	了解人己關係	禮貌	陌生及公共場合的反應	語言能力
活動量	1.000											
適應性	-.104**	1.000										
趨近性	.232**	.695**	1.000									
情緒強度	.580**	.181**	.532**	1.000								
注意力分散度	.715**	-.375**	-.113**	.3731**	1.000							
堅持度	-.468**	.567**	.428**	-.045	-.759**	1.000						
工作能力	-.304**	.302**	.208**	-.105**	-.398**	.405**	1.000					
主動性	.084*	.364**	-.451**	.242**	-.125**	.273**	.756**	1.000				
了解人己關係	-.701*	.208**	.216**	.058	-.196**	.248**	.721**	.715**	1.000			
禮貌	-.161**	.291**	.291**	.046	-.260**	.310**	.815**	.748**	.692**	1.000		
陌生及公共場合的反應	.139**	.313**	.452**	.268***	-.040	.167**	.575**	.797**	.652**	.686**	1.000	
語言能力	-.129	.301**	.339**	.094***	-.272**	.354**	.808**	.784**	.720**	.723**	.627**	1.000

* P<.01 ; ** P<.001

氣質各變項分為高、中、低三組,高於平均數以上 0.5 個標準差為「高分組」,介於平均數上下 0.5 個標準差為「中分組」,低於平均數以下 0.5 個標準差為「低分組」。以下為不同程度兒童氣質在社會能力上的差異。

1. 不同程度活動量在社會能力上的差異

表 6-4-2 為不同程度活動量在社會能力各分量表得分的平均數與標準差。表 6-4-3 為不同程度活動量在社會能力各分量表上的多變量考驗,Wilk's λ值為.6968,達.001 顯著水準,經進行單因子變異數分析及 Scheffe' 事後比較,由單變量 F 值可知不同程度活動量在社會能力各變項上都達顯著。

由表 6-4-3 顯示,在工作能力上,了解人己關係及語言能力上低分組顯著高於中分組以及高分組;而主動性及禮貌,則中分組顯著高於低分組,高分組也顯著高於低分組。此外,在陌生及公共場合之反應,高分組顯著高於中分組及低分組,中分組也顯著高於低分組。由結果可知,活動量較小,在工作能力上、了解人己關係及語言能力遠較活動量大及適中好,且活動量適中者又較活動量較大者好,不過,活動量適中者,在主動性及禮貌遠較活動量較大或較小者為好。

表 6-4-2　不同程度活動量的兒童在社會能力的平均數及標準差

程度\項目	活　動　量							
	高分組 （人數＝331）		中分組 （人數＝385）		低分組 （人數＝385）		全體 （人數＝1140）	
	平均數	標準差	平均數	標準差	平均數	標準差	平均數	標準差
工作能力	34.426	8.241	41.191	7.485	43.738	7.283	40.655	8.193
主動性	30.305	7.081	30.354	6.927	29.088	7.237	29.902	7.099
了解人己關係	12.060	2.073	12.761	2.083	13.021	2.171	12.643	2.146
禮貌	10.456	2.680	10.935	2.638	10.662	2.795	10.698	2.710
陌生及公共場合之反應	8.728	2.208	8.399	2.316	7.777	2.311	8.282	2.314
語言能力	7.366	2.085	8.161	1.862	8.477	2.032	8.023	2.036

表 6-4-3　不同程度活動量在教師評量社會能力之變異數分析及事後比較

表 6-4-3-1　活動量在工作能力之變異數分析

工作能力	變異來源	SS	DF	MS	F 值		平均數	組別	低	中	高
	組間差異	8217.225	2	4108.612			43.738	低			
	組內差異	58603.463	1152	50.871	80.765***		41.191	中	*		
	全體	66820.688	1154	4159.483			34.426	高	*	*	

表 6-4-3-2　活動量在主動性之變異數分數分析

主動性	變異來源	SS	DF	MS	F 值		平均數	組別	低	中	高
	組間差異	726.837	2	363.419			29.088	低			
	組內差異	41324.578	1152	35.872	10.131***		30.354	中	*		
	全體	42051.415	1154	399.291			30.305	高			

表 6-4-3-3　活動量在了解人己關係之變異數分析

了解人己關係	變異來源	SS	DF	MS	F 值		平均數	組別	低	中	高
	組間差異	28.193	2	14.096			13.021	低			
	組內差異	5022.392	1180	4.256	3.312*		12.761	中	*		
	全體	5050.585	1182	18.352			12.060	高			

表 6-4-3-4　活動量在禮貌之變異數分析

禮貌	變異來源	SS	DF	MS	F 值		平均數	組別	低	中	高
	組間差異	285.799	2	142.899			10.662	低			
	組內差異	7536.375	1174	6.419	22.261***		10.935	中	*		
	全體	7822.174	1176	149.318			10.456	高	*		

表 6-4-3-5　活動量在陌生及公共場合之反應變應數分析之變異數分析

陌生及公共場合反應	變異來源	SS	DF	MS	F 值		平均數	組別	低	中	高
	組間差異	197.135	2	98.567			7.777	低			
	組內差異	6290.789	1184	5.313	18.552***		8.399	中	*		
	全體	6487.924	1186	103.880			8.728	高	*	*	

表 6-4-3-6　活動量在語言能力之之變異數分析

語言能力	變異來源	SS	DF	MS	F 值		平均數	組別	低	中	高
	組間差異	161.661	2	80.830			8.447	低			
	組內差異	7086.198	1172	6.046	13.369***		8.161	中	*		
	全體	7247.859	1174	86.876			7.366	高	*		

*P<.05；***P<.001

2.不同程度適應性在社會能力上的差異

表6-4-4為不同程度適應性在社會能力各分量表得分的平均數與標準差。表6-4-5顯示不同程度適應性在兒童社會能力各分量表上的多變量考驗結果，其Wilk's λ值為.7581，達.001顯著水準。再進行單因子變異數分析及Scheffe'事後比較，由單變量F值可知其主要差異在於社會能力各變項。

由表6-4-5顯示，除了解人己關係外，在社會能力各分量表上，皆是高分組顯著高於中分組，中分組顯著高於低分組。而了解人己關係則是中分組顯著高於高分組，高分組又顯著高於低分組。由以上研究結果得知，兒童適應度高者，其工作能力、主動性、禮貌、陌生及公共場合之反應及語言能力，皆遠較適應度適中或低者為好。然而在了解人己關係上，則適應度適中的兒童較適應度高者或低者為好。

表6-4-4　不同程度適應性的兒童在社會能力的平均數及標準差

程度\項目	適應性							
	高分組（人數＝327）		中分組（人數＝502）		低分組（人數＝283）		全體（人數＝1112）	
	平均數	標準差	平均數	標準差	平均數	標準差	平均數	標準差
工作能力	44.413	7.211	40.843	7.034	35.682	8.396	40.579	8.226
主動性	33.606	5.983	30.169	6.199	24.802	6.930	29.814	7.121
了解人己關係	13.456	1.957	12.639	2.046	11.618	2.163	12.620	2.159
禮貌	11.896	2.447	10.761	2.464	9.095	2.677	10.671	2.719
陌生及公共場合之反應	9.235	1.902	8.466	2.157	6.809	2.335	8.271	2.319
語言能力	8.911	1.773	8.054	1.913	6.852	2.045	8.000	2.053

表6-4-5　不同程度適應性在教師評量社會能力之變異數分析及事後比較

工作能力

表 6-4-5-1　適應性在工作能力之變異數分析

變異來源	SS	DF	MS	F 值
組間差異	8217.225	2	4108.612	
組內差異	58603.463	1152	50.871	80.765***
全體	66820.688	1154	4159.483	

平均數	組別	低	中	高
43.738	低			
41.191	中	*		
34.426	高	*	*	

主動性

表 6-4-5-2　適應性在主動性之變異數分數分析

變異來源	SS	DF	MS	F 值
組間差異	726.837	2	363.419	
組內差異	41324.578	1152	35.872	10.131***
全體	42051.415	1154	399.291	

平均數	組別	低	中	高
29.088	低			
30.354	中	*		
30.305	高	*		

了解人己關係

表 6-4-5-3　適應性在了解人己關係之變異數分析

變異來源	SS	DF	MS	F 值
組間差異	28.193	2	14.096	
組內差異	5022.392	1180	4.256	3.312*
全體	5050.585	1182	18.352	

平均數	組別	低	中	高
13.021	低			
12.761	中	*		
12.060	高	*		

禮貌

表 6-4-5-4　適應性在禮貌之變異數分析

變異來源	SS	DF	MS	F 值
組間差異	285.799	2	142.899	
組內差異	7536.375	1174	6.419	22.261***
全體	7822.174	1176	149.318	

平均數	組別	低	中	高
10.662	低			
10.935	中			
10.456	高	*		

陌生及公共場合反應

表 6-4-5-5　適應性在陌生及公共場合之反應變應數分析之變異數分析

變異來源	SS	DF	MS	F 值
組間差異	197.135	2	98.567	
組內差異	6290.789	1184	5.313	18.552***
全體	6487.924	1186	103.880	

平均數	組別	低	中	高
7.777	低			
8.399	中	*		
8.728	高	*	*	

語言能力

表 6-4-5-6　適應性在語言能力之之變異數分析

變異來源	SS	DF	MS	F 值
組間差異	161.661	2	80.830	
組內差異	7086.198	1172	6.046	13.369***
全體	7247.859	1174	86.876	

平均數	組別	低	中	高
8.447	低			
8.161	中	*		
7.366	高	*		

*P<.05；***P<.001

3.不同程度趨近性在社會能力上的差異

表6-4-6為不同程度趨近性兒童在社會能力上之平均數與標準差。表6-4-7 顯示不同程度趨近性兒童在社會能力各分量表上的多變量考驗結果，其Wilk's λ值為.6622，達.001顯著水準，經進行單因子變異數分析及Scheffe' 事後比較，由單變量 F 值可知主要差異在於社會能力各變項。

由表6-4-7 顯示，高趨近孩子在工作能力、禮貌、公共場合之反應及語言能力，顯著高於中低分組。而了解人己關係則是中分組顯著高於低分組。以上研究結果得知，在工作能力、陌生及公共場合之反應及語言能力上，趨近性高的兒童顯然比適中或較小的兒童為好。

表 6-4-6 不同程度趨近性兒童在社會能力的平均數及標準差

程度 項目	趨　　近　　性							
	高分組 （人數＝331）		中分組 （人數＝385）		低分組 （人數＝385）		全體 （人數＝1140）	
	平均數	標準差	平均數	標準差	平均數	標準差	平均數	標準差
工作能力	34.426	8.241	41.191	7.485	43.738	7.283	40.655	8.193
主動性	30.305	7.081	30.354	6.927	29.088	7.237	29.902	7.099
了解人己關係	12.060	2.073	12.761	2.083	13.021	2.171	12.643	2.146
禮貌	10.456	2.680	10.935	2.638	10.662	2.795	10.698	2.710
陌生及公共場合之反應	8.728	2.208	8.399	2.316	7.777	2.311	8.282	2.314
語言能力	7.366	2.085	8.161	1.862	8.477	2.032	8.023	2.036

表 6-4-7　不同程度趨近性在教師評量之社會能力變異數分析及事後比較

表 6-4-7-1　趨近性在工作能力之變異數分析

工作能力	變異來源	SS	DF	MS	F 值	平均數	組別	低	中	高
	組間差異	8217.225	2	4108.612		43.738	低			
	組內差異	58603.463	1152	50.871	80.765***	41.191	中	*		
	全體	66820.688	1154	4159.483		34.426	高	*	*	

表 6-4-7-2　趨近性在主動性之變異數分析

主動性	變異來源	SS	DF	MS	F 值	平均數	組別	低	中	高
	組間差異	726.837	2	363.419		29.088	低			
	組內差異	41324.578	1152	35.872	10.131***	30.354	中			
	全體	42051.415	1154	399.291		30.305	高			

表 6-4-7-3　趨近性在了解人己關係之變異數分析

了解人己關係	變異來源	SS	DF	MS	F 值	平均數	組別	低	中	高
	組間差異	28.193	2	14.096		13.021	低			
	組內差異	5022.392	1180	4.256	3.312*	12.761	中	*		
	全體	5050.585	1182	18.352		12.060	高	*		

表 6-4-7-4　趨近性在禮貌之變異數分析

禮貌	變異來源	SS	DF	MS	F 值	平均數	組別	低	中	高
	組間差異	285.799	2	142.899		10.662	低			
	組內差異	7536.375	1174	6.419	22.261***	10.935	中			
	全體	7822.174	1176	149.318		10.456	高	*		

表 6-4-7-5　趨近性在陌生及公共場合之反應之變異數分析

陌生及公共場合反應	變異來源	SS	DF	MS	F 值	平均數	組別	低	中	高
						7.777	低			
	組間差異	197.135	2	98.567		8.399	中	*		
	組內差異	6290.789	1184	5.313	18.552***	8.728	高	*	*	
	全體	6487.924	1186	103.880						

表 6-4-7-6　趨近性在語言能力之變異數分析

語言能力	變異來源	SS	DF	MS	F 值	平均數	組別	低	中	高
	組間差異	161.661	2	80.830		8.447	低			
	組內差異	7086.198	1172	6.046	13.369***	8.161	中	*		
	全體	7247.859	1174	86.876		7.366	高	*		

*P<.05；***P<.001

4. 不同程度情緒強度在社會能力上的差異

表 6-4-8 為不同程度情緒強度在兒童社會能力各分量表得分的平均數與標準差。表 6-4-9 所示，不同程度情緒強度兒童在社會能力各分量表的多變量考驗結果，其 Wilk's λ 值為.7402，達.001 顯著水準。經進行單因子變異數分析及 Scheffe' 事後比較，進一步由單變量 F 值可知其主要差異在社會能力各變項，即工作能力、主動性、了解人己關係、禮貌、陌生及公共場合之反應和語言能力。由表 6-4-9 顯示，除工作能力外，在社會能力各分量表上，即主動性、了解人己關係、禮貌、陌生及公共場合之反應及語言能力，皆是高分組顯著高於中分組，中分組顯著高於低分組，工作能力則是中分組顯著高於低分組，低分組又顯著高於高分組。由以上研究結果得知，兒童情緒強度較弱者者，其社會能力之主動性、了解人己關係、禮貌、陌生及公共場合之反應及語言能力，皆遠較情緒強度適中或高者為好。然而在工作能力上，情緒強度適中的兒童較情緒強度高者或低者為好。

表 6-4-8　不同程度情緒強度的兒童在社會能力的平均數及標準差

程度 項目	情　　緒　　強　　度							
	高分組 （人數＝364）		中分組 （人數＝270）		低分組 （人數＝305）		全體 （人數＝941）	
	平均數	標準差	平均數	標準差	平均數	標準差	平均數	標準差
工作能力	39.093	8.416	41.885	7.759	40.997	8.139	40.513	8.219
主動性	31.688	6.766	29.963	6.842	26.739	7.069	29.583	7.192
了解人己關係	12.734	2.034	12.722	2.197	12.359	2.230	12.609	2.151
禮貌	11.173	2.656	10.944	2.798	10.673	2.693	10.717	2.742
陌生及公共場合之反應	8.459	2.373	8.360	2.322	8.173	2.242	8.311	2.315
語言能力	7.749	1.999	8.126	2.030	8.246	2.007	8.038	2.021

表 6-4-9 不同程度情緒強度在教師評量社會能力之變異數分析及事後比較

表 6-4-9-1 情緒強度在工作能力變異數分析

工作能力

變異來源	SS	DF	MS	F值
組間差異	8217.225	2	4108.612	
組內差異	58603.463	1152	50.871	80.765***
全體	66820.688	1154	4159.483	

平均數	組別	低	中	高
43.738	低			
41.191	中	*		
34.426	高	*	*	

表 6-4-9-2 情緒強度在主動性之變異數分析

主動性

變異來源	SS	DF	MS	F值
組間差異	726.837	2	363.419	
組內差異	41324.578	1152	35.872	10.131***
全體	42051.415	1154	399.291	

平均數	組別	低	中	高
29.088	低			
30.354	中	*		
30.305	高	*		

表 6-4-9-3 情緒強度在了解人己關係之變異數分析

了解人己關係

變異來源	SS	DF	MS	F值
組間差異	28.193	2	14.096	
組內差異	5022.392	1180	4.256	3.312*
全體	5050.585	1182	18.352	

平均數	組別	低	中	高
13.021	低			
12.761	中	*		
12.060	高	*		

表 6-4-9-4 情緒強度在禮貌之變異數分析

禮貌

變異來源	SS	DF	MS	F值
組間差異	285.799	2	142.899	
組內差異	7536.375	1174	6.419	22.261***
全體	7822.174	1176	149.318	

平均數	組別	低	中	高
10.662	低			
10.935	中	*		
10.456	高	*		

表 6-4-9-5 情緒強度在陌生及公共場合之反應之變應數分析

陌生及公共場合反應

變異來源	SS	DF	MS	F值
組間差異	197.135	2	98.567	
組內差異	6290.789	1184	5.313	18.552***
全體	6487.924	1186	103.880	

平均數	組別	低	中	高
7.777	低			
8.399	中	*		
8.728	高	*	*	

表 6-4-9-6 情緒強度在語言能力變異數分析

語言能力

變異來源	SS	DF	MS	F值
組間差異	161.661	2	80.830	
組內差異	7086.198	1172	6.046	13.369***
全體	7247.859	1174	86.876	

平均數	組別	低	中	高
8.447	低			
8.161	中	*		
7.366	高	*	*	

*P<.05 ; ***P<.001

5.不同程度注意力分散度在社會能力上的差異

　　表 6-4-10 為不同程度注意力分散度在兒童社會能力各分量表得分的平均數與標準差。兒童之不同程度注意力分散度在兒童社會能力各分量表的多變量考驗結果，其 Wilk's λ 值為.7126，達.001 顯著水準。經進行單因子變異數分析及 Scheffe'事後比較，結果如表 6-4-11 所示，進一步之單變量 F 值可知其主要差異在社會能力各變項。

　　由表 6-4-11 顯示，除陌生及公共場合之反應外，在社會能力各分量表上，皆是低分組顯著高於中分組，中分組顯著高於高分組。而陌生及公共場合之反應，則是中分組顯著高於低分組，低分組又顯著高於高分組。由以上研究結果得知，注意力分散度低的兒童，其社會能力之工作能力、主動性、了解人己關係、禮貌及語言能力，皆遠較注意力分散度適中或高者為好。然而在陌生及公共場合之反應上，注意力分散度適中的兒童較好。

表 6-4-10　不同程度注意力分散度的兒童在社會能力的平均數及標準差

程度\n\n項目	注 意 力 分 散 度							
	高分組\n（人數＝326）		中分組\n（人數＝408）		低分組\n（人數＝364）		全體\n（人數＝1098）	
	平均數	標準差	平均數	標準差	平均數	標準差	平均數	標準差
工作能力	34.850	7.797	40.958	6.597	45.409	6.940	40.620	8.224
主動性	27.531	7.029	30.174	6.585	31.541	7.237	29.842	7.117
了解人己關係	11.601	2.061	12.730	1.964	13.451	2.007	12.634	2.136
禮貌	9.660	2.638	10.836	2.510	11.412	2.757	10.678	2.722
陌生及公共場合之反應	7.865	2.455	8.436	2.224	8.429	2.241	8.264	2.313
語言能力	6.837	2.058	8.086	1.738	8.975	1.811	8.010	2.045

表 6-4-11　不同程度注意力分散度在教師評量兒童社會能力之變異數分析及事後比較

	表 6-4-11-1　注意力在工作能力之變異數分析					平均數	組別	低	中	高
工作能力	變異來源	SS	DF	MS	F 值	43.738	低			
	組間差異	8217.225	2	4108.612		41.191	中	*		
	組內差異	58603.463	1152	50.871	80.765***	34.426	高	*	*	
	全體	66820.688	1154	4159.483						

	表 6-4-11-2　注意力在主動性之變異數分數分析					平均數	組別	低	中	高
主動性	變異來源	SS	DF	MS	F 值	29.088	低			
	組間差異	726.837	2	363.419		30.354	中	*		
	組內差異	41324.578	1152	35.872	10.131***	30.305	高			
	全體	42051.415	1154	399.291						

	表 6-4-11-3　注意力在了解人己關係之變異數分析					平均數	組別	低	中	高
了解人己關係	變異來源	SS	DF	MS	F 值	13.021	低			
	組間差異	28.193	2	14.096		12.761	中	*		
	組內差異	5022.392	1180	4.256	3.312*	12.060	高	*		
	全體	5050.585	1182	18.352						

	表 6-4-11-4　注意力在禮貌之變異數分析					平均數	組別	低	中	高
禮貌	變異來源	SS	DF	MS	F 值	10.662	低			
	組間差異	285.799	2	142.899		10.935	中	*		
	組內差異	7536.375	1174	6.419	22.261***	10.456	高	*		
	全體	7822.174	1176	149.318						

	表 6-4-11-5　注意力在陌生及公共場合之反應變應數分析					平均數	組別	低	中	高
陌生及公共場合反應	變異來源	SS	DF	MS	F 值	7.777	低			
	組間差異	197.135	2	98.567		8.399	中	*		
	組內差異	6290.789	1184	5.313	18.552***	8.728	高	*	*	
	全體	6487.924	1186	103.880						

	表 6-4-11-6　注意力在語言能力之之變異數分析					平均數	組別	低	中	高
語言能力	變異來源	SS	DF	MS	F 值	8.447	低			
	組間差異	161.661	2	80.830		8.161	中	*		
	組內差異	7086.198	1172	6.046	13.369***	7.366	高	*		
	全體	7247.859	1174	86.876						

*P<.05；***P<.001

6.不同程度堅持度在教師所評量兒童社會能力上的差異

表 6-4-12 為不同程度堅持度在兒童社會能力各分量表得分的平均數與標準差。不同程度注意力分散度在兒童社會能力各分量表的多變量考驗結果，其 Wilk's λ 值為.7160，達.001 顯著水準。經進行單因子變異數分析及 Scheffe'事後比較，結果如表 6-4-13 所示。進一步由單變量 F 值可知其主要差異在社會能力各變項，即工作能力、主動性、了解人己關係、禮貌、陌生及公共場合之反應和語言能力達顯著。在社會能力各分量表上，即工作能力、主動性、了解人己關係、禮貌、陌生及公共場合之反應及語言能力，皆是高分組顯著高於中分組，中分組顯著高於低分組。由以上研究結果得知，堅持度高的兒童，其社會能力之工作能力、主動性、了解人己關係、禮貌、陌生及公共場合之反應上皆遠較堅持度適中或低的兒童為好。

表 6-4-12　不同程度堅持度的兒童在社會能力的平均數及標準差

程度 項目	堅　持　度							
	高分組 （人數＝389）		中分組 （人數＝417）		低分組 （人數＝303）		全體 （人數＝1109）	
	平均數	標準差	平均數	標準差	平均數	標準差	平均數	標準差
工作能力	45.553	6.440	40.381	6.834	34.482	7.966	40.583	8.260
主動性	32.874	6.575	29.705	6.442	26.086	6.962	29.828	7.143
了解人己關係	13.581	1.859	12.607	1.971	11.363	2.127	12.609	2.158
禮貌	11.774	2.592	10.650	2.454	9.287	2.612	10.672	2.742
陌生及公共場合之反應	8.805	2.120	8.228	2.245	7.597	2.476	8.258	2.315
語言能力	9.095	1.666	7.991	1.791	6.713	2.052	7.999	2.050

表 6-4-13　不同程度堅持度在教師評量兒童社會能力之變異數分析及事後比較

工作能力　表 6-4-13-1　堅持度在工作能力之變異數分析

變異來源	SS	DF	MS	F 值	平均數	組別	低	中	高
組間差異	8217.225	2	4108.612		43.738	低			
組內差異	58603.463	1152	50.871	80.765***	41.191	中	*		
全體	66820.688	1154	4159.483		34.426	高	*	*	

主動性　表 6-4-13-2　堅持度在主動性之變異數分數分析

變異來源	SS	DF	MS	F 值	平均數	組別	低	中	高
組間差異	726.837	2	363.419		29.088	低			
組內差異	41324.578	1152	35.872	10.131***	30.354	中	*		
全體	42051.415	1154	399.291		30.305	高	*		

了解人己關係　表 6-4-13-3　堅持度在了解人己關係之變異數分析

變異來源	SS	DF	MS	F 值	平均數	組別	低	中	高
組間差異	28.193	2	14.096		13.021	低			
組內差異	5022.392	1180	4.256	3.312*	12.761	中	*		
全體	5050.585	1182	18.352		12.060	高	*		

禮貌　表 6-4-13-4　堅持度在禮貌之變異數分析

變異來源	SS	DF	MS	F 值	平均數	組別	低	中	高
組間差異	285.799	2	142.899		10.662	低			
組內差異	7536.375	1174	6.419	22.261***	10.935	中	*		
全體	7822.174	1176	149.318		10.456	高	*		

陌生及公共場合反應　表 6-4-13-5　堅持度在陌生及公共場合之反應變應數分析之變異數分析

變異來源	SS	DF	MS	F 值	平均數	組別	低	中	高
組間差異	197.135	2	98.567		7.777	低			
組內差異	6290.789	1184	5.313	18.552***	8.399	中	*		
全體	6487.924	1186	103.880		8.728	高	*	*	

語言能力　表 6-4-13-6　堅持度在語言能力之之變異數分析

變異來源	SS	DF	MS	F 值	平均數	組別	低	中	高
組間差異	161.661	2	80.830		8.447	低			
組內差異	7086.198	1172	6.046	13.369***	8.161	中	*		
全體	7247.859	1174	86.876		7.366	高	*		

*P<.05；***P<.001

㈢兒童氣質與同儕評量社會能力之關係

從兒童氣質對同儕所評量之社會能力（受歡迎組、被排斥組、被忽視組、受爭論組及一般組）各組進行區別分析，發現第一區別效標與第二區別效標達.001 顯著水準，第三區別效標與第四區別效標則未達.05 顯著水準，因此以第一與第二區別函數描述兒童同儕評量社會能力的差異。由表 6-4-14 在第一區別函數中，其預測力依次為注意力分散度、活動量、堅持度、適應性、趨近性，其結構係數分別是：.8413、.7820、-.7543、-.5708、-.3041。進一步根據兒童氣質對社會能力各組區別平均數可知，受爭論組與受歡迎組之差異最大，可見第一區別函數可以明顯區別受爭論組與受歡迎組。由表 6-4-15 可知，受爭論組的兒童的注意力分散度、活動量較高，堅持度、適應度、趨近性較低；受歡迎組的兒童則是注意力分散度、活動量較低，堅持度、適應性、趨近性較高。由此可知，受爭論組比受歡迎組的兒童注意力分散度高、活動量大，但堅持度低、適應度差，而且趨近性低。在第二區別函數中，其預測力依次為趨近性、活動量、適應性、堅持度，其結構係數分別：.8641、.5367、.5364、.3996。進一步根據表 6-4-15 兒童氣質對兒童同儕所評量之社會能力各組區別平均數可知，被忽視組與受爭論組之差異最大，可見第二區別函數可以明顯區別被忽視組與受爭論組，即受爭論比被忽視的兒童的趨近性更高、活動量更大、適應性好、堅持度較高。此外，由表 6-4-16 可知區別分析分類結果。

表 6-4-14　兒童氣質與社會能力之區別係數表

效標 係數 項目	結構係數	標準化區別 函數係數	結構係數	標準化區別 函數係數
	第一區別效標	第一區別效標	第二區別效標	第二區別效標
活動量	.7820*	.6705	.5367	.3647
適應性	-.5708	-.2397	.5364	-.0244
趨近性	-.3041	-.3143	.8641*	.5280
注意力 分散度	.8413*	.2744	.1711	.4665
堅持度	-.7543*	-.0165	.3996	.7040

*$p < 0.5$

表 6-4-15　兒童氣質與社會能力之區別變數平均數

實際組別	第一區別函數	第一區別函數
受歡迎組	-.5002	.1495
被排斥組	.6986	-.4370
被忽視組	.0538	-.4506
受爭論組	.7002	.4303
一般組	-.1394	-.1595

表 6-4-16　兒童氣質與社會能力之區別分析分類結果

實際組別	人數	估計人數				
		受歡迎組	被排斥組	被忽視組	受爭論組	一般組
受歡迎組	310	158 (51.0%)	28 (9.0%)	49 (15.8%)	43 (13.9%)	32 (10.3%)
被排斥組	218	33 (15.1%)	76 (34.9%)	36 (16.5%)	60 (27.5%)	13 (6.0%)
被忽視組	25	5 (20.0%)	4 (16.0%)	9 (36.0%)	5 (20.0%)	2 (8.0%)
受爭論組	74	11 (11.9%)	13 (17.6%)	8 (10.8%)	39 (52.7%)	3 (4.1%)
一般組	355	116 (32.7%)	50 (14.1%)	84 (23.7%)	56 (15.8%)	49 (13.8%)

㈣不同氣質類型兒童的社會能力

1. 不同兒童氣質類型與工作能力的關係

不同氣質類型的兒童在工作能力上的變異數分析，由F值（F=45.252）得知是有差異的，再由表6-4-17平均數得知，自如型在工作能力上最好，依次為專注型、社交型、文靜型、普遍型，最低為好動型。在事後比較中，自如型孩子的工作能力顯著高於其他五種類型的孩子；社交型孩子及專注型孩子的工作能力顯著高於文靜型及好動型的孩子；文靜型孩子則顯著高於普遍型及好動型的孩子。

表 6-4-17　不同氣質類型兒童在工作能力上的平均數與差異

平均數		普遍型	社交型	專注型	自如型	好動型	文靜型
33.6032	普遍型						
40.3784	社交型	*		*	*		
41.5949	專注型	*		*	*		
46.6286	自如型	*	*	*		*	*
30.5588	好動型						
37.3256	文靜型	*		*			

*$p < 0.5$

2. 不同氣質類型兒童與主動性的關係

不同氣質類型的兒童在主動性上的變異數分析，由F值（F=23.182）得知是有差異的，再由表6-4-18平均數得知，自如型的兒童在主動性上最好，依次為社交型、好動型、普遍型、專注型，最低為文靜型。在事後比較中，自如型及社交型的主動性顯著高於普遍型、專注型及文靜型的孩子。

表 6-4-18　不同氣質類型兒童在主動性的平均數與差異

平均數		普遍型	社交型	專注型	自如型	好動型	文靜型
33.6032	普遍型						
40.3784	社交型	*		*			*
41.5949	專注型						
46.6286	自如型	*		*			*
30.5588	好動型						
37.3256	文靜型						

*p<0.5

3.不同氣質類型兒童與了解人己關係

　　不同氣質類型的兒童在了解人己關係上的變異數分析，由 F 值（F=14.602）得知是有差異的，再由表 6-4-19 平均數得知，自如型在了解人己關係上最好，依次為社交型、專注型、文靜型、普遍型，最低為好動型。在事後比較中，自如型及社交型在了解人己關係上顯著高於普遍型、文靜型及好動型的孩子；專注型在了解人己關係上顯著高於普遍型及文靜型。

表 6-4-19　不同氣質類型兒童在了解人己關係的平均數與差異

平均數		普遍型	社交型	專注型	自如型	好動型	文靜型
12.3047	普遍型						
13.6667	社交型	*		*	*		
13.3457	專注型	*		*			
14.5588	自如型	*	*	*		*	*
12.2571	好動型						
12.3523	文靜型	*		*			

*p<.05

4.不同氣質類型兒童與禮貌的關係

　　不同氣質類型的兒童在禮貌上的變異數分析，由 F 值（F=17.905）得知是有差異的，再由表 6-4-20 平均數得知，自如型在禮貌上最好，依次為社交型、專注型、文靜型、普遍型，最低為好動型。在事後比較中，自如型及社交型在禮貌上顯著高於普遍型、文靜型及好動型的孩子；專注型在禮貌上顯著高於普遍型及好動型的孩子。

表 6-4-20　不同氣質類型兒童在禮貌的平均數與差異

平均數		普遍型	社交型	專注型	自如型	好動型	文靜型
38.3047	普遍型						
39.6667	社交型	*				*	*
39.4938	專注型	*				*	
40.7429	自如型	*				*	*
37.6571	好動型						
38.3047	文靜型						

*p<0.5

5.不同氣質類型兒童與陌生及公共場合之反應的關係

　　不同氣質類型兒童在陌生及公共場合之反應上的變異數分析，由 F 值（F=22.352）得知是有差異的，再由表 6-4-21 平均數得知，自如型在陌生及公共場合之反應上最好，依次為社交型、好動型、普遍型、文靜型，最低為專注型。在事後比較中，自如型及社交型在陌生及公共場合之反應上顯著高於普遍型、文靜型及專注型的孩子；文靜型則顯著高於普遍型及專注型的孩子。

表 6-4-21　不同氣質類型兒童在陌生及公共場合之反應的平均數與差異

平均數		普遍型	社交型	專注型	自如型	好動型	文靜型
7.8594	普遍型						
9.5652	社交型	*		*	*		
7.3210	專注型	*		*	*		
9.7714	自如型	*	*	*		*	*
8.9412	好動型						
7.4318	文靜型	*		*			

*p<0.5

6. 不同氣質類型兒童與語言能力的關係

不同氣質類型兒童在語言能力的變異數分析的 F 值（F=26.915）得知是有差異的，再由表 6-4-22 平均數得知，自如型在語言能力上最好，依次為社交型、專注型、文靜型、普遍型，最低為好動型。在事後比較中，自如型的語言能力顯著高於其他五種類型的孩子；社交型的語言能力顯著高於普遍型、文靜型及好動型的孩子，專注型則顯著高於普遍型及好動型的孩子。

表 6-4-22　不同氣質類型兒童在語言能力的平均數與差異

		普遍型	社交型	專注型	自如型	好動型	文靜型
32.8189	普遍型						
34.1826	社交型	*				*	*
33.9512	專注型	*				*	
35.4571	自如型	*	*	*		*	*
32.7143	好動型						
33.2500	文靜型						

*p<0.5

二、討論

　　就活動量而言，教師認為在工作能力、公共場合之反應、了解人己關係和語言能力上，活動量低的孩子比中等和高活動量的兒童為佳，不過，在主動性上，反而是活動量較高比活動量小的兒童為佳，在禮貌上，則活動量中等比活動量小的兒童為佳，活動量小又比活動量較大的兒童為佳。國外學者 Carson（1984）的研究中也發現，活動量與社會能力指標呈現顯著負相關，有些學者卻指出活動量較小，會影響其社會能力發展與人際之間的互動（Billman & McDevitt, 1980; Nelson & Simmer, 1984; Parker-Cohn & Bell, 1981）。

　　在適應性方面，教師認為高適應的兒童，無論在工作能力、主動性、禮貌、陌生及公共場合之反應和語言能力等，都比中低適應力的兒童好，不過，在了解人己關係上，則是中高適應力的孩子比低適應力的兒童好。國外學者也認為適應能力會影響孩子社會能力的發展，亦即高適應能力與社會能力呈正相關（Carson, 1984）；國內蔣惠珍認為，適應性愈高的兒童，他的社會影響力愈大。由上可知，無論國內外的研究都一致認為：兒童的適應性愈好，他的社會能力愈好，也就是說，兒童的適應力不僅會影響他的社會能力發展，也會影響未來的適應。

　　就趨近性而言，趨近性低的孩子在工作能力、禮貌、陌生及公共場合之反應和語言能力等，比趨近性高的孩子好，在主動性上，則是大方的孩子表現比較好，至於了解人己關係上，則是中性的孩子表現的比較好，即孩子的特質不是太大方，也不是太內向害羞，國外研究結果則指出趨近性高的孩子與社會能力之間呈正相關，並與同儕間的互動較多（Carson, 1984; Cohn-Hoy, 1989），究其原因，有待未來深入的探討。在情緒強度上，在工作能力上，情緒反應適中的孩子表現最好，此外，在主動性、了解人己關係、禮貌、陌生及公共場合之反應及語言能力，情緒強度高的孩子表現高於情緒反應中等或較弱的孩子。究其原因，情緒反應強的孩子比較容易將其內在的心思、感覺等等，以激烈的方式表達

出來，而主動性、了解人己關係、禮貌、陌生及公共場合之反應和語言能力皆需要主動的表達能力，所以，情緒強度較高的孩子在這些方面的能力較佳。

　　Baumrind（1967, 1973）指出具有良好情緒者社會能力較佳，反之，具負向情緒者社會能力較差，Schiff（1980）同意他的看法，即孩子若具有負向情緒，不僅會影響社會能力的發展，同時也影響孩子的學習能力。

　　就注意力分散度而言，與注意力分散度高的孩子相比，專心度高的孩子在社會能力中的工作能力、主動性、了解人己關係、禮貌、語言能力都比較好；在陌生及公共場合之反應上，是注意力表現適中的孩子表現較好。由以上結果可知，大體而言，教師認為注意力能集中的孩子，在整體社會能力表現佳。Carson（1984）的研究也指出，注意力分散度與社會能力呈負相關，也證實我們的研究結果。在堅持度方面，與堅持度低或適中的兒童相比，老師認為堅持度較大的兒童，在工作能力、主動性、了解人己關係、禮貌、陌生及公共場合之反應和語言能力上比較好，Carson（1984）及Martin（1988）也發現類似的結果，認為堅持度會影響孩子未來成就。

三、建議

　　由以上研究結果與討論獲知，兒童氣質與社會能力之間有顯著相關，國外研究也證實兩者間的關係。換句話說，在兒童社會能力與同儕關係中，氣質的確是影響因素之一。不過，兒童氣質如何與同儕發生微妙的互動，從結果的數據資料，我們是看不到這現象。「『社會互動』與『互動所在的脈絡』被視為一個整體⋯⋯，人、社會互動與文化脈絡是一整個整合的系統」（蔡敏玲，民 90，p.22），從這觀點可知，我們如果希望能了解兒童氣質與同儕的互動，我們必須從個體所處的脈絡情境中觀察，才能發現意義所在，更何況詮釋人的行為時，不能抽離他所處的情境。布魯納也提出：「如果心理學對於人類的天性和人類的處境想要獲得先進的了解，那就一定要懂得生物性和文化之間如何微妙地相互作用」

的看法（宋文里譯，民 90）。因此，建議未來有興趣的研究者，可以從孩子所處的學習情境中，觀察不同氣質特性的兒童，如何與同儕之間發生互動，以更深入了解兩者間的意義。

第七章

六位不同氣質類型
兒童之同儕互動

圖畫：謝孟樺

第一節　兒童氣質類型與同儕互動

第二節　研究歷程

　　一、進入現場前的準備

　　二、進入研究現場

　　三、資料處理及分析

第三節　主要發現

　　一、好動型兒童之同儕互動

　　二、社交型兒童之同儕互動

　　三、自如型兒童之同儕互動

　　四、專注型兒童之同儕互動

　　五、文靜型兒童之同儕互動

　　六、普遍型兒童之同儕互動

第四節　討論與建議

　　一、討論

　　二、建議

從第六章的研究發現，可得知一個全面性的現象：兒童的活動量、趨近性和堅持度等氣質特性，會影響他們的社會能力和同儕的社會地位。不過，從兩者的關係中，我看不到兒童氣質影響社會能力的情境脈絡，和人與人之間互動的背後因素，更何況了解人們的行為意義時，將人的行為抽離情境脈絡，是一種不智的行為。

Vygotsky 也認為社會文化、人際間的社會互動與個體內的心智發展是不可區分的（蔡敏玲，民 91），Haste（1990）也說：「我們終究必須從社會文化中架構形成的較廣脈絡來觀看兒童在人際互動中的經驗，以及兒童自己對概念的反思與統整；這些社會文化的架構界定了什麼是可能的、什麼是合理的、什麼是對社會系統具有功能的」（蔡敏玲，民 91）。以上 Vygotsky 及 Haste 的言談中，引發我更關注在社會脈絡中，個體與環境間互動的背後因素。在這樣的關注下，我進入幼稚園現場，觀察六位氣質類型兒童的人際互動現象，並深入探究六位氣質類型兒童與同儕間的互動，以及幼兒行為表現背後所隱藏的意義。

本章主要是從教學的情境脈絡中，觀察記錄教室內及戶外活動，六種不同氣質類型兒童，即「好動型」、「社交型」、「自如型」、「專注型」、「文靜型」及「普遍型」，與同儕的互動常出現的行為、其他小朋友對這些孩子行為的反應，以及孩子彼此互動背後可能因素。我試著整理分析每次蒐集的資料，歸納分析六位兒童與同儕互動的情形。

第一節　兒童氣質類型與同儕互動

在紐約長期追蹤研究中，Thomas 和 Chess（1977）依據孩子的氣質特性，將孩子分為安樂型、難養育型和慢吞吞型等三類型，並觀察孩子與同儕的互動情形，其中安樂型與同儕互動較為頻繁，問題行為比較少，不過，難養育型的兒童比較少與他人互動，也很少參與團體活動，常會出現攻擊行為、發脾氣、口吃、說謊等問題行為。Carson（1984）以 202 位一至三歲嬰幼兒為對象，也發現類似的結果，即安樂型的兒童較具社會反應性，常與他人互動，這種社會行為，慢吞吞型的兒童次之，困難

型的兒童較少與他人互動，社會反應性也最低。Sloman（1986）曾在實驗室中，觀察安樂型與慢吞吞型幼兒的同儕互動，結果發現在同儕互動的關係中，慢吞吞型比安樂型兒童被動，互動較不頻繁，比較不會保有自己的玩具。

　　在韓國，Sull（1995）將38位男孩及51位女孩，以Carey和McDevitt氣質分類方法將孩子分為：(1)高度養育困難型；(2)慢吞吞型；(3)中度養育困難型；(4)輕度養育困難型；(5)容易養育型等五種氣質類型，並探討這五種氣質類型孩子的依附行為與同儕關係，結果得知困難型比安樂型、中度養育困難型和輕度養育困難型兒童，顯示較多的焦慮及害怕的行為，而輕度養育困難型比慢吞吞型、困難型及中度養育困難型兒童，顯示較高的社會遊戲。

　　從上述的研究可證實：在同儕互動中，安樂型的兒童與同儕關係最好，互動也比較頻繁，而難養育型兒童與同儕關係較不佳。事實上，有關難養育型兒童的社會行為，Bates（1980）早已指出這種類型的兒童情緒比較不穩定，缺乏正向的社會關係，有行為障礙，社會能力不佳，會影響未來社會關係的發展；其他長期追蹤研究中，也發現在嬰兒或學步期，如果具有難養育或高活動量氣質特性的孩子，至幼兒時期，比較容易出現攻擊行為或具衝動性，甚至也比較會有行為問題出現（Bates, Bayles, Bennett, Ridge & Brown, 1991; Renfeldt, 1982），此外，難養育型兒童本身控制力比較差，學者也預測他們在未來的同儕關係中常常被拒絕（Bates et al., 1991）；相同的，有研究也指出，嬰兒時期行為是壓抑（behavioral inhibition），可預測孩子到了幼年時期，行為是退縮性，並與同儕拒絕有高相關（Calkins & Fox, 1992; Kagan, 1989）。

　　國內探討兒童氣質類型與同儕互動的研究非常少，林玉葉和鄒國蘇（民77）的研究指出，難養育型男生較女生多，常出現黏人、好奇及問題行為等管教困擾，在生理及發展上也出現生病以及語言發展慢等現象。王珮玲（民 84）曾將國內五至六歲的孩子分成自如型、專注型、社交型、文靜型、好動型和普遍型，並進一步探討這六種類型兒童的社會能力，研究發現下列幾種現象：(1)在工作能力上及語言能力，自如型比其

他五種氣質類型的兒童為佳；(2)在主動性、了解人己關係、禮貌、陌生公共場合的反應及語言能力，自如型及社交型的兒童的表現比其他四種類型兒童好。從研究中獲知，自如型的兒童在社會能力上，都比其他五種類型的兒童好，不過，六種類型中的好動型兒童在工作能力、禮貌及了解人己關係上，都遠較其他五種氣質類型的兒童差。在社會能力的表現，自如型兒童如同安樂型兒童，無論在同儕互動或社會關係上，都屬於表現較佳的氣質類型。

第二節　研究歷程

「由於意義建構本身是一種互動脈絡的文化行動，研究者不但必須從脈絡中詮釋行動者的行動，也必須知覺主觀在這個建構過程中的運作在研究報告中，因此必須清楚地交代自己塑義過程的脈絡：包括進入現場前所持的理論架構與觀點、進入現場的協商、與行動者的互動、與行動者關係的發展或改變、自己觀點的變化等」（蔡敏玲，民91）。以下敘述我進入現場之前的準備、進入現場中的資料蒐集過程，以及如何整理分析資料。

一、進入現場前的準備

在進入教室觀察六位不同氣質類型兒童的同儕互動之前，我不僅選擇適合觀察的幼稚園，也進一步徵求幼稚園和班級老師的同意，經由觀察班級老師和家長填寫的「幼兒童氣質量表」資料，在班上篩選出：(1)好動型；(2)社交型；(3)自如型；(4)專注型；(5)文靜型；(6)普遍型；六位不同氣質類型的孩子，並經老師對這些氣質特性做進一步的確認之後，就以這六個孩子為觀察對象。此外，為了確認助理與我觀察紀錄的一致性，助理經過事前的專業背景的篩選和訓練，才正式進入教室現場。以下針對這些準備階段詳細說明。

㈠選擇幼稚園

　　本研究主要目的是觀察紀錄六位不同氣質類型兒童的同儕互動，因此我首先思考選擇一所適合的幼稚園，幼稚園必要條件是，在戶外活動、角落活動或學習區的時間約有四十至五十分鐘長的時間，以利我有足夠時間觀察六位氣質類型兒童的同儕互動。因此下列三種類型的幼稚園則不予以考慮：

　　1.第一種類型：有些幼稚園一早來即進行學習區時間，讓幼兒自行選擇所喜歡的區域進行探索，雖有長時間的機會觀察幼兒互動，不過有些家長因個人作息，送孩子到校的時間比較晚，因此影響他們在學習區的學習，而孩子也因觀察時間而會影響結果。

　　2.第二種類型：有些幼稚園的學習區時間係在點心時間之後，幾乎全部的幼兒都已經到齊。不過，如果這六種氣質類型的幼兒，在學習區時間，選擇不同的區域，則因觀察記錄人員有限，並考慮信度問題，所以此類型教學形式的幼稚園也不考慮。

　　3.第三種類型：幼稚園的學習區時間或角落時間少於三十分鐘，便不在考慮範圍之內。在聯繫幼稚園時，我首先告知研究目的，並詢問園方的教學形態，詢問過程中，有些幼稚園告知：「我們幼稚園一大早孩子進來，自己選擇學習區的牌子，就自行到學習區去，不過，有些爸媽很早會將孩子送到學校，有些很晚才到，所以你想觀察到全班孩子互動的情形，我們可能就不適合。」有些幼稚園雖有角落活動時間，但進行的時間只有二十至三十分鐘，也不予以考慮。

　　此外，我們也考慮兒童的流動性的問題，由於研究只觀察六位兒童，每位兒童都是研究分析的對象，倘若在觀察期間，研究對象搬家、移民或者生病等等，對研究而言，都是一大損失，甚至在分析上都會受到限制，這因素也是本研究所考慮的重要因素之一。所以在選擇幼稚園方面以幼兒流動性較低的學校為原則。在這些因素考慮下，台北縣市大部份的公私立幼稚園因作息時間或所採取的教學方法未能符合研究所需，如

有些幼稚園幼兒到校之後，便開始自由選擇角落或學習區，如果所觀察孩子，爸媽較晚送到學校，不僅觀察的時間不夠長，而且互動的小朋友有限。此外，有些幼稚園以不同的教室或空間做為學習區，如果六種氣質類型的兒童分別到不同的學習區，會造成在觀察上的困擾，從九月至十月，約花一個月的時間選擇和確認適合的幼稚園，並在十月確定觀察的幼稚園。

㈡幼稚園和老師的同意

在確定觀察幼稚園的教學形態，我開始尋找符合必要條件的幼稚園，在多方尋找後，確認台北市某一所幼稚園，在與學校接洽的過程中，園長為了尊重各班老師個人的意願，因此希望我能提出一份簡單的研究計畫以及所需協助事宜的書面資料，以利園長在園務會議提出，並讓老師自己決定是否要參與這項研究計畫，結果發現老師因事務和教學繁忙，沒有老師有意願讓我進入班級觀察，後來幾度與老師溝通之後，老師們最後欣然接受我們進入他們的教室從事觀察孩子的同儕互動。

㈢選取觀察對象

1.幼兒氣質評量：為了能順利在班級中找出六種氣質類型的孩子，我先讓兩班孩子的家長及教師，填寫「幼兒氣質量表」，並算出兩班兒童在氣質各向度的平均數、總平均數及標準差。

2.觀察對象選擇：將兩班兒童的數據資料，根據王珮玲（民84）的氣質分類，選出六位不同氣質類型的兒童，有關各氣質向度的「高」、「中」、「低」三種不同程度的區分方法，原則以平均數以上兩個標準差為「高」、平均數上下一個標準差之內為「中」、平均數以下兩個標準差為「低」，依此算法，篩選出一班六位幼兒做為研究觀察對象，這六位好動型、社交型、自如型、專注型、文靜型及普遍型的兒童在氣質各向度的平均數及特色，如表7-2-1所示。

表 7-2-1　六種氣質類型兒童在氣質各向度的平均數及特色

向度名稱	好動型	社交型	自如型	專注型	文靜型	普遍型
活動量 M=3.582 SD=.759	5.75 （高）	3.88 （中）	2.06 （低）	2.00 （低）	1.88 （低）	3.75 （中）
適應性 M=4.819 SD=.764	4.25 （中）	6.35 （高）	6.35 （高）	4.00 （中）	4.25 （中）	5.13 （中）
趨近性 M=4.642 SD=.666	5.13 （中）	5.80 （高）	5.97 （高）	4.00 （中）	4.13 （中）	4.38 （中）
情緒強度 M=4.201 SD=.911	6.03 （高）	4.25 （中）	4.42 （中）	3.88 （中）	2.38 （低）	4.00 （中）
注意力 分散度 M=3.694 SD=.799	5.30 （高）	2.10 （低）	2.10 （低）	2.10 （低）	2.75 （中）	3.88 （中）
堅持度 M=4.371 SD=.684	2.82 （低）	5.00 （中）	4.37 （中）	5.74 （高）	4.50 （中）	4.00 （中）

註　高：M＋2SD；中：M±1SD；低：M－2SD

　　3.教師的觀點及認可：在篩選出六位不同氣質兒童，我們進一步和班上老師討論，由於幼兒是老師從中班開始帶起，師生相處約有一年半，已經非常熟悉班上孩子，所以與老師討論平日對孩子的觀察之後，獲得老師的進一步的認可後，才決定這六位為觀察對象。

　　4.父母同意函：為求家長的同意，乃發同意函一封，在信上說明研究的目的，並希望觀察他的孩子在幼稚園與其他小朋友的互動情形。如果他們同意這項觀察，我願意將觀察得資料，寄一份給他們，並請其簽名表示同意我們的觀察記錄，見附錄 7-1。

㈣選擇及訓練觀察人員

1. 觀察人員的選擇：本研究選擇的助理是具有幼教背景，曾修過「幼兒行為觀察」的課程，並具有幼教實務經驗者。

2. 觀察人員的訓練：在進入現場之前，助理已閱讀相關的書籍及氣質相關的研究報告，並在閱讀後與我討論。

3. 觀察人員觀察記錄的練習：為了讓助理和我的觀察觀點能有一致性，助理與我看同一卷錄影帶，邊看邊記錄個人所觀察到的現象，事後，並加以比較及討論，並請提供錄影帶的專家加入討論，並加以審核及給與建議。此外，觀察人員也在十一月時進入班級，先為觀察記錄做暖身，回來後，並與之討論有關觀察記錄的情形，是否有困難之處，以及如何解決。例如在教室中，聽不清楚觀察對象與其他幼兒的對話情形，為了解決此問題，與老師商量是否可以靠近觀察對象，但以不干擾其活動進行為原則下，予以觀察記錄，此點獲得老師的同意，而且幼兒在活動期間，都非常投入自己的工作，對於觀察人員的經常出現，似乎已習慣她的存在。

4. 熟悉全班兒童：為了能盡快熟悉觀察班級，請園方提供兒童名單，觀察人員也在老師同意下，以不干擾兒童活動進行為原則，幫班上每位小朋友拍照，並建立該班兒童的檔案資料。

二、進入研究現場

在進入研究現場之前，我們首先試著與老師建立關係，熟悉及記住每位幼兒的姓名及長相，之後，我們才進入正式的觀察階段。

㈠建立關係

1. 與老師建立關係：觀察人員約於十一月進入現場做觀察，但先不做任何記錄，在第一週期間，觀察人員全天在幼稚園的觀察情境中，先

了解班級的教學流程及作息時間，進一步讓該班教師有足夠時間適應觀察人員的存在，相對的，也利用老師的空檔時間，請教相關的問題並與老師建立適切的熟悉度及增加彼此的了解。

2. 與幼兒建立關係：觀察人員根據全班幼兒名單及所拍的照片，一一認識該班的幼兒，也讓該班的幼兒熟悉觀察人員在班上的存在，例如會有幼兒問在班上的觀察人員：「你是誰呀？」，我們一律回答：「我是某某阿姨」。

㈡觀察幼兒

1. 觀察方式：研究係以非參與非結構式觀察兒童，每次選擇一位目標兒童，原則上以十分鐘為一個觀察單位，並隨著兒童的移動而移動觀察位置加以觀察紀錄，如角落活動有六十分鐘，原則上以觀察 3 名兒童為主，每名兒童以十分鐘時距的原則做觀察，角落活動雖有六十分鐘，但因前面時間老師會講解及分組，後面時間兒童則開始準備收拾，所以能夠觀察計錄的時間約有三十至四十分鐘，原則上以一循環結束後，再接著另一循環的開始。但有時也會視情況而改變，例如預計要觀察的兒童一直專心在做某件事或者當天未來學校，未能觀察到同儕互動的現象時，則會轉而觀察另外一位兒童；倘若觀察對象與另外目標兒童發生互動時，則同時觀察之。

2. 觀察討論：每次觀察後，研究者會和觀察人員討論觀察之後的心得及感想，以及是否有遇到任何的困難；此外，通常一個月之後，觀察人員將觀察對象的印象寫下來，並與之討論為何會對某一位兒童有如此的想法與感想。例如觀察人員在三月份觀察一段時間之後，將個人對普遍型幼兒的主觀印象寫下來，如下所述，除此之外，也將六種類型兒童的行為特性，根據觀察的印象以及所做的觀察記錄做一簡要的行為描述。

3. 觀察時間：在上學期的十二月及一月，觀察人員，先做觀察記錄的練習，至下學期才開始進入觀察記錄，因開學初為幼兒的適應週，也是觀察人員再度熟悉教學情境及觀察對象的時段，所以正式進入觀察記

錄時間係為民國八十六年三月十一日開始至五月二十八日結束，整整一學期，到學校觀察的頻率以一週三次為原則，因幼稚園每週有兩天早上安排圖書館時間及律動時間，所以觀察角落活動時間，原則上以週二、週三及週四為主。但在研究中，我們預計在不同的時段觀察幼兒的互動行為，因此也安排自由活動時段的觀察，所以此次觀察角落活動時間計有六十一次，自由活動時間有三十六次，共計九十七次，見表 7-2-2 所示，有關觀察時間三月、四月及五月觀察時間一覽表，見附錄 7-2。

表 7-2-2　六種氣質類型幼兒觀察次數一覽表

名稱	好動型	社交型	自如型	專注型	文靜型	普遍型	合計
角落活動	10	11	10	11	11	8	61
自由活動	7	6	6	6	6	5	36

三、資料處理及分析

㈠量表資料的分析

　　有關「幼兒氣質量表」的父母及教師題本資料結果的處理，在研究中係以SPSS for Window的套裝軟體程式處理量表所得的資料；並以次數分配計算全班每位兒童以及全體在氣質各向度，即活動量、適應性、趨近性、情緒強度、注意力分散度及堅持度的平均數以及標準差。

㈡觀察記錄資料的整理與分析

　　在觀察期間所蒐集到的資料，我會先做資料的確認，如蒐集的資料不是十分清楚，會請教該班兩位老師，也盡可能請老師過目觀察記錄的資料，以做進一步的修正，並求取資料的正確性。基本上，蒐集資料與分析資料是一交替的過程，在蒐集部分原始資料之後，研究者針對每種

類型兒童的每一段觀察文字資料予以標記，例如肢體衝突、分享行為、主動協助行為、同理心等等，也請觀察記錄人員在每個月，對好動型、社交型、自如型、專注型、文靜型及自如型的同儕互動的大致觀點記錄下來，以做為分析資料的參考。在過程中，根據所蒐集資料，試著將資料分成許多小單位，並綜合組織這些資料，試著尋找相關性的現象。

第三節　主要發現

我和助理於三月十三日至五月二十八日正式進入現場，觀察六位不同氣質類型兒童與同儕之間的互動。在這段時間，班級正在進行「植物」的主題，以下整理分析六位不同氣質類型兒童的同儕互動。

一、好動型兒童之同儕互動

㈠以肢體語言觸發或回應別人

范浩動最明顯的氣質特性是活動量高，精力充沛，喜歡跑跑跳跳，不過也常引發以肢體語言觸發他人及回應別人的干擾（Blurton-Jones, 1972; Billman & McDevitt, 1980; Sull, 1995；林明珠，民 68；許惠萍，民 85），例如在律動及排隊升旗的兩個情境中，他的肢體語言特別明顯，尤其是老師沒有特別注意他的時候：

> 集合聲響時，全部的小朋友集合升旗做律動，做律動時，范浩動的身體隨著音樂的節奏，做著誇張的動作，手部的動作不斷的去碰別人，不是去碰前面的小朋友一下，便是踩後面的小朋友一腳，有時與旁邊的小朋友，你推我一把，我拉你一下。但當老師的視線過來時，便恢復正常動作，他一直嘻嘻哈哈做完律動，各班進教室時，他的身體還是扭來扭去，笑個不停。（1997/ 5/ 1）

早上音樂鐘響，老師要求小朋友排隊升旗，游社交一邊去排對，一邊和走在身旁的小朋友說話，此時，范浩動則跑步衝進隊伍中，碰撞到其他小朋友，然後說：「對不起！」（嘻嘻哈哈的說），甚至接著又碰撞其他小朋友，小朋友叫起來，浩動卻哈哈大笑，似乎對這樣的身體碰撞很感興趣。（1997/ 5/ 21）

范浩動雖然會主動以肢體語言觸發其他孩子，但是小朋友對他的肢體語言的反應不同，有些孩子會和他嬉戲互動，有些孩子則不理會他的舉動。不過，由觀察中可知，他的動機只是嬉戲性質，希望有人能夠與之有身體的碰撞，相互嬉戲，並覺得很快樂，會哈哈大笑。在室內角落活動時間，也出現肢體語言，不過造成這種現象的前因後果都不同，例如他不知道要做什麼事時，便有意的用腳踢他人的積木，雖然幼兒的反應是生氣，但不理會他，所以未形成肢體衝突，由以下的觀察紀錄，我們可以看到孩子對浩動行為的回應。

浩動將手邊的事情做完後，就到處晃晃，看到陳普遍在一旁玩著幾個木塊，浩動用腳去踢木塊。普遍瞪著他大叫：「喂！」，范浩動又用腳再去踢木塊，陳普遍又大叫：「喂！你幹嘛啦！」（用手去擋范浩動，並轉移方向繼續玩）普遍說：「你再去幫我拿兩塊積木。」（對著另一個小朋友說），范浩動自覺無趣，踱步離開。（1997/ 4/ 16）

不過，如果有小朋友不小心碰到他的東西時，他會以肢體語言回應之，例如會以手肘碰撞他人，別人對於這個動作的反應通常是不悅、不舒服。

小朋友仍舊進行植物的單元，但植物的捏塑材質有所改變，由紙黏土改成陶土。老師說：「要把陶土黏好喲，要不然等它乾了，就會斷掉。」范浩動說：「所以不能給它有線，要不然乾了就斷掉了。」智

惟説：「太乾的要用水來縫補。」范浩動説：「對，我也想用水來縫補。」老師説：「智惟，你做的爲什麼愈來愈細？」浩動説：「因爲他一直搓，所以就愈來愈細。」智惟説：「我們都沒有用水縫補。」范浩動説：「你也可以用一點點土來縫補。」此時承富推浩動的工作板，浩動用手去拍打承富的手，將承富的手驅逐他的工作板，承富説：「你幹嘛打我？」（1997/ 4/ 17）

范浩動在做事時，不喜歡他人管或告訴他如何做，當對方又有進一步反應時，他會有情緒，甚至有肢體語言出現，如以手肘碰觸對方，以表示他的態度。

今天小朋友開始布置成環保植物園，除了花圃、涼亭之外，還製作樹林裏草地。浩動拿了一張書面紙開始畫草皮。智惟説：「要畫快一點，不要太高喲！」。浩動回答：「你要怎樣啦？我做我的事，要你管？」（口氣非常不耐煩）。智惟説：「不要別人管，你就做快一點，還畫那麼小！」浩動説：「你幹嘛啦！」（聲音放大，並用手肘去碰撞智惟）。（1997/ 5/ 6）

㈡主動地協助他人

范浩動雖然常有些肢體動作，不過在氣質特性上，注意力分散度大，縱使手上在做自己的事，還是會不經意受到外在刺激的影響而分心，眼睛會看看別人在做什麼，在別人發出需要求助的訊息時，會主動幫助其他的小朋友：

大家在敲打著植物的木牌時，曉君説：「好痛喲，好難釘，敲一下就歪一下，洞又太大了。」浩動説：「因為你沒有用力釘呀，你扶好嘛，我來幫你！」（動手去協助）「你看，這樣就可以了，不會歪掉！」

（之後，浩動又開始敲自己的釘子，眼睛又看著其他的小朋友）（1997/ 3/ 20）。

今天選角之後，范浩動則選到美勞角去製作一棵樹，浩動主要工作是把葉子黏到樹上，其他幼兒則負責製作葉子。浩動說：「喂，你們要快一點，我們要很多葉子。」勇宏說：「你要很多葉子，幹嘛你自己不去剪？」浩動說：「我是負責貼到樹上去的耶！」……浩動說：「好了沒！好了沒！我們要很多呢！來啊！我幫你畫啦，我幫你剪！」普遍說：「好，我來畫，你剪吧！」（1997/ 3/ 25）

由以上的例證，浩動雖然在肢體語言上會觸發他人，但是這種好動的個性，使得他在其他幼兒發出需要協助的訊息中，反而會主動熱心地協助他人，如曉君發出釘子難釘的訊息或勇宏發出需要很多葉子的訊息，他會主動說出要幫助對方的訊息。

㈢催促他人做事

范浩動除了常出現肢體語言，主動幫助他人之外，個性上也蠻急的，在和他人共同合作的過程中，不時出現催促聲，希望別人也和他一樣，動作快點，不要慢吞吞的，對於這種現象，幼兒的反應是他們正在做這件事情，有時是急不得的，不過，他們的態度是不喜歡浩動對他們的催促：

范浩動、游社交及陳普遍一起到美勞角去製作一棵樹，游社交及陳普遍是負責製作葉子，范浩動則負責把葉子黏貼到樹上。當其他兩人在做樹葉的過程中，浩動叫著說：「喂！你們要快一點，我們要很多。」社交回應說：「你要快，又要很多，幹嘛你自己不去剪？」浩動說：「我是負責貼到樹上的，自己做的慢還說人家。」社交說：「好啦！好啦！我趕快做不就好了嘛！」（1997/ 3/ 15）

浩動與其他二位幼兒在製作榕樹。浩動說：「葉子！葉子！快給我葉
子！」幼兒說：「幹嘛快點給你葉子？」浩動說：「你給我葉子，讓
我趕快去黏。」幼兒說：「你等著吧！」浩動說：「每次都這麼慢。」，
幼兒說：「喂！這不可以亂畫的，還要把葉脈畫上去，你懂不懂？」
（1997/ 4/ 10）

　　由以上的例證，范浩動在「植物」主題教學的情境下，和班上小朋
友的互動，有下列三種現象：⑴會以肢體語言觸發或回應別人；⑵會主
動協助他人；⑶會催促他人共做的事。即范浩動會主動協助他人，不過
也易引起肢體及情緒的衝突，此結果與與國內外的研究有相似之處，認
為高活動量的幼兒較具社交能力，也喜歡尋求刺激，這類型幼兒會吸引
老師及其他幼兒，並和他發生頻繁的互動關係，不過也比較容易引發肢
體或情緒上的衝突（王珮玲，民82；許惠萍，民85；Lewis, Young, Brooks
& Michalson, 1975; Billman & McDevitt, 1980; Sull, 1995）。

二、社交型兒童之同儕互動

㈠主動邀約或協助他人

　　社交型兒童氣質特性最明顯的是趨近性高，適應能力好，因此在事
情上的態度主動性比較強，不是主動邀約他人，就是主動幫助他人，不
過造成這種現象的前因後果都不同：

今天進行的角落是語文角（寫出植物的名稱）、美勞角（葉子的拓印
畫）及木工角（製作植物標示牌），因人數限制，游社交等人無法到
木工角去，因此也提不起興趣參與其他活動。社交說：「唉，都不知
道要玩什麼？」（社交拿著一塊小紙頭在教室裡，來來去去的走著，
一會兒到木工角，一會兒到美勞角，後來走到新言旁邊，趴在新言的

桌旁）社交問：「新言，你要做什麼？」（接著又拖著腳步走向陳普遍那桌去）社交問：「普遍，你想要做什麼？」陳普遍回答：「我想要到那邊去。」（手指木工角）成柚說：「我也是。」游社交說：「我也跟你們一樣只想到木工角走，我們一起去看他們在釘什麼。」（1997/3/18）

今天選角後，游社交與其他幼兒都一起到美勞角去製作一棵樹。普遍說：「再多做一些葉子，我們就可以過去看看樹快做好了沒？」社交說：「我可以找出我自己做的葉子。」普遍說：「我也可以。」社交說：「你有把葉脈畫出來嗎？」普遍回答：「有呀，可是很難畫耶。」社交說：「我也覺得很難畫，但是很難畫我們也得畫，真辛苦喲！普遍，我們兩個先過去那邊看看他們在做什麼，再回來剪，好不好？」普遍回答：「好呀，我們一起走吧！」（1197/3/25）

當游社交不知做什麼事或者不知道如何做的時候，會詢問他人，如「你要做什麼」或「你有把葉脈畫出來嗎」，不似好動型的范浩動，在無所事事時會以肢體語言去觸發他人，在了解他人有相同的情形之後就主動邀約他人一起去看別人如何做的情形，幼兒對於游社交的邀約，通常都會接受。

㈡同理他人內在感受

游社交不僅有主動性強，且深具有同理心，對別人情緒能感同身受，由以下的觀察記錄可獲知。

一群幼兒進行製作植物，秀敏說：「你說不可以幫他，你還不是在幫玟靜做。」曉雲說：「我是在告訴他怎麼做，而不是直接幫他做。」玟靜說：「我不想剪耶！你幫我剪，好不好？」自茹說：「你自己要會剪，別人不能幫，自己做的最好，老師不是這樣說嗎？」玟靜說：「好啦，我會自己剪。」社交（對浩動說）：「女生都喜歡人家幫。」

浩動（只笑而不答）：「嘻！」浩動說：「社交，幫我剪這片葉子好
不好？」（故意學玟靜的樣子）社交說：「好呀，我來幫你！」（社
交及浩動笑成一團，此時玟靜紅著眼，幾乎眼淚都快要掉下來了，邊
剪著手上的葉子邊瞪著他們）社交說：「你天天都那麼晚到學校！」
（社交感覺事態嚴重，趕緊移轉話題，而浩動一副渾然不知的樣子，
依舊笑嘻嘻的）。（1997/ 4/ 9）

今天選角後，游社交與其他幼兒都一起到美勞角去製作一棵樹。普遍
說：「再多做一些葉子，我們就可以過去看看樹快做好了沒？」社交
說：「我可以找出自己做的葉子。」普遍說：「我也可以。」社交說：
「你有把葉脈畫出來嗎？」普遍說：「有呀，可是很難畫耶。」社交
說：「我也是覺得很難畫，但是很難畫我們也得畫，真辛苦喲！普遍，
我們兩個先過去那邊看看他們在做什麼，再回來剪，好不好？」普遍
回答：「好呀，我們一起走吧！」（1997/ 3/ 25）

游社交能知覺到他人的難過情緒或是了解葉子不好畫及感覺事態嚴
重，趕緊移轉話題」，如「我也是覺得很難畫，但是很難畫我們也得畫，
真辛苦喲！」由此可知，游社交是一位敏感度和同理心蠻高的幼兒，能
設身處地從別人的角度來著想。

㈢適時出來排解其他幼兒的爭執

游社交不僅主動性強、同理心高，另外對於其他同儕之間發生爭執
時，會適時發出聲音，排解爭議：

周建勳問：「普遍，你做好的葉子給我好不好？」這時江宗儒說：「給
我！給我！」普遍說：「別吵，來，剪好了就給你。」（把剪好的葉
子遞給宗儒）建勳說：「普遍，你把葉子給宗儒，你都沒有給我葉
子！」范社交說：「別吵了，好不好？再吵，我們就不做事了，我們

做好葉子之後會給你的。」（1997/3/25）

游社交與其他小朋友一起在做一棵榕樹，張小安說：「我們做葉子的很累，你們做葉子的會比較快一點。」陳普遍說：「我們的都快做好了。」張小安說：「我們做那麼久都還沒做好。」陳普遍說：「喂，這很難做耶。」小安說：「我們做葉子的才難。」普遍說：「你才做兩片葉子，我們要做那麼大的樹幹。」小安說：「自己的動作慢還說人家。」社交這時說：「喂，你們不要吵了，不可以大聲說話，不管樹幹還是樹葉都不好做，這都要花很多時間才能做好，所以大家趕快做吧。」（1997/4/10）

由以上的例證，可知游社交認為爭吵無濟於事，最重要的事大家一起把事情做完，如他說「別吵了，好不好？再吵，我們就不做事了，我們做好葉子之後會給你的。」、「喂，你們不要吵了，不可以大聲說話，不管樹幹還是樹葉都不好做，這都要花很多時間才能做好，所以大家趕快做吧。」

㈣迎合其他幼兒意見

游社交不僅主動性強，配合度也算高，不會和其他小朋友唱反調，當其他小朋友有要求時，不會有個人主見，會迎合其他幼兒的看法：

今天范浩動、游社交及陳普遍一起到美勞角去製作一棵樹，游社交及陳普遍是負責製作葉子，范浩動則負責把葉子黏貼到樹上。當其他兩人在做樹葉的過程中，浩動叫著說：「喂！你們要快一點，我們要很多。」社交回應：「要很多，幹嘛你自己不去剪？」浩動說：「我是負責貼到樹上的，自己做的慢還說人家。」社交說：「好啦！好啦！我趕快做不就好了嘛！好了一片，我把葉脈畫出來，喂！我畫好了一片，智惟，我畫好了一片，聽懂了沒，趕快過來拿。」（1997/3/25）

游社交到木工角去，看到林婷心在釘木牌子便說：「這個牌子釘兩根
釘子就夠了，你看，上面一根，下面一根就可以固定了」玟靜說：「老
師說要釘四根釘子。」社交說：「好啦！好啦！釘四根也可以。」
（1997/ 3/ 27）

班上在進行把認識或喜歡的植物，用不同的材質製作出來。婷心說：
「我都不知道我在做什麼葉子。」牧軒說：「我知道我在做什麼葉
子。」社交說：「我也看不出來，還指定一定要放在樹幹上，很奇怪，
對不對？」（對著牧軒）林婷心說：「你又這樣，我跟老師說。」
社交說：「好，好，好！就照你的意思吧！」（1997/ 4/ 8）

由以上的例證，可知游社交型會配合其他幼兒的意見或配合對方的
工作速度，如「好啦！好啦！我趕快做不就好了嘛！」「好啦！好啦！
釘四根也可以。」「好，好，就照你的意思吧！」

㈤給與他人建議

游社交在發現別人困難時，會適時地提供建議。如看到其他幼兒在
釘植物的木牌子有困難時，會在旁告訴對方如何用力或是要如何擺放等
等，或者看到幼兒錢幣印不清楚時，會建議對方如何印錢幣會比較清楚。

小馬班今天的角落活動是在木工角及美勞角進行花卉的製作。由於社
交已做完手邊工作，便東張西望，此時他跑到美勞角去，敬俓說：「社
交，你看我畫的。」社交說：「又還沒乾。」然後又跑到木工角去，
看到別人在釘牌子，說：「你那個釘子要放旁邊一點，不對，再放上
面一點，對對對，趕快敲下去！」（1997/ 3/ 27）

小馬班的環保植物園已經完成，小朋友在團討時間決定採行收門票的

方式來接受參觀，所以今天小朋友分成兩組，一組為製作門票，另一組則製作買票的錢。在做錢幣的過程中，陳普遍說：「這是我從家裏帶來的，這不是新的！」社交說：「我用印的，我已經印了兩個十元，老師可以用印的嗎？」老師說：「可以呀，這個方法很好！」普遍說：「你做那麼多個十元。」敬程說：「對呀，我做很多個，但不是很清楚。」社交說：「那會印不清楚，來，我教你，你看，你只要用力一點，錢幣就可以很清楚的印出來了，會不會？只要用一點腦筋就可以了。」（1997/5/7）

就以上的例證，社交型的幼兒與同儕互動的情形，有下列五種現象：(1)會主動邀約或協助他人；(2)能同理他人內在感受；(3)會適時出來排解其他幼兒的爭執；(4)會迎合其他幼兒意見；(5)給與他人建議。由以上的觀察分析可知社交型的游社交在主動性較高，不僅予以協助他人，也會給別人意見，此外還非常具有了解人己關係的能力，此點與其他研究有相似的研究結果（王珮玲，民 81；民 84；Klein, 1987; Parker-Cohn & Bell, 1988），在這些研究中認為主動高的幼兒對於他人的反應上主動性比較強，且對於人與人之間的關係上敏感性較高，與其他同儕互動關係良好。

三、自如型兒童之同儕互動

㈠主動詢問並加入活動

蔡自茹最具特色是趨近性和適應性都很好，換句話說，她主動性高，比較大方外向，對於任何陌生場合，都能處之泰然，例如看到別人正在進行的遊戲，她會主動表達想參加的意願，別人對於她的詢問，都樂於接受，並歡迎她加入他們的活動，如：

今天一早進行的是自由活動時間，有些小朋友已在一旁玩起一、二、

三木頭人的遊戲，自茹在旁邊看了好一會兒，然後說，「文惠，我跟你們一起玩，好不好？我可以先當鬼。」，文惠說：「好啊，那下來跟我們一起玩，而且人多也比較好。」（1997/ 3/ 19）

除了遊戲外，在工作上遇到困難時，她也會主動詢問她人，是否她可以加入他們的工作，孩子對於她的需求，都不會有不悅的態度，表示歡迎加入他們的工作。

小馬班的小朋友正在把自己製作的作品美化，小朋友各自安靜做了四分鐘，自茹說：「花瓣好難做喲！」婷心說：「花瓣太多了。」自茹說：「對呀，等一下做好頭太重怎麼辦？」婷心說：「換別的試試看，杜鵑花，好不好？」自茹說：「唉，我看還是做我原來那一組好了。」婷心說：「唉呀，不要，請你跟我一起做杜鵑花，好不好嗎？」自茹說：「我還是過去李偉那一組好了。」自茹過去李偉那組之後，問他們，「李偉，我跟你們一起做花，好不好？」李偉說：「好啊，我們一起做呀！」（1997/ 4/ 15）

由以上的例證，蔡自茹主動性很強，也較具社會反應性（Carson, 1984; Sloman1986; Thomas & Chess, 1977；王珮玲，民 84），常會主動詢問加入他人的遊戲或活動中，如「文惠，我跟你們一起玩，好不好？我可以先當鬼。」，小朋友通常對自如型幼兒的主動詢問參與，都表示歡迎之意，如「好啊，那下來跟我們一起玩，而且人多也比較好。」由此可見自如型的幼兒在人際關係非常不錯，不像范浩動，其他幼兒對其參與他們的活動時，常予以忽視。

㈡建議求助他的幼兒先試試，再協助之

蔡自茹有另一項氣質特性是堅持度高，研究中也指出自如型兒童有較佳的工作能力（王珮玲，民 84），在觀察中，我們也發現到這種現

象，在工作上，其他小朋友遇到困難時，會適時向她求援，不過，她通常會先建議小朋友先自己試試看，再決定是否協助她：

> 上午小馬班的角落活動是到木工角及美勞角製作花卉。自茹進入工作的速度比其他小朋友快，很快的把玫瑰花做的有模有樣，周圍的小朋友對自茹的手藝皆表讚佩。自茹說：「我的花做好了，看，很漂亮喲！」秀敏說：「自茹，你幫我做這個花，好不好？」玟靜說：「自茹，你也幫我做這個花，可以嗎？」玟靜手上拿著兩張紅色的色紙，但一直沒有進行工作。自茹說：「可以呀！不過，你們自己要先試著自己先做做看。」（1997/ 3/ 27）

> 小馬班在進行植物主題，一群幼兒仍進行製作植物，秀敏說：「你說不可以幫他，你還不是在幫玟靜做。」鶩勻說：「我是在告訴他怎麼做，而不是直接幫他做。」她一面說一面示範給紋靜看，然後說：「你會了沒？」玟靜看完鶩勻的示範，還是說：「我不想剪耶，自茹，你幫我剪，好不好？」自茹說：「你自己先試試看，而且你自己也要會剪，別人不能幫，自己做的最好，老師不是這樣說嗎？」玟靜說：「好啦，我會自己剪。」（1997/ 4/ 9）

由以上的分析與歸納，可知自如型的工作能力非常好（Thomas & Chess, 1977；王珮玲，民84），由於以往的研究係為量的研究，看不到前因後果，在此觀察中，可由其他幼兒請他幫忙或詢問他如何做得知。在觀察記錄可知，他很樂意幫助他人，不過都希望幫他們之前，自己可以先試試看，先了解自己的能力是否可以解決眼前的困難，並適時地提供建議。如在觀察一及觀察二可得知，但在觀察二中，自茹的反應是讓玟靜試試看，然而當玟靜再次要求協助時，其他幼兒此時開始反應，認為玟靜應該自己做做看。在觀察三，也可看出自如型的自茹請對方試試看，會給與對方信心，認為對方應有能力獨自做完事情，且表示老師認為自己的作品才是最好的。

㈢糾正小朋友不正確的觀念

蔡自茹除了有很好的工作能力、極佳主動性外，當看到其他幼兒有不正確的行為時，也會給與其他幼兒正確性的觀念。

> 小馬班進行的角落活動是植物的栽種，自茹很仔細捏著一棵小幼苗，從裝土的大箱子挖起，然後小心地放進小花盆裏，身旁的小朋友七嘴八舌的交談著，自茹很安靜的做著自己的事，完全沒搭腔，突然有一個小朋友發現裝泥土的大箱子底下有一隻蚯蚓，小朋友就開始尖叫起來了。黃施抱說：「啊，好可怕喲，把他打死！把他打死！」一面說一面用鏟子去戳蚯蚓。自茹說：「不要弄死它！」施抱說：「它會爬過來很可怕耶！」自茹說：「不可以弄死它，蚯蚓是有益的，它不是害蟲，是老師說的。」在旁的蔣正方說：「什麼時候說的？」自茹說：「有呀，林老師說的，你不可以沒有愛心，你要愛護小動物，你不知道嗎？」正方說：「那我們用土把他蓋起來，就不會跑出來了。」
>
> （1997/3/19）

從蔡自茹與同儕互動的情形，得知有下列三種現象：⑴會建議幼兒試試看困難的工作，再協助之；⑵會主動詢問他人並加入活動；⑶會糾正小朋友不正確的觀念。研究中自如型幼兒的特質與安樂型幼兒的特質較為相似，一般而言，安樂型的幼兒常與父母及朋友互動，比較少出現問題行為，在工作能力，如主動性、了解人己關係、禮貌、在陌生公共場合的反應及語言能力方面都遠較其他類型的幼兒為佳，在此研究觀察分析可知，自如型的行為特質及與同儕的互動過程中，顯示具有良好的工作能力，願意協助他人，別人通常也歡迎他加入他們的活動中，此點與其他研究有相似之處（王珮玲，民 81；民 84；Thomas & Chess, 1977; Parker-Cohn & Bell, 1988）。

四、專注型兒童之同儕互動

㈠建議其他孩子要有自主性

　　林婷心最明顯的氣質特性是她非常專心，在遇到困難時，會努力克服挫折，不輕易放棄，會持續地完成工作，很專心在自己工作上，常常很快完成手中工作或者把手邊的工作做得很好，以致李玟靜曾說：「婷心好厲害，都做的好像喲。」婷心也經常對於不知道如何做或者是不會做手邊工作的李玟靜，鼓勵他凡事都要嘗試看看，不會一下子就幫她。

> 小馬班今天進行的是利用不同的材質，做出認識或喜歡的植物，一群孩子聚在一起做樹葉。玟靜說：「林婷心好厲害，都做的好像喲！」自茹說：「那不會很難呀！」婷心說：「對呀！很簡單的，你看，這樣就做好一片了。」玟靜說：「自茹，你幫我，好嗎？」自茹說：「給玟靜試試看嘛！玟靜，你試試看！」婷心說：「來，玟靜，這個給你！」（拉了一塊黏土給玟靜），自茹說：「你就試試看嘛！」李玟靜說：「可是我不喜歡做葉子，你幫我？」社交說：「算了！算了！不喜歡做就不要了」。婷心說：「每次都這樣，不去做做看，怎麼學得會？所以玟靜你要自己試試看，才知道自己會不會做？」（1997/4/8）

> 小馬班的小朋友正在把自己製作的作品美化，蔡自茹問：「什麼花最漂亮？婷心，你說說看，什麼花最漂亮？」婷心說：「花都很漂亮呀！」自茹說：「那你最喜歡什麼花？玫瑰花嗎？」玟靜說：「又是玫瑰花，難做死了，我不喜歡。」婷心說：「哎呀，不要吵了好不好，趕快做啦！」
> 自茹說：「我來做玫瑰花。」婷心說：「喜歡就做呀。」玟靜說：「我不會做，你幫我做，好嗎？」婷心說：「你自己要試試看，才知道怎麼做呀，對不對？」（1997/4/15）

植物的主題已經進入尾聲，團討時間已經開始討論下一個單元預定進行的活動。角落活動老師希望小朋友把在該主題中還想做的活動及園區內的補充開始進行最後的整理。林婥心說：「再做愛心包包也沒關係呀，又沒規定一定要做什麼，喜歡做什麼就做什麼，幹嘛管別人！」玟靜說：「我都不會做！要摺什麼？」婥心說：「隨便呀！」玟靜說：「你要選什麼顏色？」婥心說：「哎喲！隨便呀！」自茹說：「玟靜！你做花嘛！」玟靜說：「我不曉得要做什麼花！」婥心說：「自己喜歡就好了呀，一直問別人，別人又不是你，又不知道你會什麼！」玟靜說：「我都不會！」婥心說：「你試試看嘛，不試怎麼會知道！」
（1997/ 5/ 22）

林婥心很能專心在自己工作上，常常很快完成手中工作或者把手邊的工作做得很好，這點觀察紀錄與王珮玲的研究（民 84）有相似之處，研究中也認為專注型兒童的工作能力表現較佳。

㈡以告訴老師為由來制止其他孩子不適切行為

在觀察紀錄中，我也發現林婥心有一特質，即發現其他孩子不按規定方式做事時，會以告訴老師為由，以糾正對方的行為。

班上在進行用不同的材質製作認識或喜歡的植物。婥心說：「我都不知道我在做什麼葉子。」牧軒說：「我知道我在做什麼葉子。」范社交說：「我也看不出來，還指定一定要放在樹幹上，很奇怪，對不對？」（對著牧軒說）婥心說：「你又這樣，我跟老師說。」社交說：「好好好！就照你的意思吧！」從慈說：「笨啊，我來做給你們看，看這片大葉脈，這樣做會變成聖誕樹，好不好看？」婥心說：「不好看，喂，你都亂用，等一下我告訴老師。」（1997/ 4/ 8）

小馬班教室今天開始布置成環保植物園，除了花圃、涼亭之外，還製作樹林裏的草地。浩動拿了一張書面紙開始畫草皮。智惟說：「要畫快一點，不要太高喲。」浩動說：「你要怎樣啦？我做我的事，要你管？」（口氣非常不耐煩）智惟說：「不要別人管，你就做快一點，還畫那麼小！」浩動說：「你幹嘛啦！」（聲音放大，並用手肘去碰撞智惟）自茹：「你看，他們在打架」（把身體靠近婑心）婑心說：「你們又在打架，我報告老師。」浩動立刻停止手邊的工作，說：「我們又沒怎樣，幹嘛報告老師！」婑心對自茹說：「你看，他們這樣就不會一直吵了！」自茹說：「對，這樣他們就不會一直吵了，嘻嘻！」婑心說：「對呀，他們一聽到老師就不會再吵下去。」（一副得意的樣子）（1997/ 5/ 6）

林婑心雖然在發現其他幼兒不按規定方式做事時，會以告訴老師為由，以糾正對方的行為，不過，小朋友對此反應是因人而異，有的孩子則順其意，有的孩子不是心服口服，且認為自己又沒做錯事。

㈢主動詢問、邀約或協助幼兒

專注型的兒童本身較具主動性，當事情不是十分清楚時，她會主動問其他孩子，並主動邀約他人一起做某些事，例如一起去看看別人工作做的如何或者是邀約他人一起玩遊戲，對於她的邀約，別的孩子通常都會欣然接受。

小馬班進行的角落活動是植物的栽種，剛開始婑心很專注地看著其他小朋友的動作，老師把植物區中原先的一些植物拔起，讓婑心及普遍鬆土，婑心雙手認真的翻動著土壤，然後把芋頭種好，笑咪咪的收拾鏟子，在地上插上自己的名字，然後說：「普遍，你要不要看看我種的芋頭？」普遍說：「好呀，上面還有你的名字耶！」婑心說：「是呀！我的已經種好了，也把名字放在上面，我們一起去看看別人種的

植物好嗎？」（1997/ 3/ 19）

婷心和自茹一起在布置花園，自茹說：「花園應該要有蝴蝶和蜜蜂才
對呀！」婷心說：「自茹，那我們一起去美勞角去找相關的材料，好
不好？」自茹說：「好呀，我們一起走呀！」（1997/ 5/ 6）

由觀察記錄中，得知婷心會主動詢問或邀約其他孩子一起共同做一
些事，此外，婷心也敏感度高，當知覺別的幼兒有情緒問題，也會主動
找他或陪他，如有次婷心看到玟靜在哭便主動帶她去玩拼圖。

小朋友進到學校裡在各角落玩遊戲，敬秤說：「喔！驚均你把玟靜弄
哭了，你糟糕了！」玟靜的啜泣聲加大，驚均說：「好嘛，和你好嘛，
你不要哭，我是要你找找看，看能不能找得到，你不要哭嘛，我還是
很喜歡你呀！」玟靜說：「我又沒說我不要找。」婷心到教室看到這
個情形，對著驚均說：「你不理玟靜，你把玟靜弄哭了。」驚均說：
「我們已經和好了呀！」婷心說：「玟靜害怕別人不和他好喲！來，
玟靜，我帶你去玩拼圖！」婷心和玟靜一起在地板上安靜的玩拼圖，
他們把拼圖放在地上，然後再一塊一塊的拼回去。（1997/ 5/ 14）

由觀察紀錄分析林婷心與同儕互動的情形，得知有下列三種現象：
(1)會建議其他孩子要有自主性；(2)以告訴老師為由來制止其他孩子不適
切行為；(3)會主動詢問、邀約或協助其他孩子。與其他氣質類型的孩子
相比較，林婷心與蔡自茹非常類似的是：別的孩子在遇到問題時，都會
來請教他們，可知他們兩人的工作能力及人際關係都不錯，此外，林婷
心如果想要參加其他孩子正在進行的活動時，其他孩子也會表示歡迎，
不似好動型的孩子，別人常予以忽略或不理會。在排解其他孩子的爭執，
她不像游社交會提出適切的建議，反而以教師名義制止某些行為。

五、文靜型兒童之同儕互動

㈠不敢主動參與陌生情境

李玟靜最大的氣質特性是屬於趨近性低，對於陌生人、一個新的地方、從未接觸過的事、吃一種從未吃過的食物，他的反應通常是拒絕，例如對於教室中突如其來的事情，即班上小朋友的媽媽出現，李玟靜無法馬上接受她的出現，至於她想拍照一事，因為沒有人進一步邀請她，因此她也就沒拍照了，由以下的紀錄可知端倪：

> 在一角落，小萱的媽媽來為小朋友拍照，驚勻：「我要跟小萱合照。」
> 玟靜：「我也要去。」玟靜沒有收拾拼圖，馬上跟著驚勻起身，但是
> 玟靜並沒有跟著小朋友一起拍照，只是站在旁邊觀看。而小萱與其他
> 小朋友拍完照後，又跑去與老師合照。此時驚勻問玟靜：「你剛剛不
> 是想要跟小萱合照嗎？你為什麼不過去呢？」玟靜：「你又沒有帶我
> 過去與他們合照。」驚勻：「喂，拜託你，你不會自己過來呀！」玟
> 靜：「我不想嘛！而且我也不大敢過去。」驚勻：「那我就沒辦法了，
> 去收拼圖吧！」（1997/ 5/ 14）

由上可知，李玟靜的主動性非常的弱，比較退縮內向，老師也認為這位孩子個性上比較害羞內向，比較少和其他的孩子互動。換句話說，玟靜在面對陌生情境，不敢主動參與，這和王珮玲的研究結果（民81，民84）指出文靜型的孩子在人己互動上的能力比其他的孩子弱的結果類似。

㈡尋求熟悉孩子的協助

我們在前面提到文靜型的孩子尋求協助的人，會傾向她比較熟悉的

人，對於不熟悉的人，她會有點退縮，例如活動過程中，李玟靜只會傾向找蔡自茹幫她的忙，如下所述：

上午小馬班的角落活動是到木工角及美勞角製作花卉。自茹進入工作的速度比其他小朋友快，很快的把玫瑰花做的有模有樣，周圍的小朋友對自茹的手藝皆表讚佩。自茹說：「我的花做好了，看，很漂亮喲！」秀敏說：「自茹，你幫我做這個花，好不好？」玟靜說：「自茹，你也幫我做這個花，可以嗎？」玟靜手上拿著兩張紅色的色紙，但一直沒有進行工作。自茹說：「可以呀！不過你們要自己先試試看」（眼睛仍注視著自己的作品）秀敏說：「自茹，你再幫我摺一下這個好不好？」玟靜說：「那教我做，先教我做，我選紅色的，你教我前面怎麼做，我就知道後面的步驟怎麼做了。」（1997/ 3/ 20）

小馬班今天進行的是利用不同材質，做出認識或喜歡的植物，一群孩子聚在一起做樹葉。玟靜說：「林婷心好厲害，都做的好像喲！」自茹說：「那不會很難呀！」婷心說：「對呀！很簡單的，你看，這樣就做好一片了。」玟靜說：「自茹，你幫我，好嗎？」自茹說：「給玟靜試試看嘛！玟靜，你試試看！」婷心說：「來，玟靜，這個給你！」（拉了一塊黏土給玟靜），自茹說：「你就試試看嘛！」李玟靜說：「可是我不喜歡做葉子，自茹，你幫我？」（1997/ 4/ 8）

角落活動，老師希望小朋友把在主題中還想做的活動及園區內的補充開始進行最後的整理。婷心說：「再做愛心包包也沒關係呀，又沒規定一定要做什麼，喜歡做什麼就做什麼，幹嘛管別人！」玟靜說：「我都不會做！要摺什麼？你要不要教我？」婷心說：「看你要摺什麼呀！」玟靜說：「你要選什麼顏色？」婷心說：「哎喲！隨便呀！」自茹說：「玟靜！你做花嘛！」玟靜說：「我不曉得要做什麼花！而且我也不會做，你教我，好不好？」婷心說：「你只要選擇自己喜歡的花就好了呀！不過你可以先試試看，我再教你怎麼做」玟靜說：「但

是我還都不會，你教我好嗎？」婷心說：「你試試看嘛，不試怎麼會
知道！」（1997/ 5/ 22）

由以上觀察例證，李玟靜求援的對象非常固定，不是尋求蔡自茹的
幫忙，就是林婷心的協助；換句話說，她尋求協助的人，一定是她比較
熟悉的人，可能的原因是對於不熟悉的人，她會有點退縮，不過，蔡自
茹和林婷心對於她的求援，通常都願意幫助她，不過都希望她要自己先
試試看會不會做，不希望在她還沒有嘗試之前就幫她。

㈢情緒反應弱，敏感兒童的報怨

玟靜的另一氣質特性是情緒反應較弱，對於他人稍微的報怨，會有
情緒現象，不過，他的喜、怒、哀、樂以及需求等，比較不容易被人察
覺出來，如笑會笑得很小聲，哭則哭的很小聲，不會哈哈大笑或嚎啕大
哭，如：

> 上午小馬班的角落活動是到木工角及美勞角製作花卉。自茹說：「煩
> 死了，每個人都叫我做！」雅青說：「我又沒有。」純敏說：「自茹，
> 拜託嘛！」玟靜說：「我也沒有呀，我只是問你前面怎麼做，你不教
> 我也沒有關係。」（此時玟靜的臉都漲紅了，幾乎都快哭出來了，不
> 再說話，只看著自己的色紙）（1997/3/27）玟靜說：「我不想剪耶，
> 你幫我剪，好不好？」自茹說：「你自己要會剪，別人不能幫，自己
> 做的最好，老師不是這樣說嗎？」玟靜說：「好啦，我會自己剪。」
> 社交說：「女生都喜歡人家幫。」浩動說：「嘻！」浩動說：「社交，
> 幫我剪這片葉子好不好？」（故意學玟靜的樣子）社交說：「好呀，
> 我來幫你！」（社交及浩動笑成一團，此時玟靜紅著眼，眼淚幾乎都
> 快要掉下來了，邊剪著手上的葉子邊瞪著他們）（1997/ 4/ 9）

由以上的觀察，林玟靜常有情緒反應，不是紅著眼，就是幾乎快哭

出來，造成這現象的原因是，當對方覺得她很煩，或者學她向別人求救時的情形，都會讓她覺得不舒服，換句話說，她非常敏感於別人的抱怨或重話，一但知覺到馬上就有情緒反應。對於她的情緒反應，敏感性高的兒童可知覺的他的情緒，如社交型的兒童，但敏感度較低的幼兒對其情緒的知覺就比較慢，甚至不知道，如好動型的兒童。

　　李玟靜與同儕互動的情形，得知有下列三種現象：(3)不敢主動參與陌生情境；(2)會尋求他人的協助；(3)敏感於兒童的抱怨。由此三點可知，雖然文靜型比較害羞內向，尤其對於陌生的情境，但當她遇到困難時，還是會主動詢問及請教他人，但還是傾向於問自己較為熟悉的小朋友，此外，這位孩子也非常敏感，當別人對他說了重話時，馬上會有情緒反應，但反應非常弱，如紅著眼，而非大聲哭鬧。

六、普遍型兒童之同儕互動

㈠沒有以肢體語言回應他人

　　陳普遍的各項氣質特性都屬中等，在班上觀察他一段時間，我們發現當別的孩子在肢體上對他有侵犯動作時，通常他會採取防禦性的驅散行為，不會與他人有肢體語言的衝突，會將不悅的感覺說出來或予以忽視之。

　　在校園花圃旁的遊樂場，普遍與誠祐一起在看植物圖鑑，此時誠祐離開所坐的秋千，跑去教室拿東西，敬忠跑過來就坐下，普遍說：「敬忠，那是誠祐的位子。」敬忠說：「這秋千是大家的，為什麼要說是誰的就是誰的。」敬忠一邊說一邊用他的手稍微碰了普遍一下，普遍說：「你要坐就坐嘛！可是你不要那麼大聲，你也不要用手碰我」然後就約誠祐到一邊去，說：「沒關係，這樣也可以看書的！」（1997/3 / 12）

普遍在一旁玩著幾個木塊，浩動用腳去踢木塊。普遍大叫：「喂！」范浩動又用腳再去踢木塊，陳普遍又大叫：「喂！你幹嘛啦！」（用手去擋范浩動，並轉移方向繼續玩）普遍說：「你再去幫我拿兩塊積木。」（對著另一個小朋友說），范浩動自覺無趣，踱步離開。（1997/4/16）

㈡會澄清及解釋幼兒對他的誤會

陳普遍除了不會以肢體語言回應他人的肢體語言，他也不喜歡人家誤解他的用意，所以常會找機會澄清事實。

小馬班今天進行的是植物的栽種，老師說：「翻好土的小朋友請到這邊來。」普遍說：「快，快，翻好土就可以去玩了。」婷心說：「老師說翻完就可以種植物，又不是說可以去玩。」普遍說：「你誤會我的意思，我是說如果我翻好自己的土，然後再種好植物，也差不多是休息時間了，不是就可以玩嗎？是不是這樣？」（1997/3/19）

今天選角之後，普遍與其他孩子在製作一棵榕樹，普遍則負責做葉子，此時宗儒說：「普遍，你為什麼只給建勳葉子，而不給我葉子？」普遍說：「我要給你葉子，但是我發現你都沒有送過去，所以我就沒有給你葉子，知道嗎？」宗儒說：「好嘛！你給我葉子，我就會送過去，趕快給我葉子吧！」普遍說：「好嘛，這個畫好就給你了。」（1997/3/25）

「喂，這個很難做耶，你知不知道？」他認為他應該知道對方所說的字，可是對方在空中畫字，當然不是非常清楚，此外，在「你誤會我的意思，我是說如果我翻好自己的土，然後再種好植物，也差不多是休

息時間了，不是就可以玩嗎？是不是這樣？」，他怕對方誤會翻好土就可以去玩，所以馬上向對方解釋他話中的意義。

㈢會借給孩子他正在使用的物品

陳普遍與同儕互動上，還蠻大方的，當別的孩子急需某些物品時，即使他正在使用的東西，他也會慷慨的借給對方使用，如「好吧！可是你畫完要馬上還給我，因為我馬上也要用綠色的筆」等等，如以下的觀察紀錄。

> 普遍和其他孩子正在製作一棵榕樹，普遍正在忙著畫葉子，然後從紙上將葉子剪下來，裕仁也在他的旁邊畫樹葉上顏色，此時，他向旁邊的普遍問：「你的綠色的色筆借我好嗎？我的彩色筆已經沒有水了，畫不出來了。」普遍說：「我還要用綠色的筆，黃色的先借你好了，等我用完綠色的筆，再借給你好了。」裕仁說：「可是我現在就想要用綠色的筆了，你先借給我用，好不好？」普遍說：「好吧！可是你畫完要馬上還給我，因為我馬上也要用綠色的筆。」（1997/ 4/ 10）

> 小馬班的環保植物園已經完成，小朋友在團討時間決定採行收門票的方式來接受參觀，所以今天小朋友分成兩組，一組爲製作門票，另一組則製作買票的錢。在做錢幣的過程中，社交問玟靜：「你畫幾個錢幣了？」玟靜說：「只有一個。」社交說：「這麼慢，看我的，我幫你用印的好不好？」玟靜說：「好，你畫好我來剪。」社交說：「你去借一個五元的錢幣，好不好？」玟靜說：「普遍，借我一個五元，好不好？」普遍說：「我也要用五元的，先借你十元的，等一下再借你五元的。」玟靜說：「你先借我五元，等一下再換十元的，好不好？」普遍說：「唉，好吧，好吧，拿去吧。」（1997/ 5/ 7）

分析陳普遍與同儕互動的情形，得知有下列三種現象：(1)不會以肢

體語言回應他人；(2)會澄清及解釋其他孩子對他的誤會；(3)會借給其他孩子他正在使用的物品。由此可知，雖是普遍型孩子，可是在與同儕互動中，若有誤會，他會澄清，不會與人產生肢體的衝突，此外也出現利他的分享行為，有良好的人際關係。

第四節　討論與建議

一、討論

　　觀察六種不同氣質類型孩子的同儕互動中，這些孩子雖有不同的氣質特性。不過，從觀察中發現，大部份的孩子主動性都很強，常會主動詢問、邀約或協助他人。有些孩子的主動性是有特定對象，如文靜型的孩子在遇到困難時，雖然會主動尋求他人的協助，不過她有特定求助對象，即蔡自茹和林婥心。這兩位孩子對於他求助的回應是：要她自己先試試看，試試看自己是否能夠解決自己的問題，倘若行不通，才會進一步幫之。從資料分析中，蔡自茹、林婥心和李玟靜的互動形態，是一種助人與求助的三人關係。

　　從助人與求助關係中，我們發現李玟靜會尋求蔡自茹和林婥心的協助，實際上，這兩位孩子具有不錯的工作能力，在王珮玲（民84）的研究中，也發現自如型和專注型的孩子有良好的工作能力。研究中，雖發現蔡自茹和林婥心有較佳的工作能力，在別人求援時，並非什麼都不問，就幫助別人，反而是會鼓勵對方，要有嘗試的精神，對自己的能力要有自信，不能太依賴他人，希望對方能達到自助的能力，不要凡事都求助於他人。李玟靜對他們兩人的反應欣然接受，有時還會解釋自己並非不去嘗試，只是有些過程不是很清楚，只要告訴前面的步驟，後面的部份她就知道如何做了。

　　李玟靜本質是害羞的，對於她不熟悉的事物，如陌生的情境或人，會有點退縮或被動，例如呈現在觀察記錄中的例子：在班上有一幼兒母

親進來拍照，她非常的想要與大家一起合照，但是沒人再次邀她過去，她就不敢過去與他人合照。在王珮玲（民84）的研究中也發現類似的結果，即文靜型的孩子在陌生及公共場合的反應是比較害羞和退縮，不會主動和他人互動。

在同儕互動中，六種不同氣質類型的孩子中，只有好動型的孩子會有肢體語言出現，會以肢體語言觸發他人以及回應他人的干擾（Blurton-Johns, 1972; Billman & McDevitt, 1980; Sull, 1995；林明珠，民68；許惠萍，民85）。尤其戶外活動時，在老師沒有特別注意的情形下，范浩動比較會有肢體語言的出現，不過從情境中可知，他的嬉戲性質比較重，只是希望有人能夠和他有身體的碰撞，相互嬉戲，他就覺得很快樂；在室內活動中，如果他不知道要做什麼事或沒事可做時，他就會故意招惹其他孩子，或是有人不小心碰到他的東西時，他會以肢體語言回應之，其他孩子對於他肢體語言的反應是視情況而定，例如，在戶外場所時，小朋友會覺得很好玩，會與之發生互動，但在教室時，他的肢體語言則有點挑釁的感覺，如以手肘碰撞他人，別人對他行為的反應通常是不悅、不舒服的，不過，陳普遍對於別人肢體語言的反應，雖然不高興，但是會以防禦性的行為對之，不會與之產生肢體性的衝突，因此這兩人在肢體語言上，一位是採取觸發行為，另一位是採取防禦性行為，所以如果有兩人都在的活動中，是不易發生肢體的衝突，因為「一個銅板不會響，兩個銅板響叮噹！」

對於解決班上同儕之間的紛爭，六種不同氣質類型的孩子所採取的策略也不同，例如游社交對於同儕在爭議某些事時，會適時出現，並提出建議，認為紛爭無濟於事，大家合力將事情做完，才是最重要的事，其他小朋友都能接受他的建議；然而林媁心在解決策略就不一樣，如果有小朋友不遵守規定或發生爭執時，她會以教師的名義制止其他孩子的爭執，不過孩子的反應是口服心不服，換句話說，孩子的反應是「我們又沒怎樣，幹嘛報告老師。」由以上的互動，可知游社交在人際問題的處理能力不錯，我們可由其他孩子的反應得知，與研究認為主動性高的孩子，同時也具有較佳的人際關係（Sull, 1995；王珮玲，民84）。

　　除了解決紛爭外，游社交和李玟靜都有顆敏銳的心，但是兩人在行為上就有不同的表現及反應，游社交能同理他人的感受及情緒，並能站在對方的角度去思考事情，換句話說，敏於人己之間的關係，例如當其他的孩子覺得葉子難畫時，他會同理對方的心態，覺得要把葉子畫好並不簡單，此外，對於別人的情緒或心態的改變，馬上就知覺到，且能轉移話題，讓對方心情舒服些，或者能適時提供協助；雖然李玟靜也敏於別人的感受，但在觀察記錄中，只要對方有一點的抱怨，玟靜就馬上會有情緒反應，如馬上紅眼睛或眼淚快掉下來等等。在這六種不同氣質類型孩子的同儕互動中，大部份的孩子大都具有正向行為或是中性行為，負向行為大都出現在好動型及文靜型幼兒身上，例如范浩動在互動中，會出現肢體動作，會催促他人或者向他人炫耀自己的能力，通常其他孩子的反應都是不悅或不喜歡，而李玟靜對於陌生情境會比較退縮趨避，基本上，會影響他在同儕中的互動，不過，此位幼兒雖是退縮內向的，但在碰到問題時，還是會向熟悉的人求助。

二、建議

㈠從大樣本篩選氣質類型

　　本研究中在選擇觀察樣本時，即選擇不同的氣質類型時，曾考慮幾種情形，倘若以中國的金、木、水、火、土等五種類型或者以西方的黃膽汁、多血液、黏汁液、黑膽汁等四種體液類型或者是以易怒氣質類型、樂觀氣質類型、冷淡氣質類型及憂鬱氣質類型等來選取樣本時，則無選取的標準依據，換句話說，缺乏客觀的數據資料做為劃分的準則；之後，又考慮 Thomas 和 Chess 三種氣質類型，即安樂型、慢吞吞型及難養育型及 Carey 和 McDevitt 的五種類型，即前三種類型和輕度難養育型幼兒及中度難養育型幼兒，或是國內王珮玲所分的六種幼兒氣質類型，即好動型、自如型、社交型、專注型、文靜型及普遍型。

　　在父母及教師填完問卷後，結果在班上幾乎找不到符合 Thomas 及 Chess 或者 Carey 及 McDevitt 所劃分的氣質類型幼兒，然而可以找到王珮玲（民 84）所劃分的六種類型，只是在有些類型氣質項目分數有些差異而已，事實上，在一個班級中要同時選到六種類型的幼兒是非常難的一件事，如果未來有人想做相關性的研究，建議在樣本的選取上，應先在符合研究所需的幼稚園做大樣本的「幼兒氣質量表」填寫，然後再根據量表資料選擇研究所需的氣質類型幼兒。

㈡從不同層面蒐集資料

　　本研究資料的蒐集係在幼稚園的戶外活動時間及班上的角落時間，分別觀察記錄六位不同氣質類型幼兒與同儕之間的互動情形，所以資料的分析僅限於在此情境脈絡所觀察的資料，但是我們深知如果要深入了解一個個體時，應從不同的角度蒐集相關資料，例如幼兒的個案史，即從出生時至現在的相關資料，如是否是早產兒、出生時身高體重、身心發展等等，訪談幼兒的主要照顧者及該班教師或者蒐集幼兒的作品等等。由於本研究在一年內需蒐集並分析六位不同氣質類型的幼兒的原始資料，且試著在原始資料上尋找現象與現象之間的關聯，比較缺乏時間，所以在未來的研究上可投入更多的時間，從不同的角度蒐集更深入、更豐富的資料，可使資料的分析能更周延、更嚴謹。

　　此外，在方法上，可使用錄影機或錄音機協助資料的蒐集，因為可藉由錄下的同儕互動情形，做反覆性的觀看，在本研究因校方的限制，所以未有機會使用此法蒐集資料。

㈢從不同的角度了解同儕互動

　　有關六種氣質類型的同儕互動情形，本研究僅採觀察記錄的資料，事實上可用照片式社交評量法或其他量表了解幼兒的同儕關係。就照片式社交評量法而言，係由幼兒根據全班的照片，以提名方式選出三位喜歡及不喜歡的幼兒來了解同儕地位情形，通常可分為受歡迎、被拒絕、

受爭論、受忽視以及一般組等五組，係從幼兒的角度來了解同儕之間的關係。在本研究中，因為幼稚園不答應做此測量，所以未能進一步蒐集到此方面的資料；另外，也可藉由幼兒社會能力量表或相關性的量表蒐集資料，以做為分析幼兒同儕互動的參考，所以在未來研究上，除觀察資料外，也可蒐集同儕觀點及量表的資料做為參考。

㈣觀察記錄時間延長

在研究的過程中，對於六位不同氣質類型幼兒的觀察，所採取的態度就是不特別觀察什麼，沒有一件事情是特殊的，只是將所看到每件事客觀詳實的記錄下來（Wolcott, 1994）。所以研究者抱持此態度蒐集資料，要在一年內幼兒上課時間蒐集六位幼兒的觀察資料，剛開始面對觀察記錄的原始資料覺得有點龐雜，花了許多時間分析原始資料，開始尋找現象之間的相關性，慢慢地在每一種類型幼兒發現到同儕互動模式的雛型，然而在此情境中六種類型幼兒的互動情形，是否呈此模式出現，有待更長時間的觀察及資料的蒐集。

㈤選擇異質性高的兒童

本研究中，所選取的孩子同質性比較高，幼兒的家庭社經地位都是中上階層，且大部分幼兒的父母是大學中的教師，因此六種類型幼兒所呈現出來互動形態也受相似的家庭背景影響，因此在未來研究上在選取研究對象上可考慮找尋異質性較高，同班幼兒應同時涵蓋有高社經地位、中社經地位以及低社經地位的家庭，或許可看到不同的互動現象，因為在不同的行動者及不同的情境脈絡中，會呈現出不同的同儕互動模式。

第八章

兒童氣質與學業成就

圖畫：汪羽軒

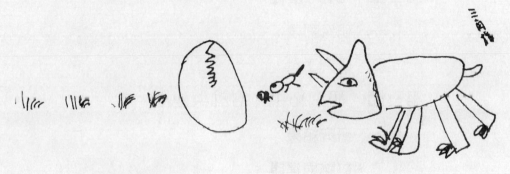

第一節　兒童氣質與學業成就之相關研究

一、國外相關研究

二、國內相關研究

第二節　研究歷程

一、研究對象

二、研究工具

第三節　研究結果、討論與建議

一、研究結果

二、討論與建議

由於國內職業婦女增加，三歲以上的孩子，大部分的時間都必須待在學校。在學校情境中，孩子與其他的小朋友朝日相處，互動機會頻繁，他們的氣質是影響其與同儕人際關係的因素之一，這部分我們在第六章及第七章已經分別討論過。在學校，另一項與孩子關係密切的是他們的學業成就。通常，與成績不好的孩子相比，成績好的孩子，對自己比較會有正面的看法，父母及老師也會比較關心、重視他們的表現。

我們深知，影響孩子的學業成就的因素有許多，如智力、父母教養方式、或學習風格，不過，比較少人提出氣質這個變項。Buss 和 Plomin（1975）曾對氣質與學習之間，提出直接及間接關係的看法。在直接方面，他們認為氣質會直接影響學習行為，兒童會主動觸發他人，並與環境互動；至於間接方面，他們認為氣質會間接影響教師對孩子的看法，例如老師可能會高估正向氣質或低估負向氣質兒童的能力，並影響他們在學習成就上的表現（Pullis, 1979）。換句話說，老師可能會因為兒童氣質特性，而有不同的期望。由以上的敘述，氣質特性會減輕或加強個人與社會互動的潛在問題。換句話說，氣質特性在兒童學習的過程中，有某種程度的影響作用（Hall & Cadwell, 1984; Martin, 1988b）。

在以下各節中，我首先談論國內外兒童氣質與學業成就的相關研究，在第二節中，則介紹國內二、四、六年級國小兒童的氣質與國語、數學、社會、自然等四科學業成就相關的研究歷程及主要發現。

第一節　兒童氣質與學業成就之相關研究

一、國外相關研究

在兒童氣質與學業成就的關係，已有許多探討兒童早期氣質對小學階段學業成就影響的長期追蹤研究。如 Maziade、Cote、Boudreault、Thivierge 和 Boutin 等人（1986）評量 980 位七歲兒童氣質，從中並篩選出 26 位困難型及 16 位安樂型孩子，至孩子十二歲時，再施以氣質評量，

並追蹤小學三至六年級的成績，結果發現氣質對學業有些微的影響。此外，在兒童七歲時，情緒本質、堅持度與數學有顯著相關，活動量與閱讀有顯著負相關，至十二歲時，只有活動量與閱讀及數學無相關外，大部分的氣質向度都與閱讀、數學達顯著相關，但相關係數都不高。可能的原因是：(1)樣本是屬於困難及安樂兩極端組別；(2)學習成就為六年的成績，並非在短時間的某一情境所測量出來。

在紐約長期追蹤究中，研究者分別訪問 133 位三歲及五歲學前兒童的父母，以了解氣質特性，至幼兒十至十五歲時，施予成就測驗，至成人早期，以學歷為成就評量的標準，結果指出五歲兒童的氣質可以顯著預測成就測驗；此外，在研究中也追蹤三位兒童，發現高困難型兒童的成就較低，因此學者也進一步提出氣質在學童教育能力的發展上有其重要的影響性（DeStefano, Wang & Gordon, 1985）。

Palisin（1986）也以 50 位學前兒童為對象，探討氣質與成就表現的相關性，研究中讓母親填寫三種問卷，即「幼兒氣質量表」、「父母問卷」及「科羅拉多氣質量表」，在孩子四個月大時施以「比西智力量表」，至小學二年級時施以「魏氏兒童智力測驗」、「畢保德個人成就測驗」，結果發現堅持度、注意力分散度與三種測驗都達到顯著正相關，在此相關中，因父母問卷中的堅持度的信度只有 0.22，所以在解釋上則有所限制，造成此種情形可能是問卷的堅持度具有情緒性及認知性的分法，因為較能解釋兒童學業表現的氣質特性應是認知的堅持度，而非情緒上的堅持度，因此形成較弱的信度。

除上述研究外，Martin、Gladdis、Drew 和 Moseley（1988）等人也做了一系列有關氣質與學業表現的相關性研究。這三個小研究如下所述：研究一以 117 位幼兒為對象，在進入幼稚園的第一個月中，分別施以兩次「Boehm 基本概念測驗」，在學年結束前三個月，讓老師填寫氣質評量表，之後，在小學一年級結束前，施以「喬治亞標準參考測驗」及「史丹佛成就測驗」，結果顯示在排除基本概念的影響後，發現兒童的堅持度、注意力分散度及活動量可顯著預測兒童在小學一年級的閱讀、數學以及班上的成績等等的學習成就。

　　在研究二，Martin 以 22 位四至六歲的幼兒為對象，在幼稚園階段，施以「比西智力量表」和「麥卡西兒童能力量表」，至小學一年級時，施予「畢保德個人成就測驗」，包括閱讀、數學及拼字，結果指出趨近性的兒童，在閱讀認同、閱讀理解及拼字的成就分數也比較高，至於堅持度高的兒童，在閱讀、數目概念及書寫的結果也不錯，可是注意力分散度高的兒童，在這方面表現不盡理想，在排除智力的影響因素後，發現趨近性的兒童在數目概念、書寫等有非常不錯的結果。

　　在研究三，學者評量六個班級 104 位小學一年級兒童的氣質，五個月後，施以成就測驗，包括「美國學校成就測驗」及「心理能力測驗」，結果發現，除了活動量不能預測成就測驗中的數學，情緒強度不能預測任何成就外，其他氣質特性都能顯著預測標準化測驗及學年成績，其中以堅持度最具預測能力，次為適應力及趨近性；此外，適應性、趨近性及堅持度等氣質特性都與 IQ 都有顯著的正相關。

　　在這長期追蹤的三個小研究中，在研究一和研究三中可發現在預測學習成就上，氣質特性中注意力分散度、堅持度及活動量是最重要的三個變項，趨近性則不具預測效果。在研究二中，卻指出趨近性與「畢保德個人成就測驗」有顯著相關性，形成此種現象的原因可能是，研究一及研究三的評量工具是團體成就測驗，在研究二中所使用的是個別化測驗，測驗過程中可能是一對一施測，兒童較易專心及堅持，所以才造成與研究一及三有不同的結果，此外，也有可能是研究二的樣本太少所造成的現象。

　　學者讓 194 位四年級孩子自評氣質，教師針對氣質做回應，填寫對學生氣質的期望及要求，如學生量表為「我會在活動中待一段長時間」，教師則為「我希望我的學生會在活動中待一段長時間」，至於學業表現包括「教師評量的學業」、「社會能力」、「基本能力理解測驗（CTBS）」、及「史丹佛成就測驗的閱讀分測驗（SAT）」。結果指出氣質特性中的活動量與 CTBS、SAT 的閱讀、教師評量的能力之間有顯著相關；適應性（趨近性與 CTBS 及教師評量的能力間有顯著相關）；反應性只與教師評量能力間有顯著關係（Lerner, Lerner & Zabski, 1985）。

　　Guerin、Gottfried、Oliver、和 Thomas（1994）以 Fullerton 長期追蹤研究的兒童為研究對象，在孩子十歲、十一歲、十二歲及十三歲時由父母填寫氣質問卷，教師評量學習成就及填寫兒童行為檢核表，以及讓學生填閱讀及數學測驗、學業內在動機、自我描述問卷等等。結果發現與標準測驗相比，兒童氣質與教師評量的學業成就相關比較高。在教師評量方面，認為堅持度高、注意力集中，以及反應強度弱的孩子，學習成就愈高；在標準化測驗中，可預測性、堅持度及注意力分散度等氣質特性與閱讀有顯著相關，而適應性、反應強度、注意力分散度、反應閾與十三歲所測的數學成就有顯著相關。在氣質項目中活動量、注意力分散度及堅持度等三個因素已被認為最能預測學業成就及教室行為（Lerner, Lerner & Zabski, 1985; Martin, 1989），這些氣質項目被視為工作導向的指標（Keogh, 1989）。

　　Pullis 及 Cadwell（1982）等人支持這些發現，他們探討學習成就及三種氣質項目的相關性，即工作導向（與堅持度及注意力分散度有關）、反應性（與反應強度、情緒本質及反應閾有關）、變通性（與適應性及趨近性有關），從幼稚園至小學二年級發現變通性與成就相關為 0.44，工作導向與成就相關為 0.76。學者也研究氣質對有學習問題兒童認知能力及學習成就的影響，由老師評量 46 位有特殊學習需求一年級兒童的氣質，在學期的第一個月及最後一個月評量認知能力及學習成就，結果也認為工作導向、適應性及反應力等氣質特性會影響孩子的認知及成就的表現，尤其是工作導向影響最大（Hall & Cadell, 1984）。

　　Mevarech（1985）探討〈氣質特性、智力、投注在工作時間以和數學成就的相關〉研究，對象包括 87 位二年級及 104 位四年級學生。氣質有反應性及工作導向兩項目，智力以「瑞文氏高等圖形測驗」為主，投注在工作時間是以觀察孩子是否專注在工作，數學成就是以「以色列教育委員會的數學成就測驗」為主。結果指出在預測數學成就上，除了智力因素外，氣質特性中的工作導向是一重要的預測變項。這些研究指出在排除智力的影響後，與學業成就有關的氣質特性是堅持度、注意力分散度及適應力，至於活動量的影響呈現不一定的現象。

　　除了探討普通兒童氣質與學業成就的相關外，也有二個研究探討資優生的氣質，在 Burk（1980）的研究中，由母親評量幼稚園至小學二年級資優生及非資優生的氣質，資料顯示資優生較非資優生具堅持度、社交性、趨近性及正向情緒。在德國，Czeschlik 和 Rost（1989）等人也發現教師可能低估了社交能力弱的資優生之學習成就，而高估了社交能力強的非資優生；工作導向高的非資優生比工作導向低資優生也有較高的學校成績及智力能力；由上述研究可知，教師對學生氣質的知覺會影響智力能力及學校成就的評估。

二、國內相關研究

　　國內的研究，例如林明珠（民 68）探討 943 位三至十二歲兒童活動量的相關情形，發現由教師評量兒童的數學與國語閱讀成績，與兒童的活動量呈負相關，換句話說，活動量愈大的兒童，其數學和國語成績也較差。陳秀蓉（民 75）的研究也指出父母傾向於將低規律幼兒學業成績退步的原因，歸之於子女本身學習努力不夠，而且認為父母對子女的行為表現及學業成就，會因氣質的不同而有所差異。

　　李美瑩（民 83）也曾探討不同氣質類型孩子的學業成就，除了遲鈍型孩子在任何一學科低於其他類型的孩子外，也發現有下列現象：(1)在國語及數學成績上，穩定型及自如型高於退縮型及鬆散型孩子；(2)在社會成績上，穩定型高於退縮型及鬆散型孩子；(3)在自然成績上，穩定型及自如型高於退縮型孩子，穩定型高於鬆散型孩子。張振南（民 84）也認為不同堅持度、規律性、適應度、趨近性以及情緒本質的國小高年級兒童，在排除智力因素後，在學習成就上有顯著差異。

　　事實上，有時氣質無法解釋學習成就，可能原因有下列情形：(1)氣質的評量大都採多回溯法，難免會有偏差現象產生；(2)有時樣本無法代表所有的社會階層；(3)學業表現有時只以一成就測驗評量，難以知道是否是氣質影響學業表現；(4)不同的研究使用不同的氣質定義；(5)有時氣質與學習成就是由同一個人予以評量（Pullis & Cadwell, 1982）。

第二節 研究歷程

一、研究對象

本研究對象，取自台北市十二個行政區，每區一個學校，每所學校取二年級、四年級和六年級各一班，共計 953 名，男生 495 名，女生 458 名。其中師院附小二年級的成績非採國語、數學、社會、自然的記分方式，故予以放棄，至於新民國小六年級，未能及時回收問卷資料，也不列入研究之列。

表 8-2-1 研究對象分布一覽表

區域 \ 學校 \ 年級	二年級 男生	二年級 女生	四年級 男生	四年級 女生	六年級 男生	六年級 女生	共計
松山區 民權國小	15	15	11	15	16	13	85
信義區 光復國小	14	16	16	14	14	14	88
大安區 新民國小	16	15	24	17	0	0	72
中山區 大直附小	15	10	16	13	16	10	80
中正區 師院附小	0	0	16	12	19	15	62
萬華區 西門國小	8	13	11	10	14	12	68
大同區 雙蓮國小	14	12	17	13	12	16	84
南港區 成德國小	12	16	12	12	12	13	77
文山區 靜心國小	15	21	18	12	13	18	97
北投區 義方國小	12	13	13	8	13	11	70
士林區 百齡國小	17	12	15	15	14	13	86
內湖區 西湖國小	12	14	15	12	18	12	83

二、研究工具

本研究工具是以台大兒童心理衛生中心翻譯的「學齡兒童氣質量表」（Middle Childhood Questionnaire, MCTQ）中文量表為藍本。原問卷由主要照顧者填寫氣質量表，在本研究中則改由孩子依據自己的情形填寫，題目並由第三人稱改為第一人稱的敘述方式，如「他常常用跑的到他想去的地方」，改為「我常常用跑的到我想去的地方」。有關量表見附錄8-1，內容則詳述如下：

㈠編製者

本量表由台大兒童心理衛生中心翻譯 Hegvik、McDevitt 及 Carey（1982）等人所編製的「學齡兒童氣質量表」。

㈡內容

原量表計有九十九題，各題目分布如下所述。不過因為可預測性、適應性兩個向度的信度太低，故予以刪除。故本研究只採用七個向度。

1. 活動量：係指孩子在全天的活動中，其動作節奏的快慢及活動頻率的多寡，題目分布在 1、22（-）、30、31、40（-）、50（-）、62、67、72（-）、85（-）、87、95 等十二題。

2. 可預測性：係指孩子日常行為的一致性及規律性而言。例如可預測性高的孩子，放學回家有一定的生活規律，寫功課、玩、吃晚餐等，或者會把東西放置在一定的地方，題目分布在 7（-）、10、15、28（-）、36（-）、44、54、61（-）、66、78、89（-）等十一題。

3. 適應性：係指孩子適應新社會環境所表現出自如或困難的傾向，題目分布在 14、20、26（-）、39（-）、42、49、60（-）、70（-）、77、83（-）、99 等十一題。

4. 趨近性：指孩子對新社會情境所表現之接受或拒絕的最初反應。這種新情境包括陌生人、新的食物或新的情況，特別指接受新經驗而言，題目分布在 2（-）、13、17、24（-）、38（-）、41、52、55（-）、63、75、81、90 等十一題。

5.反應強度：係指孩子表現情緒的傾向，特別是指激烈負向情緒（如生氣、挫折），題目分布在 3、9、29、34、47（-）、57、64、73（-）、88、93、96、等十一題。

6.情緒本質：係指孩子在一天清醒的時刻中，表現在外愉快或不愉快、友善或不友善、高興或哭泣的比例，題目分布在 4（-）、11、16、27（-）、37（-）、43、51、59（-）、71（-）、79、84、91 等十二題。

7.注意力分散度：題目分布在 12、18、19、32（-）、45、48、69（-）、82 等八題。

8.堅持度：指孩子注意力度和持續嘗試去解決困難學習或問題的傾向，即使面對干擾與障礙時，能繼續維持該活動方向的程度而言，題目分布在6（-）、21、25（-）、35（-）、46、53、58（-）、68（-）、74、76、80、97（-）等十二題。

9.反應閾：指引起孩子反應所需要的刺激量，題目分布在 5、8、23、33、56、65、86、92、94、98 等十二題。

㈢信效度

李美瑩（民 83）以 708 位國小四、五年級學生，建立內部一致性信度，分別為活動量.74、可預測性.59、適應度.55、趨避度.69、反應強度.66、情緒本質.77、堅持度.69、反應閾.73。本研究氣質各向度的內部一致性信度分別為：活動量.74、趨近性.60、反應強度.61、情緒本質.67、注意力分散度.60、堅持度.71、反應閾.70。本量表具有建構效度。

第三節　研究結果、討論與建議

一、研究結果

㈠兒童氣質與學業成績的相關

由表 8-3-1 可知，活動量和注意力分散度與國語、數學、社會、自然等成績呈顯著負相關，情緒本質、注意力分散度和反應閾等氣質特性與國語、數學、社會、自然呈顯著正相關，趨近性和反應強度與學科成績之間無相關。換句話說，活動量愈高，注意力分散度愈大的孩子，他的學業成績也愈差，相對地，情緒本質愈好和反應閾愈高的孩子，他的學業成績也愈好。至於趨近性和反應強度，無論高或低的孩子，與學業成績沒有任何相關。

國外研究曾指出在氣質項目中活動量、注意力分散度及堅持度等三個因素已被認為最能預測學業成就及教室行為（Lerner Lerner, & Zabski, 1985; Martin, 1989），這些氣質項目經因素分析後成為一個因素，即為工作導向（Keogh, 1989）。在本研究中，除了發現活動量、注意力分散度及堅持度與學業成就間有相關，情緒本質和反應閾與學業成績間也有相關存在。

在研究中，發現活動量愈大的孩子，學業成績也愈差，與有些研究的發現類似，如 Maziade（1986）研究指出活動量與閱讀有顯著負相關，林明珠（民 68）也發現活動量愈大的兒童，其數學和國語成績也較差。不過， Mevarech（1985）的研究指出，在排除智力的影響，發現與成就有關的氣質向度為堅持度、注意力分散度及適應能力，至於活動量的影響不一；此外，張振南（民 84）在排除智力因素之後，未發現國小高年級兒童的活動量會影響學業成就。

表 8-3-1　兒童氣質與學業成績之相關矩陣

	趨近性	反應強度	情緒本質	注意力	堅持度	反應閾	國語Z分數	數學Z分數	社會Z分數	自然Z分數
活動量	-.283**	.372**	-.564**	-.278**	-.606**	-.207**	-.206**	-.122*	-.141**	-.183**
趨近性		-.001	.172**	.121**	.276**	.142**	.006	-.006	.010	.009
反應強度			-.229**	.108**	-.235**	.226**	-.044	-.060	.010	.009
情緒本質				.248**	.597**	.285**	.201**	.171**	.136**	.175**
注意力					.283**	.392**	-.151**	-.071	-.095**	-.107**
堅持度						.341**	.249**	.182**	.171**	.219**
反應閾							.221**	.135**	.143**	.175**
國語Z分數								.651**	.691**	.687**
數學Z分數									.653**	.698**
社會Z分數										.675**

**p＜.01　（人數＝951）

㈡兒童氣質對國語、數學、社會、自然各科成績的關係

1. 兒童氣質對國語成績逐步多元迴歸

由表 8-3-2 可知，在控制智力的情形下，二年級兒童的氣質進入迴歸的順序，依序為堅持度、趨近性、反應閾、活動量，這四者對國語成績的聯合預測力最大，且預測變項最精簡，其預測力為 13.8%，其中堅持度就可解釋 9.8%。由此可知，活動量小、堅持度高、趨近性和反應閾高的二年級學童，他們的國語成績也愈好，四年級兒童的氣質進入迴歸的順序，依序為反應閾、堅持度，其預測力為 11.0%，可知，堅持度高和反應閾高的四年級學童，他們的國語成績也愈好。至於六年級兒童的氣質進入迴歸只有反應閾，其預測力為 4.9%，可知，反應閾高的六年級學童，他們的國語成績也愈好。

在預測國語成績上，堅持度和反應閾是預測最高的兩個變項。在堅持度上，許多研究早已證實它在學業成就的影響（Lerner, Lerner & Zabski, 1985; Martin, 1989）；至於本研究發現反應閾在國語成績也有一定的預測性，不過，國內外的研究，似乎未發現它在學業成就的影響，有待未來研究再探討之。

2. 兒童氣質對數學成績逐步多元迴歸

由表 8-3-3 可知，在控制智力的情形下，二年級兒童的氣質進入迴歸的順序，只有堅持度，其預測力為 6.5%。四年級兒童的氣質進入迴歸的順序，依序為情緒本質、注意力分散度，對數學成績的聯合預測力最大，且預測變項最精簡，其預測力為 5.6%。六年級兒童的氣質進入迴歸只有反應閾，其預測力為 1.2%。兒童氣質在預測數學成績方面，我們發現每個年級都不同，二年級是堅持度，四年級是情緒本質、注意力分散度，六年級是反應閾。在李美瑩（民 83）的研究發現，氣質在預測數學成績，四年級是適應性及反應閾，五年級是反應閾、趨近性、適應性，其

中四、五年級兒童的反應閾可預測數學成績。

表 8-3-2　不同年級兒童氣質對國語成績逐步多元迴歸

年級	順序	預測變項	多元相關係數 R	決定係數 R^2	R^2 增加量	標準化迴歸係數	t 值
二年級	1	堅持度	.314	.098	.098	.223	3.034**
	2	趨近性	.338	.115	.016	-.127	2.364*
	3	反應閾	.356	.127	.012	.115	2.166*
	4	活動量	.372	.138	.011	-.146	-2.083*
四年級	1	反應閾	.292	.085	.085	.210	3.701**
	2	堅持度	.332	.110	.025	.178	3.139**
六年級	1	反應閾	.221	.049	.049	.221	4.276***

*p<.05；**p<.01；***p<.001

表 8-3-3　不同年級兒童氣質對數學成績逐步多元迴歸

年級	順序	預測變項	多元相關係數 R	決定係數 R^2	R^2 增加量	標準化迴歸係數	t 值
二年級	1	堅持度	.255	.065	.065	.255	4.785***
四年級	1	情緒本質	.211	.045	.045	.172	3.124**
	2	注意力分散度	.236	.056	.011	-.113	2.044*
六年級	1	反應閾	.110	.012	.012	.110	2.095*

*p<.05；**p<.01；***p<.001

3.兒童氣質對社會成績逐步多元迴歸

由表 8-3-4 可知，在控制智力的情形下，二年級兒童的氣質進入迴歸的順序，依序為堅持度、趨近性，對社會成績的聯合預測力最大，且預測變項最精簡，其預測力為 5.7%。四年級兒童的氣質進入迴歸的順序，依序為反應閾、反應強度，其預測力為 4.3%。六年級兒童的氣質進入迴歸的順序，只有堅持度，其預測力為 2.3%。

兒童氣質在預測社會成績上，二年級是堅持度和趨近性，四年級是反應閾和反應強度，六年級是堅持度。李美瑩（民 83）的研究發現，氣質在預測數學成績，四年級是適應性、反應性、活動量，五年級是反應閾、趨近性及堅持度。

表 8-3-4　不同年級兒童氣質對社會成績逐步多元迴歸

年級	順序	預測變項	多元相關係數 R	決定係數 R²	R² 增加量	標準化迴歸係數	t 值
二年級	1	堅持度	.211	.045	.045	.243	4.359**
	2	趨近性	.239	.057	.012	.116	-2.082*
四年級	1	反應閾	.174	.030	.030	.203	3.777**
	2	反應強度	.208	.043	.013	-.117	-2.18*
六年級	1	堅持度	.152	.023	.023	.152	2.896**

*p<.05；**p<.01；***p<.001

4.兒童氣質對自然成績逐步多元迴歸

由表 8-3-5 可知，在控制智力的情形下，二年級兒童的氣質進入迴歸的順序，依序為堅持度、活動量，對自然成績的聯合預測力最大，且預測變項最精簡，其預測力為 11.3%。四年級兒童的氣質進入迴歸的順序，

依序為注意力分散度、堅持度，其預測力為 6.7%。六年級兒童的氣質進入迴歸的順序，只有反應閾，其預測力為 3.6%。

　　兒童氣質在預測自然成績上，二年級是堅持度和活動量，四年級是注意力分散度和堅持度，六年級是反應閾。在李美瑩（民 83）的研究發現，四年級是適應性、活動量、反應閾及可預測性，五年級是反應閾、趨近性和堅持度。

表 8-3-5　不同年級兒童氣質對自然成績逐步多元迴歸

年級	順序	預測變項	多元相關係數 R	決定係數 R^2	R^2 增加量	標準化迴歸係數	t 值
二年級	1	堅持度	.318	.101	.101	.216	3.070**
	2	活動量	.336	.113	.012	-.150	-2.135*
四年級	1	注意力分散度	.225	.050	.050	.168	2.976**
	2	堅持度	.259	.067	.016	.140	2.491*
六年級	1	反應閾	.191	.036	.036	.191	3.670**

*p<.05；**p<.01；***p<.001

二、討論與建議

　　由以上氣質對各年級兒童在國語、數學、社會、自然等學業成績的預測，我們發現堅持度和反應閾出現的次數最多，尤其是堅持度。本研究結果與國外學者 Martin（1986, 1989）發現注意力分散度、堅持度及活動量是預測學業成最重要的三個變項，以及國內張振南（民 84）發現不同「堅持度」、「規律性」、「適應度」、「趨避性」、「情緒本質」的國小高年級兒童於控制智力的影響後，在學習成就有顯著差異上，有一共同現象。這些的研究中，都共同發現堅持度是預測學業成就的共同

指標。換句話說，孩子具有持續嘗試解決困難學習或問題的傾向，即使面對干擾與障礙時，能繼續維持該活動方向的特質，在學業成就上，也會有不錯的表現。

　　從相關研究中，可以獲知注意力分散度和活動量氣質特性，在學業上有一定的影響。不過，在本研究中，因為注意力分散度的內部一致性信度太低，於是將這個向度刪除，所以我們未能看到它對學業的預測性。建議未來的研究能修訂「注意力分散度」這部分的題目，或許可以看到注意力分散度在學業成就的影響。至於活動量，在本研究中，指出兒童的活動量與其他學業成就呈負相關，對二年級的自然科成績有影響；其他研究的結果，也有類似的現象，如Maziade（1986）發現研究活動量與閱讀有顯著負相關，林明珠（民68）也發現活動量愈大的兒童，其數學和國語成績也較差。

　　在這個研究，除了堅持度對學業的影響外，我發現反應閾在預測學業成就，也有相當重要的份量。不過，在大多數的研究中，我們未曾發現氣質中的反應閾對學業成績的預測，只有 Guerin 等人（1994）的研究指出兒童的適應性、反應強度、注意力分散度、反應閾與十三歲所測的數學成就有顯著相關。因此，建議未來有興趣的研究者，可以深入探索反應閾對學業成就影響的可能因素。總之，對於學業成就的影響因素很多，如智力、父母教養方式或孩子的學習風格等等，在本研究中，控制智力的影響因素仍有許多未迨之處，但也建議未來研究孩子的學業成就時，在探討影響因素中，應將氣質這個變項考慮於內。

第九章

統整與建議

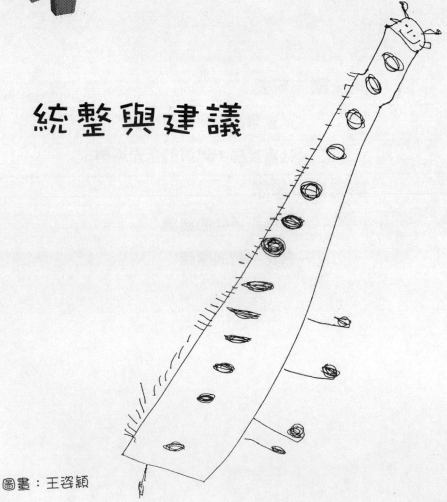

圖畫：王姿穎

第一節　統整

　　一、兒童氣質的特性與類型

　　二、社會互動中氣質的呈現與構成

第二節　建議

　　一、對學術研究的建議

　　二、對實務界的建議

　　「在相同的社會背景，或甚至在同一個家庭中成長的孩子，為什麼在人格及身心發展上表現出極大的差異？」常常有人提出這樣的質疑，透過已經進行與其他仍將持續的研究，我繼續深化對這個問題的思考。

　　人類學家 Clyde Kluckhohn 和心理學家 Henry Murray 所編的名著 *Personality in Nature, Society and Culture*（1949, 1953）一書的導言提示了思考這項議題的可能方向。他們說：「每一個人（的性格）都有若干方面像所有的人，若干方面像一部份的人，若干方面則什麼人都不像」（李亦園，民81，p.5-6）。也就是說，每個人的人格中，既有和同文化之他人相同的基本人性，也有和任何人都不同的獨特部分，（李亦園，民81）。因此性格裡的這種獨特成分，使得相同文化情境之下的孩子，在人格及身心發展上呈現不同的風貌。不過，這種獨特的成份究竟是什麼？在文化中會如何發展與持續建構？這樣的大問題，自然需要整合許多人的智慧，持續探索，本書闡述的氣質概念與相關研究成果，只能說針對這些問題的某些部份，努力地做了一些嘗試，提出了一些解釋。

　　本書各章節的安排主要依據 Bronfenbrenner（1979, 1989, 1993）的生態系統理論，思考方向從個人氣質出發，再擴及家庭，學校兩個系統。以下仍沿用這樣的架構，第一節精要地呈現我對氣質的了解及統整；根據這樣的了解，第二節提出我對自身研究方法的檢討、對值得嘗試之研究主題與方法的建議以及對教育實務的建議。

第一節　統整

一、兒童氣質的特性與類型

㈠兒童氣質的特性

　　有關氣質的起源，在東方，首先散見於占卜術的一小部分，之後散佚於如《列子》、《莊子》及《論衡》等古典書籍中（林瑞發，民77）。

在西方希臘時代，Galen（西元前 129）根據人的體液，將人分為熱、寒、乾、溼四種類型，到了十九世紀，學者認為腦部特定區域、體型或臉部等生理特徵與人類的行為有關。之後，由於希特勒在政治上濫用體型與氣質的看法（Kagan, 1989），有關生理與行為之關係的研究，就日漸式微了。不過，強調後天環境影響氣質的觀念則日受重視，尤其在一九七〇年代，心理學家特別強調環境對兒童發展的影響。

對於氣質受後天環境影響的觀念，人類學家Margaret Mead 早在一九三五年所出版的《三個原始部落的性別與氣質》（*Sex and Temperament in Three Primitive Societie*）一書中就長期記錄了原始社會中兒童行為的氣質層面。她不同意氣質的差異是生物性的觀點，認為氣質乃是深受社會文化的影響所形成的（宋踐、李茹、李前程、鄧筱蓮、郭玉錦譯，民89）。不過，Bornstin 及 Lamb（1988）也不同意氣質是全然受環境影響而形成的觀點，他們提出互動論的觀點，認為兒童氣質的發展是生物個體和環境交互影響所形成的。這種觀點摒棄了情境論與特質論的單向思維，關注個人與環境的互動，認為人的行為不是被動地決定於情境本質，人的反應也並非機械性模式，人與環境之間乃是一種相互影響的動態歷程。

在 Bronfenbrenner 生態系統觀點[1]（1979, 1989, 1993）中，也強調個體與環境之間的互動。他並且指出時間向度的重要性，強調兒童或任何發展之生態情境的改變都會影響發展的可能性。因此在不同的時空下，兒童氣質特性與環境的互動過程與結果都會有所不同，我們所知覺、觀察到的兒童氣質也會有所差異。在第二章〈氣質的特性〉中，我呈現了民國八十一年和九十一年，兩個不同時間點的社會環境下，兒童氣質特性的相似與相異點。民國八十一年，男生顯著高於女生的氣質特性有：活動量、情緒強度和注意力分散度，女生顯著高於男生的氣質特性有適

1　Bronfenbrenner 生態系統觀點，提出發展中的個體是在一個環境系統的中心，系統彼此互動，並與個人互動，以影響個體的發展。環境系統括(1)小系統（microsystem）是指發生在人周遭環境的活動和互動；(2)中系統（mesosystem）是指家、學校及同儕關係；(3)外在系統（exosystem）是指會影響兒童，但不包括兒童的社會環境；(4)大系統（macrosystem）是指高高在上的文化思想體系。

應性和堅持度；民國九十一年，男生顯著高於女生的氣質特性有活動量、適應性、反應閾、注意力分散度，女生顯著高於男生的氣質特性有情緒本質和堅持度。

　　在民國八十一年和九十一年的兩個社會環境下，有一個共同的現象是：與女生相比，男生的活動量和注意力分散度比較高；與男生相比，女生的堅持度比較高。在活動量上，國內外的實徵研究中，多數的研究發現男生高於女生，如 Halverson（1988）曾嘗試在不同情境，以 Acto-meter、標準化觀察和評量表不斷重複地觀察孩子的行為，發現在不同的場合中，男孩的活動量都高於女孩；國內張美麗（民 80）、李美瑩（民 83）、許惠萍（民 85）等人的研究，也發現男生的活動量高於女生。這樣的結果可能是受到社會對不同性別角色的不同期待或角色刻板印象所影響。大多數的父母，觀念上認為男生的活動量應比女生高，因而也比較容許男生進行高活動量的活動或增強他們的低活動量。相對地，許多父母傾向約束女生的高活動量或接受他們的低活動量。孩子在父母的教養及社會的期待下，調節外在行為的反應方式，以期能符合社會需求，這樣的互動與因應也反應在氣質特性上。至於注意力分散度和堅持度，男女之間的差異，國內外實徵研究結果未有一致性看法。

　　至於不同的現象是：民國八十一年，男生顯著高於女生是情緒強度，女生顯著高於男生是適應性；民國九十一年，男生顯著高於女生是適應性、反應閾，女生顯著高於男生是情緒本質。以上研究或國內外研究中，男女氣質的差異研究結果不一，難有軌跡可循，主要原因在於這些氣質研究屬於橫斷性研究，研究中，我們僅能知道當時兒童的氣質資料，無法得知兒童氣質的連續發展、那些氣質會呈現穩定和那些氣質會發生變化。解決這個問題的方法之一是，在一段時間內，重複連續觀察同一群兒童，才能了解氣質在發展過程中的穩定和變化情形。

㈡兒童氣質的穩定和變化情形

　　本書第四章〈兒童氣質的穩定性和變化〉提及的研究中，我曾嘗試

在兩年的時間內，重複連續評量同一群兒童，發現在氣質之規律性、趨近性和反應閾三個向度上，研究所追蹤的 116 位兒童在民國八十九年六月、九十年二月和九十年十月這三個時間點上達顯著差異，也就是說這些氣質向度在兩年間產生變化，特別是從幼稚園至小學一年級這個階段；其它六個項目，即活動量、適應性、情緒本質、反應強度、容易轉移注意力和堅持度則無顯著差異，呈現穩定狀態。在短短的兩年間，氣質各向度呈現穩定或變化狀態，這樣的現象確實值得繼續思考與探索。

對於氣質穩定和變化的探討，其實有些縱貫性的研究早就指出，氣質的某些成份，如活動量、易怒性和害羞內向，在嬰兒期、兒童期，甚至成人初期，都維持中度的穩定程度（Caspi & Silva, 1995; Pedlow, Sanson, Prior & Oberklaid, 1993; Ruff, Lawson, Parrine & Weissberg, 1990）。氣質本身的穩定程度，有時可以幫助我們預測孩子的行為，例如在紐西蘭進行的縱貫性研究發現，三歲的某些氣質成份，不僅在三至十八歲時維持中等程度的穩定性，而且還能預測十八至二十一歲時反社會的個別差異及個人與家庭關係的品質（Caspi & Silva, 1995; Henry et al., 1996; Newman et al., 1997）。

從第四章的研究，我們獲知國內從幼稚園至小學二年級的 116 位孩子，父母知覺他們的活動量、適應性、情緒本質、反應強度、容易轉移注意力和堅持度呈現穩定的狀態。不過，由於只有兩年的時間，而且並非從孩子一出生就蒐集他們的氣質資料，因此我們只能說，孩子從幼稚園至小學二年級，這六個氣質向度並未發生變化，但是這個階段沒變化，並不能說未來的發展階段還是持續維持穩定的狀態，如果我們想釐清這個現象，只能繼續追蹤氣質的發展，或許可以更清楚了解這些氣質項目是否只在一段時間維持穩定或者一直維持長時間的穩定，這樣的現象實在有賴我們再繼續投注更多的時間去探索和了解。

雖然上述的追蹤研究，提出氣質的穩定可以預測成人的人格，但並不是每個人的每項氣質向度都是穩定的，Cairns 和 Hoods（1983）曾討論下列因素，如孩子逐漸成熟、發展過程中的社會網絡、個體行為和社會學習的結合等等，都是影響孩子氣質變化的可能原因。

　　從本書第四章所提及的研究中，我們也發現這 116 位孩子在氣質之規律性、趨近性和反應閾三個向度上發生變化。究竟是什麼原因使孩子氣質的某些向度呈現變化的情形？我以電話追蹤訪談了這 116 位兒童的父母，以初步了解兒童某些氣質向度產生變化的可能原因，這些回應透露出孩子氣質發生變化的一些可能原因。例如，兒童規律性發生變化的主要原因是配合小學的生活作息，因為小學是義務、強迫式的教育，孩子需要天天上學，學習上有一定進度的要求，有固定四十分鐘的上課時間，回家有規定的作業；不像入學前的階段，孩子在幼稚園或在家中，作息完全視幼稚園或父母作息而定。

　　至於趨近性，我們沒有發現高趨近的孩子變得害羞內向，不過，我們發現一些原先害羞內向的孩子，變得比較外向。根據父母們的說明，父母因為期望孩子在任何場合都能落落大方，他們的確積極地為孩子提供如下的機會：讓孩子接受社交技巧的訓練、讓孩子有許多機會接觸外在環境，與更多人接觸和互動。此外，家長們也告訴我，他們的孩子在學校擔任班級幹部，因有服務他人的需要，與同儕互動的機會增加。家長們推測，或許是這些經驗使孩子由害羞變為較不怕生的人。Kagan 的研究（1994）也驗證這種現象，他曾觀察一群二十一個月大的幼兒，四年後他再度觀察這些孩子，沒有任何一個外向的孩子變得比較害羞；害羞的孩子仍有三分之二很害羞，然而有三分之一孩子已經修飾害羞的特性。至於反應閾，父母知覺變化的原因非常有限，認為可能是孩子成熟的關係，回應有限，或許父母比較不知如何表達孩子在這方面的變化，有待以後更詳細的訪問。由上可知，國內父母知覺孩子氣質產生變化的可能因素，包括孩子的成熟、父母教養態度，以及學校的作息及同儕互動等，有關家庭和學校的其他影響氣質因素，我們會在社會互動中氣質的呈現與構成詳述。

　　以上的發現和討論，以及國內外文獻和實徵研究，讓我們初步了解，氣質特性並非永遠都不會改變，但是這些特性也不會任意、毫無理由地就產生急劇的變化。從民國八十九年六月至九十年十月追蹤的 116 位兒童氣質中，發現孩子某些氣質特性有一定的穩定性，某些氣質特性則產

生變化。不過，這段觀察和評量的時間都太短，所獲得的資料非常有限，除了無法做全面性的解釋，我們也看不到氣質長期發展的趨向，以及了解氣質發生變化的深入原因，未來必須透過研究人員對於氣質長期的追蹤記錄，才能夠更有把握地回應下列重要問題：哪些氣質特性會維持一段長時間的穩定？哪些氣質特性會呈現變化？這些變化發生於何時、何地？是在何種情境發生的？如何發生？可能的理由是什麼？

㈢兒童氣質類型

每個孩子都是不同氣質特性的組合，當我們與眾多兒童相處時，不難發現有些兒童活潑外向，有些兒童害羞內向，有些兒童笑瞇瞇的，有些看起來拗嘟嘟的，各有不同氣質類型。如第三章提及的氣質類型，在東方，中國古時就以木、火、土、金、水來判斷個人特性；在西方，Hippocrates根據人體體液，分成多血液體質、黃膽汁體質、黑膽汁體質和黏汁液體質，Galen 修飾 Hippocratics 的觀念，提出易怒氣質類型、樂觀氣質類型、冷淡氣質類型、憂鬱氣質類型等四種氣質類型（Kagan, 1994）。Thomas 和 Chess（1956）則將兒童分為安樂型、養育困難型和慢吞吞型三類型，Cary 和 McDevitt（1977）又加上中度養育困難型和輕度養育困難型；此外，Kagan（1994）則依孩子對於陌生的人、事、物或情境，剛開始都會逃避或者感到苦惱的現象，將孩子分為抑制類型和非行為抑制型。

以上兒童氣質的類型或組合，就社會脈絡而言，大多是在西方社會情境下的類型，就時間上而言，比較是早期的分類。在國內的文化視框下，孩子的氣質可能會有那幾種組合？這些組合是否會有文化上的差異？民國八十四年，我蒐集了台北市 490 位五至六歲孩子的氣質特性資料，以集群分析的方法（cluster analysis）處理資料，根據資料將兒童氣質組合分為六個集群，再根據這六個集群的氣質組合顯示出的特質，分別將其命名為：「普遍型」、「社交型」、「專注型」、「自如型」、「好動型」、「文靜型」等共六種類型。

將這六種氣質類型與國外其他研究者提出的氣質類型相對照，可看

出在不同的文化、社會脈絡及時間中,各組類型之間確有相似和相異之處。例如,「自如型」和「社交型」的特質,類似「樂觀氣質類型」、「安樂型」、或「非行為抑制型」的孩子,他們共有的特性是大方外向、適應力強,時時顯現出愉悅的態度。「好動型」的特質,則類似「火氣質類型」或「易怒氣質類型」的孩子,特性偏向衝動,無法控制自己。「文靜型」的特質,類似「水氣質類型」、「黏液質型」或「冷淡氣質類型」,共同特性是平靜或害羞內向。

至於「專注型」和「普遍型」這兩種類型,尚未在現有其他文獻裡看到類似的類型。就「專注型」而言,最明顯的特性是注意力集中。我的研究資料出現這種氣質組合,而國外研究卻沒有此種類型,或許是因為使用的量表不同。我的研究裡使用的量表是教師題本,而國外研究使用的則是父母親題本。在教師題本中,老師必須依據孩子在學校的行為予以評估,在學校的情境裡,孩子大多數的時間多在教室內進行學習,學習專心或分心與否是件重要的事,或許因為如此而產生「專注型」的類型。至於「普遍型」的類別,每一項氣質特性的比重都非常均等,這種現象,是普遍存在於大多數孩子身上。國外未出現這種類型的可能因素之一,或許是這些研究者感興趣的多屬個性極端的兒童,如大方外向或退縮內向,不是一般特性的孩子,所以沒有出現可用來描述大多數孩子的類別。

由上可知,國內孩子的六種氣質類型,與國外的氣質類型相比,的確有相似及相異點,國內外氣質類型特性的相似性,讓我們了解其它文化中的兒童也具有的氣質特性,可能具有泛文化性,至於相異性,可能是特定文化或特定情境下的氣質特性或是其它因素所形成的,有待深入探索。

無論我們把某個孩子的氣質歸屬於哪種類型,更重要的關注層面應該是個體在各種情境下與如何與環境持續互動。Thomas 和 Chess(1977,1996)對於個體與情境的互動,提出適合模式(goodness of fit)的概念,如果兒童的氣質與情境相契合,他的行為表現就會被視為正向的,不契合,則被視為是負向行為。當我們在談論氣質類型時,必須交代是在什

麼情境下、有什麼人，以及這些人是依賴什麼線索在做行為歸因，如果我們沒有具體交代行為及情境，單一變項的意義便會顯得模糊不清。例如在實施一個測驗之前，「冷靜大方」與「緊張焦慮」的孩子有相同的心跳，不過，在一小時的測驗之後，「緊張焦慮」的孩子卻有比較快的心跳，這種現象告訴我們在解釋心理歷程時，必須交代研究對象及情境，不能將心理歷程做廣泛的推論（Kagan, 1998）。因此，在論及不同兒童的氣質類型時，必須交待我們據以分類的行為發生的情境脈絡，才能了解互動過程中，兒童行為真正的意義。基於這個理由，在本書的第七章中，呈現我進入教室情境，實地觀察記錄六種不同氣質類型孩子的同儕互動，在下一段落將有詳細的討論。

二、社會互動中氣質的呈現與構成

以上論述氣質的特性與類型，是本書的第一個主軸，第二個主軸，論述社會互動中氣質的呈現與構成。依據 Bronfenbrenner 的生態系統觀（1979, 1989, 1993），發展是發生在大系統中，即小系統、中系統及外在系統所在的文化或社會情境（見本章註 1）。這樣看來，在兒童發展期間，與孩子的氣質互動並影響氣質穩定和變化的可能因素非常多，除了家庭中的父母教養和學校經驗外，可能擴及至家人的朋友、父母的工作場所、學校委員會、大眾傳播媒體、乃至整個文化思想體系。不過，在兒童所處環境中最重要的兩個系統就是家庭與學校，以下僅就個人研究的家庭和學校層面進行討論。

㈠家庭互動中的氣質

在家庭中，與氣質互動的因素非常多，除了父母的社經地位、教養觀念、父母的工作之外，家中的兄弟姐妹、祖父母、家庭的親戚朋友，甚至菲傭、印傭等等，都可能是影響氣質穩定及變化的可能因素。

第二章呈現了不同社經地位的家庭中兒童氣質的差異：與中低社經

地位的兒童相比，高社經地位兒童的注意力比較集中，堅持度也比較高。值得注意的是，在氣質特性中，注意力集中度和堅持度是工作導向的指標，換句話說，與中低社經孩子相比，高社經的孩子似乎較具有工作導向。不過，可及文獻裡的其他相關研究則顯示，社經階層與氣質之間並沒有確切的關係；也就是說，父母社經階層是否、或如何影響兒童氣質，至今尚無定論。但是我們可以確定的是，父母社經地位應是影響兒童氣質穩定和變化的可能因素之一。

　　在本書第五章〈氣質在家庭互動中的呈現〉的研究驗證，父母的教養方式會影響孩子行為表現的傾向，孩子的氣質也會影響父母對待他們方式的趨勢，兩者彼此相互影響。同樣地，Buss 和 Plomin（1975）也針對此種現象，提出兒童氣質與父母教養方式的互動模式。我的研究也指出，在同一個家庭下，對於孩子的氣質特性，父親和母親分別會採取不同的教養方式，採用不同的互動方式。例如對於適應力差、害羞內向、情緒反應弱、容易分心和低堅持度的孩子，與母親相比，父親比較傾向採用消極的處理方式來因應孩子的行為，母親則是兼採積極與消極的教養方式因應孩子的氣質，父母親對孩子行為的處理方式不同，也形成父子與母子間互動內涵的差異。

　　由上可知，在家庭中，兒童氣質與父母教養方式相互影響，在一來一往的互動過程中，孩子可能會修飾自己的氣質，或者父母會改變自己的教養態度。在第五章提及，Thomas 及 Chess（1984）針對這種現象，提出兒童氣質與父母教養方式之間合適度（goodness of fit）觀念，並認為親子間的合適度是導致孩子氣質改變的主要原因之一。例如，對於適應新情境有困難，而且感到焦躁不安的孩子，父母如果允許孩子有足夠的時間去面對陌生情境，則他們比較不會有適應問題，時間一久，也不再是難以相處的孩子。如果父母對於情緒反應強烈的兒童，沒有耐心，易怒，並採取懲罰的方式制止他的行為，孩子的情緒反應可能會愈激烈，形成親子間的磨擦。

　　在第四章〈兒童氣質的穩定性和變化〉中，從家長在電話訪問的回應，我們發現父母的態度影響孩子氣質的變化。如前述，有位母親認為

自己的孩子害羞怕生，因此常利用放假時間帶他出去參加活動，她的孩子常有機會和不同的人發生互動，久而久之，孩子變得比較大方。由這些現象可以了解孩子的氣質會因著父母的教養方式，而發生穩定或變化現象。

(二)同儕互動中的氣質

Harris 在《教養的迷思》（*The Nature Assumption：Why Children Turn Out The Way They Do*）一書中提及，在孩童的成長過程中，父母的影響很小，真正具有影響力的，是孩童在家庭之外的同儕經驗（洪蘭譯，民90）。在第六章也提及孩子入學後，與同儕互動頻繁，彼此間互動良好與否，會左右他們的同儕地位。在同儕中，人際關係好的兒童較具社會能力；相對地，較不受歡迎的兒童，則比較缺乏社會能力。

影響兒童社會能力的因素很多，如性別、年齡、家庭社經地位等等，不過，關注兒童氣質對社會能力之影響的研究卻不多。本書第六章的研究是一項初步的嘗試。在這項研究裡，我們發現，在 1267 位五至六歲的兒童中，具有極佳的適應力、注意力集中，以及高堅持度傾向等氣質特性的兒童，在整體的社會能力[2]上，都有很好的表現；也就是說，與其他孩子相比，這些兒童在工作能力、主動性、了解人己關係、禮貌、在陌生及公共場合之反應、以及語言能力的表現都很好，也具有良好的人際關係。至於具有高活動量、害羞內向、適應力差、注意力分散度高以及情緒反應激烈等氣質傾向的孩子，不僅社會能力受到影響，在學校的人際關係也顯得有待加強。

第六章的研究則探討了影響孩子同儕地位[3]之氣質特性。與受歡迎的孩子相比，受爭論的孩子在氣質特性上，有高活動量、低趨近、適應

2　學前兒童社會能力包括下列六個項目：(1)工作能力；(2)主動性；(3)了解人己關係；(4)禮貌；(5)陌生及公共場合之反應；(6)語言能力，本文中所謂整體的社會能力是指以上六種能力。

3　孩子的同儕地位是以照片式社交評量的方法，依評量結果，將孩子的同儕地位分為五組：受歡迎組、受爭論組、被忽視組、被拒絕組及一般組。

力差、注意力分散度高以及低堅持度的傾向。如果與被忽視的孩子相比，受爭論的孩子則有較高的趨近性、活動量與堅持度，適應力也比較好。換句話說，在同儕關係中，受歡迎的兒童，具有適度的活動量，適應能力強，趨近性高，注意力和堅持都高等氣質特性。從這項研究可以推知，受小朋友喜歡的孩子大方外向，並有較高的工作導向，而其他研究也證實這類型的兒童具有良好的學業表現及社交技巧、友善、很少搗亂或具攻擊性（Newcomb Bukowski, & Pattee, 1993; Parkhurst & Asher, 1992）。

　　受爭論比被忽視的兒童的趨近性更高、活動量更大、適應性好、堅持度較高。對照之下，被忽視的孩子活動量小、趨近性低、適應能力差以及堅持度低，這類孩子常顯得害羞或畏縮，不會主動去找小朋友玩。他們的話也不多，與其他小朋友相比，他們很少主動參加團體遊戲，也很少引起別人的注意。其他研究者也發現類似的現象（Coie, Dodge & Kupersmidt, 1990, Harrist, Zaia, Bates, Dodge & Pettit, 1997），其他小朋友也不知這類被忽視孩子的存在。究竟為什麼小朋友會喜歡或忽視這些氣質特性的孩子？很可惜的是，從第六章的量化資料中，我們無從得知孩子在那種情脈絡下，會被其他孩子喜歡或忽視，這也是第六章的研究限制，對於孩子內心真正的想法，有待後續研究繼續深入了解。

　　以上的研究發現，雖然我們了解，在兒童社會能力的發展上，氣質確實占有一席之地；不過，對這 1267 位兒童之氣質與社會能力關係的探討，誠如以上的討論，我們僅能獲知量化的資料。這樣的了解僅及表象，如果看不到兩者互動的情境脈絡，實在無法對該現象與背後因素做進一步的推論，因為了解意義時，將人的行為抽離情境脈絡常會使我們看不清楚現象，無法釐清癥結所在。

　　因此，如第七章所述，在該項研究之後，我進入了現場，觀察了六位不同氣質類型孩子 [4] 與同儕的互動過程。這點也回應本章第一節兒童

4　六位不同氣質類型孩子，如第三章提及的，類型的特色如同他們的命名：如「好動型」是屬於高活動量、「專注型」是屬高專心度、「社交型」兼有高趨近和高適應、「自如型」也兼具高趨近和高適應，但在活動量上，比「社交型」低、至於「文靜型」是屬於低活動量和低情緒反應。

氣質類型中所言的，論及不同兒童的氣質類型時，必須交待我們據以分類行為的情境脈絡。

在教室情境的觀察過程中，我發現「好動型」的孩子，在律動及排隊升旗的兩個活動中，與其他的孩子相比，以肢體語言和別人互動的現象特別明顯，尤其是老師沒有特別注意他的時候。不過，從情境脈絡的觀察，我們發現這位孩子嬉戲性質比較重，他只是希望有人能和他有身體的碰撞，相互玩耍而已；至於在室內，如果有人不小心碰到他的東西，與其他孩子相比，他也是比較會以肢體語言來回應，小朋友對於他的動作，通常的反應是不悅、不舒服，但並沒有發生任何衝突。此外，在角落時間，這類型的孩子喜歡在教室走來走去，靜不下來，不過，在走動過程中，如果看到別人需要幫助時，他會主動協助其他的小朋友。以上這些觀察，是我們無法從「好動型」的類型定義可以了解的現象。

在班上，「社交型」的這個孩子，常會主動邀約別人參與活動，在工作時，也會主動詢問他人，如：「他拿著一塊小紙頭在教室裡，來來去去的走著，一會兒到木工角，一會兒到美勞角，後來走到新言旁邊，趴在新言的桌旁，問：『新言，你要做什麼？』接著又拖著腳步走向陳普遍那桌去，問：『普遍，你想要做什麼？』」從上述他對別的孩子提出的這些問題中，我們發現這個孩子有時似乎不知道自己要做什麼事，或許就在這樣的時候，我們觀察到他很容易接受其他幼兒的提議或主張，並說「好，好，就照你的意思吧！」。雖然「社交型」的孩子從量表結果看來主動性高，不會固執自己的想法；不過，教室觀察裡卻幫助我們看到類型定義沒有提及的現象。

同樣地，從量表與測驗結果看來暫時歸類為「自如型」與「專注型」的這兩個孩子，的確具有下列特質：具有極佳的社會能力、工作能力強、遇到困難時，會努力克服挫折、經常很快完成手中工作並將工作做得很好。「自如型」的孩子，雖然社會能力強，不過，在教室的觀察中，我們發現他有另一項特性，就是她會先建議向他求助的小朋友自己嘗試解決問題，再決定是否要協助對方。在觀察的六個孩子中，「專注型」的孩子，也有這樣的特性，他會先鼓勵向他求助的孩子，凡事都要嘗試看

看；不過，我們也發現這個孩子，常會使用「我要告訴老師喔！」的說法，企圖糾正其他小朋友不適切的行為。

在教室裡的同儕互動情境裡，我也觀察到一個有趣的現象，「文靜型」的孩子每次遭遇到困難時，通常只限於向比較熟悉的朋友求助，而她最常求助的對象，正好就是「自如型」和「專注型」的這兩個孩子，這兩位孩子對於「文靜型」孩子求助的回應是「你要自己試試看，才知道會不會，不要一碰到困難，就要我幫忙。」。在這個班級中，這三位孩子形成一種求助—助人的互動現象。

以上的討論使我再次提醒自己，用類別的視框來討論、體會兒童發展狀況的限制。在教室生活裡，我們從極為有限的觀察裡，一方面看見類型定義無法精確描述情境中的兒童，另一方面，這些孩子相處的情形，也教導我們提出另一個值得再深究的問題：各種氣質特性的兒童會以何種方式互動？值得再繼續觀察與思索的，除了「是否有某種互動模式存在」這樣的問題外，更重要的是這些孩子的氣質特性、互動方式和氣質變化情形之間究竟存在著何種微妙的關係。對於和兒童相處的成人而言，我相信對這項問題的探究過程與成果將會提供實際而重要的訊息。

第二節　建議

一、對學術研究的建議

在兒童氣質研究主題上，雖然個人在十幾年間，已經觸及氣質與家庭和學校等議題，不過，由於人力和時間的因素，仍有未逮之處。我期許自己或其他對這領域有興趣的研究者，能運用適當的方法繼續探索下列的相關主題。此外，未來的研究者，如果能綜合眾人長期以來的研究成果，有效綜合統整，或許能建立本國兒童氣質模式。

㈠建構國內兒童氣質的架構

1. 蒐集國人的氣質資料

楊國樞和文崇一（民71）曾提出以下的觀察：「我們探討的對象雖是中國社會與中國社會的中國人，所採用的理論與方法卻幾乎是西方的或西方式的。在日常生活中，我們是中國人；在從事研究工作時，我們變成西方人，我們有意地抑制中國式的思想和哲學取向。」一九八七年，此種呼籲雖然已由心理學「中國化」轉變為「本土化」，不過，重點仍在強調心理學研究應關注華人本身的文化屬性。

「我們知道東西方文化有不同的價值觀，更何況被研究者的心理與行為顯而易見是由社會、文化及歷史的因素所影響或決定的。」（楊國樞，民72，p.22）國內目前使用的氣質量表是以西方人的心理特質或社會行為作為根據，但是東方人的心理特質或社會行為，未必與西方人相同，即使類似，各變項與特質間的關係也未必一樣。因此，使用已翻譯或修訂的西方測驗來測量中國人的心理，勢必難以有效測量中國人的性格或特質（莊耀嘉、楊國樞，民82），直接使用修訂自國外量表所得的研究結果，未必能夠適切描繪國內嬰幼兒的發展狀況。有鑑於此，我們應該建立屬於國人文化屬性的氣質架構，建議初步可以對國內新生兒，有計畫的定期且長期、有系統地蒐集父母所知覺之兒童氣質資料，以便反應父母親所處情境的文化價值觀和信念，並至實地情境中觀察，期能更周延蒐集資料，以建構國內孩子的氣質架構。我們也能將這些資料與研究成果與西方兒童氣質項目相比，以了解在兩種文化下，嬰兒至兒童階段孩子行為反應的相似與相異性，藉此我們或許能有些基礎來了解那些氣質特性是泛文化（pan-culture），那些氣質特性是發生於某特定文化的（culture-specific），進而深入了解形成氣質相似和相異的可能因素。

2.兼採量化與質性的方法

在蒐集孩子氣質資料的過程中，除了量化的資料之外，應兼採質化的設計，從社會文化脈絡中蒐集及分析兒童氣質的資料。量化的資料可以提供嬰兒至兒童氣質發展的趨勢，不過，這樣的資料雖然能幫助我們看到氣質某一面向的資料，卻不足以解釋氣質發展的全貌。要深入了解氣質發展的情形，了解兒童氣質與環境互動的現象，我們必須走入兒童的家庭和學校，進行實地觀察，並訪問母親和老師。也就是說，我們應以各種研究方法蒐集關於兒童的多種資料，長時間觀察記錄兒童的行為與行動，以便描述、分析這些行為、行動在脈絡中的多重意義。Jerome Bruner 曾說：「如果心理學對於人類的天性和人類的處境要獲得先進的理解，那就一定要懂得生物性和文化之間如何微妙地交互作用。」（宋文里譯，民 90，p.271）Vygotsky 也認為社會文化、人際間的社會互動與個體內的心智發展是不可區分的（蔡敏玲，民 90）。無可否認地，意義建構本身確實是一種互動的、脈絡化的文化行動（蔡敏玲，民 83）。要言之，在蒐集兒童氣質的資料時，除量化資料外，更應該從兒童所處的文化情境脈絡中探索，說明行動者以及情境的特性，以了解氣質的深層意義。

㈡長期追蹤氣質的穩定及變化情形

1.長時間追蹤孩子氣質發展

在發展領域上，對兒童進行長期追蹤研究是十分重要與必要的。如第四章所述，我追蹤 116 位六歲至八歲兒童的氣質，看到某些氣質向度發生變化，某些氣質向度維持穩定，這樣的發現對於了解氣質特性雖有助益，但卻仍嫌不足。因為兩年的追蹤，時間太短，我們只能看到氣質短時期內的變化及穩定情形，無法了解氣質隨年齡發生的各種變化，以及這些變化是如何發生的。唯有長時間不斷地追蹤氣質特性的發展，才

能更全面、更具深度地了解氣質的變化，在這樣的基礎上，或許才能更有信心地推估氣質特性如何影響孩子問題行為的發生及成人人格的發展。期許自己能繼續追蹤這 116 位兒童氣質的發展，以及持續和家長進行電話訪談，更深入了解父母知覺孩子氣質變化的可能因素；也期望從孩子的角度了解某些氣質向度發生變化的原因，或許可以讓我們更周延地了解孩子氣質穩定及變化的原因。

建議其他有興趣的研究者，能就國內兒童的氣質架構，從嬰兒時期開始，進行長期的追蹤研究，讓兒童氣質發展圖能更周延、更具體，以利了解那些氣質特性具有穩定性，能預測及防範孩子的問題行為，以及探索氣質發生變化的可能內在和外在因素。不過，氣質長期追蹤研究是一件複雜又龐大的工程，研究者在過程中，不僅必須克服龐大經費的來源及維持，還需要面對及因應人員的訓練、資料的貯存、樣本的流失、以及各專業人員投注的時間和心力等問題，研究方能延續進行。

2.成立跨領域研究小組

在長期追蹤嬰兒至兒童期間氣質的發展過程中，尤其是追蹤氣質組合較弱兒童的行為時，我們必須成立跨領域研究小組，包括醫護界、教育界和社工界的研究人員，從不同的角度，蒐集孩子各方面成長的相關資料。例如在孩子出生前後，我們必須蒐集母親懷孕期間的各種狀況（如陰道出血、下腹痛或其它併發症）、生產方式、孩子出生時身體情況，以及成長過程中身心健康問題等相關資料；孩子進入家庭後，我們可由社工人員至孩子的家中拜訪，觀察記錄，以深入了解孩子氣質與家中父母的教養和兄弟姐妹間的互動情形；及至孩子入學，在學校中，孩子氣質與同儕之間的互動，對學習成就的影響等等，是教育人員最關心的現象。因此，我們在長期追蹤氣質的過程中，必須由各領域的專家學者介入，由生理、心理、教育和社會層面共同談論氣質，以期能更周延了解氣質的發展，以及和家庭、學校的互動過程。

(三)建構兒童學校適應的合適度模式

在現今的社會文化情境下，與其他類型孩子相比，困難型氣質的兒童，可能比較無法因應社會環境的要求與期待，容易產生行為障礙（Thomas & Chess, 1977）。然而在某些情境下，與安樂型孩子相比，困難型氣質的孩子反而受到較多照顧。如 DeVries（1984）到非洲肯亞 Masai 村落，收集了 47 位嬰兒的氣質，並篩選出安樂型及困難型嬰兒各 10 位。做這研究時，正逢乾旱開始，五個月後，他回到當地，有些家庭為了逃避乾旱，遷移他地，所以他只找到 7 位安樂型及 6 位困難型嬰兒。在這 7 位安樂型嬰兒中，有 5 位已經死亡，6 位困難型嬰兒則全活著。DeVries（1984）推測嬰兒存活的原因是因為他們受到父母比較多的注意及照顧。這個研究再度提醒我們，在探究兒童氣質時，情境是一個非常重要且必須考量的因素。

如前述，Thomas 和 Chess（1977, 1996）對於個體與情境的互動，曾提出合適度模式的概念。如果兒童的氣質與情境相契合，他的行為表現就會被視為正向的，不契合時，他的行為表現可能被給與負面的評價。Lerner（1984）在合適度模式中，也提出與氣質互動的情境因素，可能是態度、行為歸因，或者是物理環境因素。然而在兒童未來學校適應過程中，與氣質互動最重要的情境因素可能是什麼？

從 Bronfenbrenner（1979）的生態系統理論來看，與兒童互動最直接且最重要的兩個系統是家庭與學校，在這兩個系統中，有四種情境因素是我們不能忽略的，即(1)兒童與母親的依戀[5]關係；(2)兒童與同儕互動；

5　氣質與依戀關係而言，發展心理學界早就對於兩者之間的關係非常感興趣，在這方面爭論過，也做了許多研究。例如 Kagan 認為氣質是依戀評量過程中的一個重要變項，不僅會影響在陌生情境中對嬰兒行為的解釋，也會影響依戀類型的分類。依戀的分類是藉由陌生情境評量及 Q 分類法的評量方式，將孩子分為 A、B、C、D 等四種類型。A 類型是屬於逃避不安全型：如母子重聚場合中，嬰兒會避免接近媽媽或者與她互動；B 類型是屬於安全型：如母子重聚的情境中，嬰兒會積極地尋求接近或接觸媽媽，並與之互動；C 類型是屬於抗拒不安全型：嬰兒非常明顯地表達抗拒接觸媽媽或者與她發生互動；而 D 類型是指無法歸類的。

(3)兒童與老師的依戀；(4)兒童所在的教室情境。在探索兒童學校適應的合適度模式過程中，我們可以事先評量兒童與母親／老師的依戀關係，並在教室情境脈絡中，觀察並記錄孩子與同儕、孩子與老師的互動關係、方式與實質內涵，探索氣質與這四種情境因素的互動現象，並建構兒童在班級中的適應模式，以期能夠對孩子下一階段的學習，提供一個合適的模式。

四其他值得探究的氣質相關研究

除了上述提及的研究主題與方法外，我在閱讀氣質相關文獻時，也發現下列兩個與氣質相關的面向值得繼續深入再探究，提供做為參考。

1. 氣質在依戀關係中的角色

探索氣質在家庭互動中的呈現時，它不僅與父母的教養態度相互影響，在親子情感的依戀上，氣質也扮演著重要的角色。根據Bowley（1973, 1980）和 Ainsworth（1979, 1989）的說法，依戀是孩子與父母之間情感的連結，「安全的依戀」有助於兒童早期情感與社會各方面的發展，孩子也較能承受與主要照顧者的分離，發展對自己的信任與自我價值，「不安全的依戀」，則會影響個體未來社會及情緒的發展。

在依戀分類過程中，Kagan 認為氣質會影響研究者對孩子行為的解釋。例如，在他的研究裡，「難養育型」的孩子，在陌生情境容易有強烈情緒反應，在媽媽離開時會覺得難過，重聚時，媽媽雖有機會碰觸他，卻無法使他的情緒平靜，這類型孩子容易被歸為「不安全（反抗依戀」類型。不過，Sroufe（1985）對Kagan的看法不以為然，他認為敏感的照顧者才是影響依戀品質的主要原因之一，但仍有些研究支持氣質會影響依戀類型的分類（Seifer & Schiller, 1995; Thompson, Connell & Bridges, 1988）。從以上簡要描述可知，氣質在依戀分類中扮演的角色仍有爭論，是值得探究的一個面向。

2. 氣質對情緒表達／情緒調節的影響

「任何人都會生氣，這沒什麼難的。但要能適時適所、以適當的方式對適當的對象恰如其份的生氣，可就難上加難」，這是 Daniel Goldman 引述亞里斯多德的尼可馬亥倫理學中的一句話（張美惠譯，民85），這段話指出，適時表達適當情緒的重要。關於適切情緒的表達，余思靜（民89）指出幼兒的情緒表達和情緒調節是氣質和情境相互影響下的結果，在 Saarnni 和 Crowley（1990）的情緒表達概念性模式中，他們也認為兒童氣質是影響情緒調節的因素之一，其他的研究也支持情緒本質、反應強度、趨近性和注意力分散度等氣質特性會影響幼兒情緒調節能力的看法（Eisenberg & Fabes, 1992; Kagan, 1989）。以上提及的研究雖已指出氣質會影響孩子的情緒表達和情緒調節；但是對於究竟是如何影響的議題，現有研究的討論並不多，有興趣的研究者可深入探索，氣質如何與情境發生互動，進而影響幼兒的情緒調節和情緒表達。

二、對實務界的建議

(一)給父母的建議

在親子互動的過程中，雖然涉及許多複雜的背景及因素，例如文化、家庭生活、兄弟姐妹的排行，以及生活經驗等等。不過，了解孩子的氣質，是幫助孩子的重要步驟。父母了解孩子的氣質，針對每個孩子的氣質特性，給與適當的協助，不僅能增進親子間的關係，孩子也可以獲得良好的適應與發展。以下根據理論基礎、本書呈現的初步研究發現，以及這十幾年我與家長的互動心得，提出下列建議，以供父母參考。

1. 氣質是父母了解孩子的重要線索

在忙碌的現代生活中，疲憊的父母，和孩子相處的時間越來越少，對孩子行為、反應的細心觀察就更談不上了。因此他們在面對孩子的高

活動量、生活不規律、害羞怕生、適應力差、不專心、情緒反應激烈、及高堅持度等行為特性時，不禁會使用消極的方式來處理孩子的行為，見不到應有的效果時，父母就開始懷疑起自己的能力，或慨嘆：「我們到底上輩子欠他什麼，為什麼他如此折磨我們？」。

面對「不好帶」的孩子而身心俱疲的父母，挫敗之際，雖然質疑自己的教養方式，卻無法明白自己究竟哪裡做錯了。國外 Thomas 和 Chess（1956）的長期追蹤研究發現，任何一種氣質的孩子，都有可能產生行為問題；根據他們的研究，不規律性、適應力差、害羞內向、遇新事物會退縮、情緒本質不佳、反應激烈的孩子，與父母產生磨擦的機會確實比較多。

身為父母的，應該了解及接納孩子的氣質，不要以為他們故意搗蛋，應該針對孩子的特性因材施教，例如，對於害羞內向的兒童，父母在孩子小的時候，應該盡量帶他們接觸不同的人、事、物，提早讓他們熟悉新事物，或採取逐步漸進的方式讓他接觸新環境。這樣，父母或許比較能超越莫可奈何的情緒，不再強迫孩子照自己的期望生活，也不會再質疑自己的管教措施卻無計可施。

2. 了解孩子與自己氣質的合適度

如果父母覺得孩子的很難教導，對他的行為過度苛責，父母也應該反思自己的氣質，省察自己是否也是一位「難纏」的成人。由於父母和孩子的氣質是相互影響的，在本書第五章〈家庭互動中的氣質〉的實徵研究中，也證實兒童氣質與父母教養方式確實有相互影響的現象。父母必須因著孩子的氣質，修正自己的教養方式，以達親子間氣質的契合。例如精力充沛的孩子生活在一充滿活力的家庭，是相安無事，親子間能配合得來；但對於喜歡安靜、內向的父母而言，孩子的活動及產生的聲音，都會令他們不舒服，對於這件事，父母除了了解自己特質外，也應接受孩子本質，並向他解釋社會的期待，建議多種可能的行動方式。

父母的氣質會影響孩子的行為，同樣地，孩子的氣質也會影響父母的教養態度，父母應該了解孩子的氣質，積極修正及調整自己的教養方

式來配合孩子，以達親子間的合適度，減低一些不必要的磨擦及壓力，
促進孩子的健全發展。

3.了解害羞是可以改變的

　　在本書的第四章的實徵研究中發現，116 位孩子從幼稚園至小學二
年級，呈現顯著變化的氣質項目之一是趨近性，從 Kagan 等人的實徵研
究中，也證實害羞的小孩長大，不見得都是害羞的（Kagan, 1989; Fox, &
Davidson, 1986）。Kagan 觀察二十一個月大已表現害羞傾向的孩子，四
年後，Kagan 和他的研究人員發現這些已經上了幼稚園的孩子，外向的
孩子沒有人變得比較內向，內向的孩子有三分之二仍然害羞，有三分之
一的孩子變得比較外向。

　　孩子如何從害羞內向改變為不怕生的人？在本書四章的電話訪談得
知，父母認為孩子害羞特質改變的可能原因是：(1)參加活動機會多：孩
子有許多機會接觸外在環境，使得許多事對他而言，已經不再是第一次
經驗；(2)擔任班級幹部：有些孩子因為擔任班級幹部，有服務他人的機
會，與同儕互動的機會增加，也比較不怕生；(3)參加社會技巧課程的訓
練：因為心智科醫生建議孩子上社交方面的課程。除了以上這些家長的
經驗外，有些書籍也可供做參考，如《如何幫助害羞的孩子》（金磊譯，
民 83）、《誰都不需害羞》（李靜瑤，民 88）等。如果孩子在父母的支
持下，還是無法完全改變自己的害羞氣質，或是改變了並不會因而感到
比較快樂的話，我們不需要一定要求他改變。身為父母的，應順應孩子
的特質，讓他了解自己的害羞氣質，找尋適合自己的生活方式及未來的
發展方向。

4.依據孩子氣質因材施教

　　在兒童氣質特性中，有些行為確實讓父母傷透腦筋，不知如何是好。
為了處理孩子的問題，他們可能找教養的書來看，或請教老一輩、親朋
好友或學校老師等等。針對這種現象，我依據本書提及的理論基礎、研
究暫時的發現、訪談兒童心智科醫師的心得、與幼教老師及家長的互動

經驗，以及個人想法等歸納出下列建議，提供參考。

(1)**活動量**：對於高活動量的兒童，父母除了避免讓他喝可樂或吃糖果之類的東西外，應注意孩子的安全，讓他發洩過度精力、生活有規律。至於低活動量兒童，父母應鼓勵或陪伴他們嘗試動態活動。

(2)**規律性**：對於高規律兒童，父母可幫他們訂時間表，對於任何變動，應事先告知，讓孩子心裏有所準備。至於低規律兒童，應讓他配合生活作息，以及按時做完該做的事，並給與適當的鼓勵。

(3)**趨近性**：對於大方外向的兒童，應教導他分辨危險情境，並給與適當的限制，尤其出門前要先叮嚀；至於害羞內向的兒童，應帶他接觸不同場合，並採逐步漸進的方式接觸陌生的環境。

(4)**適應性**：對於高適應兒童，應該幫他把關，避免一些危險的事情發生。至於低適應兒童，如果環境有大變動時，應提早準備，並給與充份的時間適應新環境。

(5)**情緒本質**：笑瞇瞇的兒童，別人不易察覺他的感受，父母應問問孩子在學校的事情，以了解孩子的感覺；至於拗嘟嘟的兒童，應該鼓勵孩子常笑，並建議他常照鏡子。

(6)**反應強度**：高情緒反應兒童，應有一致的教養態度，防止孩子傷害自己的身體，並訓練孩子表達感受的能立力；至於低情緒反應兒童，需要敏銳觀察孩子的情緒，以了解他的情緒狀態。

(7)**反應閾**：對於高敏感兒童，父母應和他說說敏感的事情，睡前避免激烈活動，以及了解孩子真正需要。至於低敏感獨度的兒童，父母需要適時提醒孩子注意周遭環境的改變，以及做刺激改變的訓練。

(8)**注意力分散度／容易轉移注意力**：專心的兒童，父母應時時提醒他注意周遭的訊息；至於容易分心的兒童，學習環境要簡單，父母可他做一對一的活動，訓練他的專注力，此外，孩子的功課應做分段學習，並適時予以鼓勵。

(9)**堅持度**：對於高堅持度兒童，應該提醒孩子不要事事追求完美，在打斷孩子正進行的事前，應事先告知，當孩子堅持做某件事，父母必須先考慮是否合理，如果是無理的要求，應與孩子比堅持度；至於低堅

持兒童，父母可以協助孩子分段完成學校功課，並提供解決困難的成功經驗[6]。

5.再度肯定父親角色的重要地位

許多社會科學家發現親子關係的研究中，往往偏重在母子關係的取向，並以之做為親子關係的解釋，忽略父親在親子關係中的角色。本書第五章的實證研究中，我們發現，除了母親的教養態度的影響，父親的教養方法，在親子互動過程中，扮演相當重要的角色。誠如研究中的發現：與其他孩子相比，對於高活動量、情緒反應激烈的孩子，父親有採取懲罰、拒絕等消極教養態度的傾向，在這種情形下，親子之間會有不悅的磨擦發生。由此可知，縱使母子之間的互動極佳，但父子間關係不好，仍是會影響家庭的氣氛和和諧度。

由上可知，在家庭的親子互動中，我們不要只將重心放在母親身上，從文獻及以上研究，提醒我們應該知覺父親角色與孩子之間的互動，不要忽視父親在家中的存在，母親應該能適時讓父親有機會和孩子相處或有照顧孩子的機會，因為孩子不僅需要母親的照顧，更需要父親的關懷。

(二)對學校老師的建議

對兒童而言，在剛入學時，他必須接觸老師，他要跟一群原本不認識的小朋友相處，整個生活步調和家裏不一樣。他必須在某一時間到校、必須遵守規則、東西該擺在那裏、該到那裏去上廁所、在什麼時候用點心等等，對一個小孩而言，這些改變是一個蠻大的挑戰。有些氣質特性，如「適應能力」、「大方外向，主動性強」、「笑瞇瞇的情緒本質」，可能會讓孩子很快地融入這個團體。然而有些特性，卻也可能使某些孩子無法像其他小朋友一樣快樂上學，如「害羞內向」、「適應能力不好」等等，這些特性有時也會讓老師高估或低估孩子的學習能力，甚至誤以

6　以上九項氣質只是簡要的建議，有興趣的讀者請參考我另一本著作：《你知道孩子的氣質嗎？》（王珮玲，民90）。

為某些孩子故意搗蛋，以下提供老師一些建議：

1. 了解兒童不見得是故意搗蛋

從第七章的研究發現：與其他類型的孩子相比，活動量大的孩子較容易有肢體語言出現。在幼稚園時，當老師講故事時，在一群孩子中，這樣的孩子會顯得坐立不安、不耐煩；進了小學，他們通常比較坐不住，老師應了解及接受孩子的氣質特性，不要認為他們是故意搗蛋，誤讀了他們的行為。

對於上課坐不住的兒童，建議老師只要使用一些小技巧，就可以皆大歡喜。例如，在幼稚園講故事時，讓孩子坐在你的左右兩側，並適時地向他們提問。在小學中，看到孩子已心不在焉，身體蠢蠢欲動時，可適時請他擦擦黑板、發發本子或者是跑跑腿，活動一下，對他的學習效果會有幫助。這些孩子，只要讓他適時動一下，他就不會焦躁不安，比較坐得住，也能專心上課。

與其他孩子相比，老師可能會發現這些高活動量的兒童，上課時容易分心，在本書的第六章也證實活動量與注意力分散度有顯著的正相關。對於每一個被懷疑有「不能專心」問題的孩子，都應該接受一個整合的、一對一的評估，這樣可以澄清孩子是否有學習障礙，如閱讀能力障礙，或其它處理訊息的能力（Carey, 1997）。有些孩子確實是因為神經系統的問題或學習障礙，才會無法專心上課，但這樣的現象卻無可避免地會影響他們的功課。如果不專心不是神經或學障問題，純粹是孩子氣質特性問題，老師應該協助他們了解自己的特性，並給與適度的建議，例如可以將功課分幾小段依序完成或學習環境盡量簡單，不受干擾。

2. 不要忽視氣質特性對學業的影響

在本書第八章〈兒童氣質與學業成就〉的實徵研究中，我們發現去除智力的因素後，對各年級兒童在國語、數學、社會、自然等學業成績的預測，堅持度和反應閾的預測力最高，尤其是堅持度。從國內外的相關研究，也都發現堅持度是預測學業成就的共同指標。換句話說，與其

他孩子相比，在面對干擾與障礙時，也能繼續維持該活動進行的孩子，學業的表現會比較好。

在第一章〈緒論〉中，我說明促使我研究氣質的第二個原因是：「重智商輕情意的環境」。在學校系統中，我們常常強調孩子在學校的學習能力，並探討孩子如何能有效地進行學習，這本是一件無可厚非的事，不過，我們往往忽略情意對孩子學習的影響。第八章的研究結果，再次提醒老師應該重視堅持度對孩子學習的可能影響，尤其對於低堅持度的孩子，他們在遇到挫折的時候，容易放棄，常無法完成繁雜工作，導致在學習上，往往不如預期的好。對於這些孩子，老師可盡量提供循序漸進的學習，引導他完成或者將工作分成幾段，讓他們每次做一些，倘若遇到困難，可以告訴他還有充份的時間去試試解決這些困難。如果他們能成功地解決困難，那麼在下一次遇到困難時，孩子可能就會依據上一次的經驗，主動排除困難，體會成功的滋味。此外，老師在孩子達到目標時，應適時給與讚美，鼓勵他堅持到底的行為。

3. 不要高估或低估兒童的能力

從本書文獻獲知，學校老師會因為兒童的害羞內向，影響對他們智力的誤斷。德國研究人員讓老師觀察 40 位資優生及非資優生的氣質及學校的成績，發現老師會低估退縮內向、適應力差的資優生，而高估高社交能力強的非資優生的學習成就。由此可知，在學生群中，活潑大方、能言善道、會主動參加別人活動的兒童，會讓老師高估他們真正的能力，對於害羞內向，不擅於將內在想法說出來的兒童，無形中，老師會低估他們的能力。

建議老師，應該了解及接受兒童大方及害羞的特性，並避免因為孩子特性，高估或低估他們的能力。例如對於不習慣在公開場合發表自己想法的害羞內向孩子，老師必須主動深入了解孩子的真正能力，不要因為他們不敢說或說得少，錯估孩子的能力；至於外向的孩子，老師也要清楚他是否真得懂，或者只是因為他能言善道，讓老師誤解他知道很多，錯估了他真正的能力，總之，老師必須提醒自己不要受孩子外在行為影

響而錯判他們的能力。

4.了解新鮮人學校症候群

從本書的文獻得知，「低適應」及「害羞內向」的兒童，從家裏第一次踏入學校時，對於這個完全陌生的環境，除了用哭來表達他的不安，他們是需要比其他兒童花更多的時間來適應新的學習環境。尤其是上學前，整天和媽媽黏在一起的孩子，剛到一個陌生的場合，和一群不認識的兒童生活和學習，令他覺得惶恐和不安。張慧敏（民81）的研究也驗證這種現象：低規律性及低適應傾向的小學一年級兒童，在學校常規、自理能力及適應力上都需加強，而活動量大的孩子，則比較無法適應班上的班規。

對於剛從家庭走入托兒所、幼稚園，以及從幼稚園剛踏入小學一年級的大多數孩子而言，這種轉接階段實在是一項很大的挑戰。不過，在孩子群中，老師必須特別注意活動量大、適應力差，以及害羞內向的孩子，因為精力旺盛的孩子，常使老師為誤認他不遵守班規，對於這些孩子，必須提供機會讓他發洩過度的精力，如在上課坐不住時，可請他擦擦黑板，或請他跑跑腿，適度活動一下，孩子就能靜下心坐著，身體比較不會動來動去的。至於適應力差孩子，老師應給與一段充裕時間適應新環境、新老師、新同學，以及新的學習方式；此外，對於害羞的孩子，老師除主動關懷外，必要時，可提供機會讓孩子與其他小朋友接觸，使他們能早點接受老師或同學，不再覺得陌生。

5.重視氣質對人際關係的影響

目前國內職業婦女增加，尤其居住在都市的兒童，幾乎大部份的時間都在幼稚園，小學，甚至在安親班度過，與同儕互動的機會增多，如果孩子在團體的人際關係不佳，會影響他們的自尊以及對未來的適應狀態。從第六章得知，在兒童社會能力與同儕關係中，氣質是重要影響因素之一。

建議學校教師必須協助因為氣質特性導致人際關係不佳的孩子。例

如第六章的研究發現，在同儕地位中，被同儕拒絕的孩子，有攻擊他人或以肢體侵犯他人的傾向。對於這些孩子，老師應以身作則，鼓勵正向的行為、運用行為改變技術改正孩子不適切的社交技巧、以活動教導兒童自我控制或發洩。

至於被忽略，沒有朋友的孩子，從第六章的研究中，發現這些孩子氣質特性是害羞、內向，適應性差，不會主動找其他小朋友玩，因此老師在課堂上，應擅用小技巧，讓同學接觸他們，例如老師可以安排主動性高的孩子與他們坐在一起，或者利用小組活動，讓孩子在小團體中試著發表意見等等，讓孩子逐漸地接觸班上小朋友，也讓小朋友也有認識他的機會。

總之，本書展現了兒童氣質的特性，以及在社會（家庭及學校）互動中氣質的呈現與構成的理念與研究。不過，因人力、時間等限制，仍有未逮之處。對學術研究的建議是，期望自己和有興趣的研究者，能持續探索未竟的主題，建構國內兒童氣質的架構、長期追蹤氣質的穩定及變化性，並建構兒童學校適應的合適度模式。在方法上，由個人從研究限制裡的實際體會得知，研究氣質應該採用量化與質性方法，才能更深入且周延地探索氣質。Bruner 曾說：「在對人類做研究時，所要面對的兩難困局是這樣的：不但要掌握生物性和演化的原則，更要在意義生成的詮釋歷程之光照之下，來理解這些原則。」（宋文里譯，民 90，p. 271）如何具體地深入探索生物個體和文化之間的互動，是我們仍要努力的方向；對教育實務的建議是，冀望父母、老師能了解及接受孩子的氣質特性，了解孩子與自己氣質的合適度，重視氣質對人際關係的影響，並能依據孩子的氣質特性因材施教。

本書的許多想法，實際上是由那些曾經和我說話、讓我看著他們生活的孩子們教導我的。Van Manen（2002）說，孩子帶著一種天賦來到我們面前——即經驗可能性的天賦（p.11）。我從孩子與孩子的老師、家長身上學到許多，雖然覺察到自己的限制，但也因為孩子告訴我的可能性，而對未來的氣質研究懷抱更多希望。

參考文獻

《中文參考書目》

王珮玲（民 91a）。氣質發展的穩定性與父母覺知氣質的致變因素：六歲至八歲兒童追蹤研究。台北市立師範學院學報，第 33 期，頁 129-150。

王珮玲（民國 91 年 11 月 b）。家長知覺氣質發展的穩定性和變化：六歲至八歲兒童追蹤研究，發表於第四屆華人心理學家學術研討會暨第六屆華人心理與行為科際學術研討會。臺北：中央研究院。

王珮玲（民 91c）。老師，請瞭解我的氣質特性。幼教簡訊。第 4 期，教育部國教司。

王珮玲（民 90）。你知道孩子的氣質嗎？。臺北市：遠流。

王珮玲（民國 88 年 11 月）。幼兒情緒人格及社會行為十年的研究走向。發表於幼兒教育研究的昨日、今日與明日──開創幼教新紀元學術研討會。臺北：台北市立師範學院。

王珮玲（民 88）。幼兒氣質研究。臺北市：小太陽。

王珮玲（民 88）。兒童氣質對學校成就的影響。國教月刊，第 45 卷，第 2 期，頁 12-20。

王珮玲（民 88）。六位氣質類型幼兒的同儕關係。台北市立師範學院學報，第 30 期，頁 415-430。

王珮玲（民 87）。幼兒氣質類型與同儕關係之研究。行政院國科會專題研究計畫。NSC86-2413-H-133-003。

王珮玲（民 84）幼兒氣質類型與幼兒社會行為關係之探討。台北市立師範學院學報，第 26 期，頁 117-144。

王珮玲（民 83）。父母教師知覺之兒童氣質與父母教養方式關係之探

討。台北市立師範學院學報，第 25 期，頁 317-342。

王珮玲（民 82）。兒童氣質與兒童社會能力之研究探討。台北市立師範學院學報，第 24 期，頁 93-126。

王珮玲（民 82）。兒童氣質、父母教養方式與兒童社會能力相關之研究。發表於花蓮師範學院幼兒教育學系學術研討會。花蓮：花蓮師範學院。

王珮玲（民 81）。兒童氣質理論之探討。台北市立師範學院學報，第 23 期，第 1-30 頁。

台北市政府教育局（民 81）。台北市幼稚園與國小一年級教學銜接之研究。臺北市：臺北市政府教育局。

宋文里譯（民 90）。教育的文化。（原作者 Jerome Bruner）。臺北市：遠流。（原著出版年：1996）

宋踐、李茹、李前程、鄧筱蓮、郭玉錦譯（民 89）。（原作者 Margaret Mead）。三個原始部落的性別與氣質。臺北市：遠流。（原著出版年：1935）

李亦園（民 80）。文化與行為。臺北市：台灣商務。

李美瑩（民 83）。學齡兒童氣質、家庭氣氛與學業成績之關係。國立政治大學教育研究所碩士論文。未出版，臺北市。

余思靜（民 89）。三歲孩子情緒調解策略的發展。國家科學委員會。

李靜瑤（民 88）。誰都不需害羞。臺北市：希代。

吳明清（民 80）。教育研究——基本觀念與方法分析。臺北市：五南。

吳正桓（民 78）。雙親傳統性及現代性，管教方式，與兒童自我控制發展之相關研究。行政院國家科會委員會。

林正文（民 70）。父母教養態度與少年犯行為困擾之研究。台南師專學報，第 14 期，頁 12-59。

林明珠（民 68）。兒童活動量之初步研究。國立台灣大學醫學院公共衛生研究所碩士論文，未出版，臺北市。

林佩蓉、湯梅英、王珮玲（民 81）。馬氏幼兒氣質量表修訂。國科會專案補助計畫，NSC-80- 0301-H133-04。

林瑞發（民77）。**學前兒童行為與主要照顧者氣質特徵之相關研究**。私立中國文化大學兒童福利研究所碩士論文，未出版，臺北市。

金磊譯（民83）。**如何幫助害羞的孩子**。臺北市：遠流。

柯華葳（民84）。**談兒童發展——近十年嬰幼兒發展回顧**。輯於縱談幼教時年專輯。信誼基金會兒童教育研究發展中心。

洪奇昌（民67）。**嬰幼兒的氣質評估**。國立台灣大學醫學院公共衛生研究所碩士論文，未出版，臺北市。

洪蘭譯（民90）。**教養的迷思：父母的教養能不能決定孩子人格的發展？**（原作者 Judith R. Harris）。臺北市：商周。（原著出版年：1998）

南懷瑾（民78）。**易經雜說**。臺北市：老古。

徐澄清（民68）。**對我國嬰幼兒氣質特徵之初步研究**。行政院國家科學委員會。

徐澄清（民89）。**因材施教：氣質與兒童發展**。臺北市：健康。

莊耀嘉、楊國樞（民82）。性格測驗之發展與本土化，輯於**中國心理測驗近十年之發展**。臺北市：中國測驗學會。

陳玉華（民70）。**台北市中山區及台北縣泰山鄉三歲至七歲兒童氣質特徵之初步研究**。國立臺灣大學公共衛生研究所碩士論文，未出版，臺北市。

陳秀蓉（民75）。**父母親管教子女的行為：認知互動模式知探討**。國立台灣大學心理研究所碩士論文，未出版，臺北市。

許惠萍（民85）。**幼兒氣質與問題行為之研究**。私立中國文化大學生活應用科學研究所，未出版，臺北市。

黃光國、楊國樞主編（民78）。**中國人的心理與行為**。臺北市：桂冠。

黃道琳譯（民82）。文化模式。（原作者 Ruth Benedict）。臺北市：巨流。（原著出版年：1989）。

張苙雲主持（民90）。**台灣教育長期追蹤資料庫**。中央研究院、教育部、國科會主辦。

張美惠譯（民85）。**EQ**。（原作者 Daniel Goldman）。臺北市：時報。

（原著出版年：1995）。

張美麗（民80）。**臺灣中部地區嬰幼兒氣質特徵與智力動作發展及其變**
項之相關研究。臺中市：精華。

張春興（民78）。**張氏心理學辭典**。臺北市：東華。

張振南（民84）。**國小高年級兒童氣質，教師教學與學習表現之關係**。
國立嘉義師範學院國民教育研究所碩士論文。未出版，嘉義市。

張慧敏（民81）。**不同氣質類型國小新生學校適應之比較研究**。私立中
國文化大學生活應用科學研究所，未出版，臺北市。

鄒國蘇、朱曉慧、陳美吟、黎曉鶯、徐澄清（民76）。幼兒氣質特徵之
初步研究。**中華精神醫學**。第1卷，第2期，頁123-133。

葛應欽、莊義利、許重勝、葉紅村、陳金樹、許重慶（民70）。臺灣南
部嬰兒氣質特徵之研究。**科學發展月刊**，第9卷，第3期，頁270-280。

雷庚玲（民85）。情緒在依戀控制系統中的角色。**行政院國科會專題研**
究計畫。NSC84-2413-H002-003。

簡淑真（民74）：**學前兒童社會能力與其同儕團體社會地位之研究**。國
立臺灣師範大學家政研究所，未出版，臺北市。

楊國樞（民75）。家庭因素與子女行為:台灣研究的評析。**中華心理學**
刊，第28卷，第1期，頁7-28。

楊國樞（民82）。**我們為什麼要建立中國人的本土心理學**？輯於本土心
理學的開展。楊國樞主編。臺北市：桂冠。

楊國樞、文崇一主編（民71）。**社會及行為科學研究的中國化**。臺北
市：中央研究院民族學研究所。

蔡敏玲（民83）。教育民族誌中研究者的角色，「社會科學研究方法檢
討與前瞻」。第二次科技研討會：**質化研究、次級分析與研究方法**。
臺北市：中央研究院民族研究所。

蔡敏玲（民91）。**教育質性研究歷程的展現——尋找教室團體互動的節**
奏與變奏。臺北市：心理。

戴保羅譯（民88）。**學習地圖**。（原作者 Colin Rose & Malcolm J.
Nicholl）。臺北市：經典傳訊。（原著出版年：1999）。

《英文參考書目》

Aber, J. L., & Baker, A. J. L. (1990). Security of attachment in toddlerhood : Modifying assessment procedures for joint clinical and research purposes. In M. T. Greenberg, D. Cicchetti, E. M. Cummings, (Eds.), *Attachment in the preschool years: Theory, research and intervention,* The University of Chicago.

Adair, J. G. (1984). The Hawthrone effect：reconsideration of the methodological artifact. *Journal of Applied Psychology, 69,* 334-345.

Afflect, G., Allen, D., McGrade, J., & Mcqueeney, M. (1983). Maternal and child characteristics associated with mothers' perceptions of their high-risk /developmentally delayed infants. *The Journal of Genetic Psychology, 142,* 171-180.

Ainsworth, M. D. S. (1967). *Infancy in Uganda: Infant care and the growth of love.* Baltimore: John Hopkins University Press.

Ainsworth, M. D. S. (1969). Objection relations, dependency, and attachment: A theoretical review of the infant-mother relationship. *Child Development, 40,* 969-1025.

Ainsworth, M. D. S. (1979). Attachment as related to mother-infant interaction. In J. S.Rosenblatt, R. A. Hinde, C. Beer, & M. Busnel (Eds.), *Advances in the Study of Behavior.* N.Y.: Academic Press.

Ainsworth, M. D. S. (1989). Attachments beyond infancy. *American Psychologist, 44,* 709-716.

Ainsworth, M. D. S., & Bell, S. M. (1970). Attachment, exploration, and separation: Illustrated by the behavior of one-year-olds in a strange situation. *Child Development, 41,* 49-67.

Ainsworth, M., & Marvin, R. S., (1995). On the shaping of attachment theory and research: An interview with Mary D. S. Ainsworth. In E. Waters, B. E. Vaughn, G. Posada, & K. Kondo-Ikemura. (Eds.), Caregiving, cultural, and cognitive Perspectives on secure-base behavior and working models：New growing points of attachment theory and research. *Monographs of the Society for Research in Child Development, 244 (60),* 3-21.

Ainsworth, M., & Witting, B. (1969). Attachment and exploratory behavior of one year olds in a strange situation. In B. M. Ofs (Ed.), *Determinants of infant behavior (vol. 4).* London: Methuen.

Ainsworth, M., Bell, S., & Stayton, D. (1971). Individual differences in strange situation behavior of one year-olds. In H. R. Schaffer (Ed.), *The Origins of human social relations.* London: Academic Press.

Ainsworth, M., Blehar, M., Waters, E., & Wall, S. (1978). *Patterns of attachment: A psychological study of the strange situation.* Hillsdale, NJ：Elbaum.

Allert, A. (1982). *Temperament and early parent-child interactions: Changes from infancy to toddler-hood.* Unpublished doctoral dissertation, Illinois Institute of Technology, USA.

Allport, G. W. (1937). *Personality: A psychological interpretation.* New York: Holt.

Anderson, S., & Messick, S. (1974). Social competence in young children. *Develop-mental Psychology, 2,* 282-293.

Arcus, D. M. (1991). *Experiential modification of temperamental bias in inhibited and uninhibited children.* Unpublished doctoral dissertation, Harvard University, Boston.

Asher, S. R., & Renshaw, P. D. (1981). Children without friend: social knowledge and social skill training. In S. R. Asher & J. M. Gottman (Eds.), *The development of children's friendship.* New York: Cambridge University Press.

Asher, S. R., Oden, S. L., & Gottman, J. M. (1977). Children's friendships in school Settings. In L G. Katz (Ed.), *Current topics in early childhood education.* Norwood, NJ: Ablex.

Ausubel, D. P., & Sullivan, E. V. (1970). *Theory and problems of child development.* N. Y.: Grune & Stratton.

Bates, J. E. (1980). The concept of difficult temperament. *Merrill-Palmer Quarterly, 26,* 299-319.

Bates, J. E., & Bayles, K. (1984). Objective and subjective components in mothers' perception of their children from age 6 months to 3 years. *Merrill-Palmer Quarterly, 30,* 111-130.

Bates, J. E., Freelatnd, C. A., & Lounsbury, M. L. (1979). Measurement of infant difficulties. *Child Development, 50,* 794-803.

Bates, J. E., Maslin, C. A., & Frankle, K. A. (1985). Attachment security, mother-child interaction, and temperament as predictors of behavior problem ratings at three years. In Bretherton & E Waters (Eds.), Growing points of attachment theory and research. *Monographs of the Society for Research in Child Development, 50,* 167-193.

Bates, J.E., Bayles, K.,Bennett, D.S.,Ridge, B.,& Brown, M.M. (1991). Origins of externalizing behavior problems at eight years of age. In D. Pepler & K. Rubin (Eds.), *Development and treatment of childhood aggression.* Hillsdale, NJ：Erlbaum.

Baumrind, D. (1967). Child care practices anteceding three patterns of preschool Behavior. *Genetic Psychology Monographs, 75,* 43-88.

Baumrind, D. (1973). The development of instrumental competence through socialization. In A. D Pick (Ed.), *Minnesota symposium on child psychology. (vol.7).* Minneapolis：University of Minnesota Press.

Becker, W. C. (1964). Consequences of different kinds of parental discipline. In M. L. Hoffman & L W. Hoffman (Eds.), *Review of child development.* N. Y. Russell Saga Foundation.

Bell, S. M., & Ainsworth, M. D. S. (1972). Infant crying and maternal responsiveness. *Child Development, 43,* 1171-1190.

Belsky, J., & Isabella, R. A. (1988). Individual, familial, and extrafamilial determinants of attachment security: A process analysis. In J. Belsky & T. Nezworski (Eds), *Clinical implications of attachment.* Hillsdale, NJ: Erlbaum.

Belsky, J., & Rovine, M. (1987). Temperament and attachment security in the strange situation: an empirical rapprochement, *Child Development, 58,* 787-795.

Belsky, J., & Rovine, M., & Taylor, D. G. (1984). The Pennsylvania infant and family development: The origins of individual differences in infant-mother attachment: maternal and infant contributions. *Child Development, 55,* 718-728.

Belsky, J., & Vondra, J. (1989). Lessons from child abuse: The determines of parenting. In D. Cicchetti & V. Carlson (Eds.), *Child maltreatment: Theory and research on the causes and consequences of child abuse and neglect.* NY: Cambridge University Press.

Belsky, J., Gardugue, L., & Hrncir, E. (1984). Assessing performance, competence, and executive capacity in infancy play: Relations to home environment and security of attachment. *Developmental Psychology, 20,* 406-417.

Bender, W. N. (1985). Differences between learning disabled and non-learning disabled children in temperament and behavior. *Learning Disability Quarterly, 8,* 11-18.

Berndt, T. J., & Perry, T, B, (1986). Children's perceptions of friendships as supportive relationships. *Developmental Psychology, 22,* 640-648.

Berry, R. E. (1980). The relationship between infant temperament and the organizational pattern of infant-mother attachment behavior. *Dissertation Abstract International, 41(10),*3880.

Billman, J., & McDevitt, S. (1980). Convergence of parent and observer rating of temperament with observations of peer interactions in nursery school. *Child development, 51,* 395-400.

Black, W., Gasparrini, B., & Nelson, R. (1981).Parental assessment of temperament in handicapped children. *Journal of Personality Assessment, 45,* 155-158.

Block, J. H. Block, H. (1980). The role of ego-control and ego-resiliency in the organization of behavior. In W. A. Collins (Ed.), *Minnesota symposium on child psychology (vol. 13, pp. 39-101).* Hillsdale, NJ: Erlbaum.

Block, J., Block, J. H., & Keyes, S. (1988). Longitudinally foretelling drug usage in adolescence: early childhood personality and environment precursors. *Child Development, 59,* 336-355.

Blurton-Jones, N. (1972). Categories of child-child interaction. In N. Blurton-Jones (Ed.), *Ethnological Studies of Child Behavior.* London: Cambridge University Press.

Bornstein, M. H., & Lamb, M. E. (1988). *Development psychology: An advanced textbook,* Hillsdale, NJ：Lawrence Erlbaum.

Borstein, M. H., Gaughran, J. M., & Segui. (1991). Multimethod assessment of infant temperament：Mother questionnaire and mother and observer reports evaluated and compared at five months using the infant temperament measure. *International Journal of Behavioral Development, 14 (2),* 131-151.

Borstein, M. H., Gaughran, J., & Homel, P. (1986). Infant temperament : Theory, tradition, critique, and new assessment. In C. E. Izard & P. B. Read (Eds.), *Measuring emotions in infant and children (vol. 2).* New York: Cambridge University Press.

Bowel, J. (1960). Grief and mourning in infancy and early childhood. *The Psychoanalytic Study of the Child, VX,* 3-39.

Bowlby, J. (1969). *Attachment and loss: Attachment (vol.1).* New York：Basic Books.

Bowlby, J. (1973). *Attachment and loss: Separation (vol.2).* New York：Basic Books.

Bowlby, J. (1980). *Attachment and loss. Loss, Sadness and Depression (vol.3).* New York：Basic.

Bowley, J. (1958). The nature of the child's tie to his mother. *International Journal of Psycho-Analysis, XXXIX,* 1-23.

Bowley, J. (1959). Separation anxiety. *International Journal of Psycho-analysis, XLI,* 1-25.

Bradshaw, D., Goldsmith, H., & Campos, J. (1987). Attachment, temperament, and social referencing: Interrelationships among three domains of infant behavior. *Infant Behavior and Development, 10,* 223-231.

Breeding, J., Miller, P. A., & Porterfield, C. (1982). *An analysis of the structure of preschool social competence.* Paper presented at the annual meeting of the southwestern Psychological Association.

Bretherton, I. (1985). Attachment theory: Retrospect and prospect. In I Bretherton & E. Water. (Eds.), *Growing points of attachment theory and research, Monographs of the Society for the research in Child Development, 50,* 3-35.

Bretherton, I. (1992). The origins of attachment theory：John Bowlby and Mary Ainsworth. *Developmental Psychology, 28 (5),* 759-775.

Brim, O. G., Jr., & Kagan, J. (1980). *Constancy and change in human development.* Cambridge, Mass: Harvard University Press.

Bronfenbrenner, U. (1979). *The ecology of human development.* Cambridge, Mass: Harvard University Press.

Bronfenbrenner, U. (1989). Ecological system theory. In R. Vasta (Ed.), *Annals of Child Develop-*

ment, 6, 187-249.

Bronfenbrenner, U. (1993). The ecology of cognitive development. Research models and fugitive finding. In R. H. Wozniak & K. W. Fisher (Eds.), *Development in context* (pp.3-44). Hillsdale, NJ：Erlbaum.

Bronstein, M. H., Gaughran, J. M., & Homel, P. Infant temperament: Theory, tradition, critique, and new assessment. In C. E. Izard & P. B. Read (Eds.), *Measuring emotions in infant and children.* Cambridge University Press.

Bruner, J.(1997). *The Culture of education.* Harvard University Press.

Burk, E. (1980). *Relationship of temperamental traits to achievement and adjustment in gifted children.* Unpublished doctoral dissertation, Fordham University.

Buss, A. H. & Plomin, R. A. (1975). *A temperament theory of personality deve-lopment.* New York：Wiley.

Buss, A. H., & Plomin, R. (1984). *Temperament: Early developing personality trait.* Hillsdale, NJ: Erlbaum.

Buss, D. M., Block, J. H., & Block, J. (1980). Preschool activity level：Personality correlates and developmental implications. *Child Development, 51,* 401-408.

Cairns, P.B. & Hoods, K. E. (1983). Continuity in social development: A comparative perspective on individual difference prediction. In P.B. Baltes & O.G. Brim (Eds.), *Life span development and behavior, (vol.5 pp301-358).* New York: Academic Press.

Calkins, S. D., & Fox, N. A. (1992). The Relations among Infant temperament, security of attachment, and behavioral inhibition at twenty-four months. *Child Development, 63,* 1456-1472.

Cameron, J. R. (1978). Parental treatment, children's temperament, and the risk of childhood behavioral disorders. *American Journal of Orthopsychitary, 48(1),* 140-147.

Campos, J., Barrett, K., Lamb, M., Goldsmith, H., & Sternberg, C. (1983). Socioemotional development. In M. Haith & J. Campos (Eds.), P. H. Mussen (series Ed.), *Handbook of child psychology: Infancy and developmental psychobiology.* New York: Wiley.

Capsi, A., & Silva., P.A. (1995). Temperamental Qualities at age three predict personality traits in young adulthood: longitudinal evidence from a birth cohort. *Child Development, 66,* 486-498.

Capsi, A., Henrt, B., McGee, R. O., Moffitt, T. E. & Silva, P. A. (1995). Temperamental origins of child and adolescence behavior problem: from age three to age fifteen. *Child Development, 66,* 55-68.

Carey, W. B. & McDevitt, S. C. (1978a). Revision of infant temperament questionnaire. *Pediatrics, 61,* 735-739.

Carey, W. B. & McDevitt, S. C. (1978b). Stability and change in individual temperament diagnoses from infancy to early childhood. *Journal of the American Academy of Child Psychiatry, 17,* 331-337.

Carey, W. B. & McDevitt, S. C. (Eds.) (1994). *Prevention and early intervention：Individual Differences as risk factors for the mental health of children.* New York：Brunner/ Mazel.

Carey, W. B., Fox, M., & McDevitt, S. C. (1977). Temperament as a factor in early school adjustment. *Pediatrics, 60,* 621-624.

Carson, D. K. (1984). *Temperament and social competence of children one to three years of age.* Unpublished doctoral dissertation, Texas Tech University.

Carson, D., Sharpness, L., Schultz, N., & McGhee, P. (1986). Temperament and communicative competence as predictors of young children's humor. *Merrill-Palmer Quarterly, 32,* 415-426.

Cassidy, J., & Marvin, R. S. , in collaboration with the MacArthur Working Group on attachment (1989), *Attachment organization in three-and four years old: Coding guidelines.* Unpublished manuscript, University of Virginia and Pennsylvannia State University.

Chess, S., & Thomas, A. (1982). Infant bonding: mystique and reality. *American Journal of Orthopsychiatry, 52,* 213-222.

Chess, S., & Thomas, A. (1984). *Origins and evolution of behavior disorders.* New York: Brunner/ Mazel.

Chess, S., & Thomas, A.(1991). Temperament and the concept of goodness of fit. In J.Strelau, & A Angleitner, *Explorations in temperament: International perspectives on theory and measurement.* Plenum Press.

Chess, S., & Thomas, A. (1996). *Temperament theory and practice.* New York： Brunner/Mazel.

Cicchetti, D., Cumming, E. M., Greenberg, M. T., & Marvin, R. S. (1990). An organizational perspective on attachment beyond infancy: Implications for theory, measurement, and research. In M T. Greenberg, D. Cicchetti, E. M. Cummings, (Eds.), *Attachment in the preschool Years: Theory, research and intervention,* The University of Chicago.

Cohen-Hoy, B. (1989). *Temperamental characteristics of popular, average, rejected, and neglected preschoolers.* Unpublished doctoral dissertation, University of Maryland at College Park.Maryland.

Coie, J. D., Dodge, K. A., & Coppotelli, H. (1982). Dimensions and types of social status：A cross-age perspective. *Developmental Psychology, 18,* 557-570.

Coie, J. D., Dodge, K. A., Kupersmidt, J. B. (1990). Peer group behavior and social status. In S. R Asher & J. D. Coie (Eds.), *Peer rejection in childhood.* Cambridge, England：Cambridge University Press.

Connell J. P., & Thompson, R. (1986). Emotion and social interaction in the strange situation: consistencies and asymmetric influences in the second year. *Child Development, 57,* 733-748.

Connor, R. E. (1983). *The Relationship between student temperament and behavioral characteristics and teacher attitudes of attachment, concern, indifference and rejection.* Unpublished doctoral dissertation, The University of Georgia.

Coon, H., Carey,G., Corley, R., & Fulker, D.W. (1992). Identifying children in the Colorado Adoption Project at risk for conduct disorder. *Journal of the American Academy of Child and Adolescent Psychiatry, 31,* 503-511.

Costa, P. T., Jr, McCrae, R. R., & arenberg, D. Endurning dispositions in adult males. *Journal of Personality and Social psychology, 38,* 793-800.

Crockenberg, S. B. (1986). Are temperament differences in babies associated with predicable differences in caregiving. In J. Lerner, & R. Lerner (Eds.), *Temperament and psychological interaction in children.* San Francisco: Jossey- Bass.

Crockenberg, S. B., & Acredolo, C. (1983) Infant temperament ratings: A function of infants, mother, or both? *Infant Behavior and Development, 6,* 61-72.

Croockenberg, S. (1981). Infant irritability, mother responsiveness and social support influences on the security of infant attachment. *Child Development, 52,* 857- 865.

Cummings, E. M. (1980). Caregiver stability and day care. *Developmental Psychology, 16,* 31-37.

Cutrona, B., & Troutman, B. (1986). Social support, infant temperament and parenting self-efficacy. *Child Development, 57,* 1507-1518.

Czeschlik, T., & Rost, D. H. (1989). *The relationship of teacher perceptions of children's temperament and intellectual ability.* (ERIC Document Reproduction Service No. ED 310878).

De Vries, M. (1984). Temperament and infant morality among the Masai of East Africa. *American Journal of psychiatry, 141,* 1189-1194.

DeStefano, L., Wang, M. C., & Gordon, E. W. (1985). An analysis of individual difference in student temperament characteristics and the implications for classroom processes and outcomes. In M. C. Wang (Ed.), *Temperament and school learning.* Pittsburgh, Learning Resource and Development Center.(ERIC Document Reproduction Service No. ED 267078).

DiBlasio, C., Bond, L., Wasserman, R., Creasey, G. (1988). *Infant temperament and behavior problems at 6 to 7 years.* Paper presented at the International Conference of Infant Studies. Washington, DC.

Dodge, K. A. (1985). Facets of social interaction and the assessment of social competence in children.

In B. H. Schneider, K. H. Rubin, & J. E. Ledingham (Eds.), *Children's peer relation: Issues in assessment and intervention.* New York: Springert-Verlag.

Dowick, P. W. (1986). *Social survival for children.* New York: Brunner/Mazel.

Earls, F., & Jung, K. (1987). Temperament and home environment characteristics as causal factors in the early development of childhood psychopathology. *Journal of the American Academy of Child and Adolescent Psychiatry, 26,* 491-498.

Egeland, B., & Farber, E. (1984). Infant-mother attachment: Factors related to its development and changes over time. *Child Development, 55,* 753-771.

Eisenberg.N., & Fabes, R.(1995). The relation of young children's vicarious emotional responding to social competence, regulation and emotionality. *Cognition and Emotion, 9,* 203-228.

Elder, G. H. (1962). Structural variations in the child-rearing relationship. *Sociometry, 25,* 241-262.

Emde, R. N. & Robinson, J. (1978). The first two months: Recent research in developmental psycho-biology and the changing view of the newborn. In J. Noshpitz & J. Call (Eds.), *American Handbook of Child Psychiatry.* New York: Basic Books.

Eysenck, H. J. (1947). *Dimensions of personality.* London: Routledge & Kegan Paul.

Field, T. M., & Greenberg, R. (1982). Temperamental ratings by parents and teachers of infants, toddlers, and preschool children. *Child Development, 53,* 160-163.

Field, T., Vega-Lahr, N., Scafidi, F., & Goldstein, S. (1987). Reliability, stability and relationships between infant and parent temperament. *Infant Behavior and Development, 10,* 117-122.

Fox, N. A., & Davidson, R. J. (1986).Taste elicited changes in facial signs of emotion and the symmetry of brain electrical activity in human newborns. *Neuropsychologica, 24,* 417-422.

Frodi, A., & Thompson, R. (1985). Infants' affective responses in the strange situation : effects of prematurely and of quality of attachment. *Child Development, 56,* 1280-1291.

Fullard, W., McDevitt, S. C., & Carey, W. B. (1984). Assessing temperament in one-to-three-year-old children. *Journal of Pediatric Psychology, 9,* 205-216.

Galen (1916). *On the nature.* (A. J. Brock, Trans.) Cambridge, MA：Harvard University.(Original work published c.170 a.d.)

Garside, R. F., Birch, H., Scott, D., Chamber, S., Kolvin, I., Tweddle, E. G., & Barber, L. M. (1975) Dimensions of temperament in infant school children. *Journal of Child Psychology and Psychiatry and Allied Discipline, 16,* 219-231.

Gersten, M., Coster, W., Schneider-Rosen, K., Carlson, V., Cicchetti, D. (1986). The socioemotional bases of communicative functioning: Quality of attachment, language development, and early maltreatment. In M. E. Lamb, A. L. Brown, & B. Rogoff (Eds.), *Advances in developmental psy-*

chology, Hillsdale, N. J.: Erlbaum.

Gibbs, M., Reeves, D., & Cunningham, C. (1987). The application of temperament questionnaires to a British sample: Issues of reliability and validity. *Journal of Child Psychology and Psychiatry, 28,* 61-77.

Goldberg, S., Perrotta, M., Minde, K. & Corter, C. (1986). Maternal behavior and attachment in low-birth-weigh twins and singletons. *Child Development, 57,* 34-46.

Goldsmith, H, H., Bradshaw, D. L., & Rieser-Danner, L. A., (1986). Temperamental dimensions as potential developmental influences on attachment . In J. V. Lerner & R. M. Lerner (Eds.), *New Directions for Child Development: Temperament and Psychosocial Interaction in Infancy and Childhood.* San Francisco: Jossey-Bass.

Goldsmith, H. (1987). *The Toddler behavior assessment-questionnaire manual.* Department of Psychology, University of Oregon.

Goldsmith, H. H., & Campos, J. J. (1982). Toward a theory of infant temperament. In R. N. Emde & R. J. Harmon (Eds.), *The Development of attachment and affiliate systems.* New York: Plenum.

Goldsmith, H. H., & Campos, J. J. (1986). Fundamental issues in the study of early temperament: The Denver twin temperament study. In M. E. Lamb, A. L. Brown, & B. Rogoff, (Eds.), *Advances in Developmental Psychology. (vol.4)* Hillsdale, NJ: Erlbaum.

Goldsmith, H. H., & Gottesman, I. I. (1981). Origins of variation in behavior style: a longitudinal study of temperament in young twins. *Child Development, 52,* 91-103.

Goldsmith, H. H., & Rieser-Danner, L. (1986). Variation among temperament theories and validational studies of temperament assessment. In G. A. Kohnstamm (Ed.), *Temperament discussed: Temperament and development in infancy and childhood.* Lisse: Swetes & Zeitlinger.

Goldsmith, H. H., & Riesser-Danner, L. (1989). Assessing early temperament. In C.R. Reynold, & R. Kamphaus (Eds.), *Handbook of psychological and educational assessment of children.* New York: Guilford.

Goldsmith, H. H., & Rothbart, M. K. (1991). Contemporary instruments for assessing early temperament by questionnaire and in the laboratory. In J. Strelau & A. Angleitner (Eds). *Explorations in temperament: International perspectives on theory and measurement.* New York: Plenum Press.

Goldsmith, H. H., Buss, A.H., Plomin, R. Rothbart, M. K. , Thomas, A., Chess., Hinde, R.A. & McCall, R. B. (1987). Roundtable: What is temperament? Four approaches. *Child Development, 58,* 505-529.

Goldsmith, H., & Alansky, J. (1987). *Construction of Q sort measures of temperament and their re-*

lation to security of attachment. Paper presented at the Society for Research in Child Development. Baltimore.

Gordon, B. (1983). Maternal perception of child temperament and observed mother-child interaction *Child Psychiatry and Human Development, 13,* 153-167.

Gordon, E., & Thomas, A. (1967). Children's behavioral style and the teacher's appraisal of their intelligence. *Journal of School Psychology, 5,* 292-300.

Gottman, J. M. (1977). Toward a definition of social isolation in children. *Child Development, 48,* 513-517.

Gottman, J. M., Gornso, J., & Rasmussen, B. (1975). Social interaction, social Competence, and friendship in children. *Child Development, 46,* 709-718.

Greenberg, M. T., Slough, M. N., Carmichael-Olson, H., & Crnic, K. (1988). *The Organization of attachment in five-year-olds.* Unpublished manuscript, Department of Psychology, University of Washington.

Greenspan, S. (1981a). Defining childhood social competence: a proposed working Model. In B. K Keogh (Ed.), *Advances in Special Education.* Greenwich. CT: JAI Press.

Greenspan, S. (1981b). Social competence and handicapped individuals: Practical Implications of a proposed model. In B. K. Keogh (Ed.), *Advances in Special Education.* Greenwich. CT: JAI Press.

Grossman, K., & Grossma, K. E., Huber, F., & Wartner, U. (1981). German children's behavior toward their mothers at 12 months and their fathers at 18 months in Ainsworth's strange situation *International Journal of Behavioral Development, 4,* 157-181.

Guerin, D. W. & Gottfried, A.W.(1994). Developmental stability and change in parent reports of temperament: A ten-year longitudinal investigation from infancy through preadolescence. *Merrill-Palmer Quarterly, 40(3),* 334-355.

Guerin, D. W., Gottfried, A. W., Oliver, P. H. & Thomas, C. W. (1994). Temperament and school functioning during early adolescence. *Journal of Early Adolescence, 14(2),* 200-255.

Gunnar, M., Kestenbaum R., Lang, S., & Andreas, D. (1990). Infant proneness- to-distress temperament, Maternal personality, and mother-infant attachment: associations and goodness of fit *Child Development, 61,* 820-831.

Hagekull, B. (1989). Longitudinal stability of temperament within a behavioral style framework. In G. A. Kohnstamm, J. E. Bates, & M. K. Rothbart (Eds.), *Temperament in childhood* (pp 283-297). Chichester, English: Wiley.

Hagekull, B. (1994). Infant temperament and early childhood functioning: Possible relations to the five-factor model. In C. J. Halverson, Jr., G. A. Kohnstamm, & R. P. Martin (Eds.), *The Developing structure of temperament and personality* (pp.227-240). Hillsdale, NJ: Erlbaum.

Hagekull, B., & Bohlin, G. (1981). Individual stability in dimensions of infant behavior. Infant behavior. *Infant Behavior and Development, 4,* 97-108.

Hagekull, B., Bohlin, G., & Lindhagen, K. (1984). Validity of parental reports. *Infant Behavior and Development, 7,* 77-92.

Hall, R. J., & Cadwell, J. (1984). *Temperament influences on cognition and achievement in children with learning problems.* (ERIC Document Reproduction Service No. ED 249680).

Halverson, C. F., & Waldrop, M. F. (1976). Relations between preschool activity and aspects of intellectual and social behavior at age 7.5. *Journal of Developmental Psychology, 12,* 107-112.

Halverson, J. M. (1987). The use of a transactional model for studying risk factors and adolescent mother-infant interaction. *Dissertation Abstract International, 48(10),* B 3111.

Harrist, A. W., Zaia, A. F., Bates, J. E., Dodge, K.A. & Pettit, G. S. (1997). Subtypes of social withdrawal in early childhood : sociometric status and social-cognitive differences across four years. *Child Development, 68,* 278-294.

Hartup, W. W. (1977). Perspectives on child and family interaction : past, present, future. In R. M. Lerner & G. B. Spanier (Ed.), *Child influences on marital and family interaction.* New York : Academic Press.

Hartup, W. W., Jglazer, J. A., & Charlesworth, R. (1967). Peer reinforcememt and sociometric status. *Child Development, 38,* 1017-1024.

Hegvik, R., McDevitt, S., & Carey, W. (1982). The middle childhood temperament questionnaire. *Journal of Developmental and Behavioral Pediatrics, 3,* 197-200.

Henderson, L.J.(1913). *The Fitness of the Enviroment.* N. Y.:Macillian.

Henry, B., & Caspi, A., Moffitt, T. E., & Silva, P. A. (1996). Temperament and familial predictors of violent and nonviolent criminal conviction: age 3 to age 18. *Developmental Psychology, 32(4)* 614-623.

Hinde, R. A., Easton, D. F., Meller, R. E., & Tamplin, A. M. (1982). Temperament characteristics of 3-4 year olds and mother-child interaction. In R. Porter, & G. M.Collins (Eds.), *Temperament differences in infants and young children* (Ciba Foundation Symposium 89). London: Pittman.

Hinde, R.A. & Bateson, P.(1984).Discontinuities versus continuities in behavioral development and the neglect of process. *International Journal of Behavioral Development, 7,* 129-143.

Hoffman, L.W. (1977). Changes in family role, socialization, and sex differences. *American Psychologist, 32,* 644-657.

Holden, D. (1980). *Child temperament and teacher exception: Their interactive effect on children's school achievement.* Unpublished doctoral dissertation, University of Denver.

Horn, W. F., & Packard, T. (1985). Early identification of learning problems: A meta- analysis. *Journal of Educational Psychology, 77(5),* 597-607.

Hsieh Chih-ling. (1998).（謝智玲）*Relating parenting styles and children's temperament to behavioral adjustment and academic achievement of Taiwanese children,* Unpublish doctoral dissertation, Texas Tech University.

Hubert, N. C. Wachs, T. D. Peters-Martin, P. & Gandour, M. J. (1982). The study of early temperament: Measurment and conceptual issues. *Child Development, 53,* 571-600.

Huttenen , M. O. & Nyman, G. (1982). On the continuity, change and clinical value of infant temperament in a prospective epidemiological study. In R. Porter & G. M. Collins (Eds.), *Tempera ment difference in infants and young children* (pp.240-247). Ciba Foundation Symposium 89 London: Pitman.

Jewsuwan, R., Luster, T., & Kostelnik, M. (1993). The relation between parents' perceptions of temperament and children's adjustment to preschool. *Early Childhood Research Quarterly, 8,* 33-51

Jung, C.G.,(1923). *Psychological types.* London：Routledge & Kegan Paul.

Kagan, J. (1984). *The nature of the child.* New York: Wiley.

Kagan, J. (1989). *Unstable ideas: Temperament, cognition and self.* Cambridge, MA: Harvard University Press.

Kagan, J. (1994). *Galen's prophecy.* New York: Wiley.

Kagan, J. (1994). On the nature of emotion. In N. Fox (Ed.), The development of emotion regulation *Monographs of the Society for Research in Child Development, 59* (2-3, Serial No.240).

Kagan, J. (1997). Temperament and the reactions to the unfamiliarity. *Child Development, 68,* 39-143.

Kagan, J., & Snidman, N. (1991). Temperamental factors in human development. *American , 46(8),* 856-862.

Kagan, J., (1982). *Psychological research on the human infant: An evaluative summary.* New York W. T. Grant Foundation.

Kagan, J., Reznick, J. S., Clark, C., Snidman, N., & Garcia-Coll, C., (1984). Behavioral inhibition to the unfamiliar. *Child Development, 55,* 2212-2225.

Kagan, J., Reznick, J. S., Clark, C., Snidman, N., & Garcia-Coll, C., (1986). Temperament inhibition in early childhood. In R. Plomin & J. Dunn (Eds.), *The study of temperament: Changes, continuities and challenges* (pp.53-65). Hillsdale, NJ: Lawrence Erlbaum Associates.

Kahan, A. N., & Hoge, R. D. (1983). A teacher-judgement measure of social competence：Validity data. *Journal of Consulting and Clinical Psychology, 51(6),* 809-814.

Keele, S. (1973). *Attention and human performance.* Pacific Palisades, CA: Goodyear.

Keogh, B. K. (1986a). Temperament and schooling: What is the meaning of goodness of fit？In J. V Lerner & R. M. Lerner (Eds.), *New directions for child development: Temperament and social interaction in infants and children.* San Francisco: Jossey-Bass.

Keogh, B. K. (1986b). Temperament contributions to goodness-of -fit in schooling. In G. A. Kohnstamm (Ed.), *Temperament discussed.* Lisse, Netherlands.

Keogh, B. K. (1989). Applying temperament research to school. In G. A. Kohnstamm, J. E. Bates, & M. K. Rothbart (Eds.), *Temperament in childhood.* New York: Wiley.

Keogh, B. K., & Burstin, N. D. (1988). Relationship of temperament to preschoolers' interaction with peer and teachers. *Exceptional Children, 54,* 69-74.

Keogh, B. K., Kornblau, B. S., & Ballard-Campbell, M. (1977-1982). *Temperament and attribution studies.* Los Angeles: University of California, Graduate School of Education; and the Bureau of Education for the Handicapped, U. S. Office of Education.

Keogh, B. K., Pullis, M. E., & Cadwell, J. (1982). A short form of the teacher temperament questionnaire. *Journal of Educational Measurement, 19,* 323-329.

Klein, H. A. (1987). *Temperament and adjustment relationship：Israeli and American preschoolers.* (ERIC Document Reproduction Service No. ED 289606).

Klein, P. (1984). Behavior of Israeli mothers toward infants in relation to infants' perceived temperament. *Child Development, 55,* 1212-1218.

Kury, H. (1980). The personality structure of popular and unpopular school children. *Psychology Abstract, 63,* 600.

Lamb, M. E., Thompson, R. A., Gardner, W., & Charnov, E. L. (1985). *Infant-Mother attachment: The origins and developmental significance of individual differences in strange situation behavior.* Lawrence Erlbaum Associates, Inc.

Lambert, N. M., & Windmiller, M. (1977). An exploratory study of temperament traits in a population of children at risk. *The Journal of Special Education, 11(1),* 37- 47.

Lee, C. L. & Bates, J. E. (1985). Mother-child interaction at age two years and perceived difficult temperament. *Child Development, 56,* 1314-1325.

Lee, C.L. (1981). *Perceived difficult temperament and mother toddler interaction sequences.* Paper presented at the meeting of the Society of Research in Child Development, Boston.

Lefever, G. B., & Barglow, P. (1987). *On using strange situation behavior as indexes of temperament.*

Poster presented at the meeting of the Society for Research in Child Development, Baltimore.

Lerner, J. V. (1984). The impact of temperament for psychosocial functioning: Tests of a "goodness of fit" model. *Merrill-Palmer Quarterly, 30,* 177-188.

Lerner, J. V., & Lerner, R. M. (1994). Explorations of the goodness- of -fit model in early adolescence. In W. B. Carey, & S. C. McDevitt (Ed.), *Prevention and early intervention: Individual differences as risk factors for the mental health of children.* New York: Brunner/Mazel.

Lerner, J. V., Lerner, R. M., & Zabski, S. (1985). Temperament and elementary school children's actual and rated academic performance: A test of "goodness of fit" model. *Journal of Child Psychology and Psychiatry, 26,* 125-136.

Lerner, R. M., & Spanier, G. B. (1978). A dynamic interactional view of child and family development . In R. M. Lerner & G. B. Spanier (Eds.), *Child influences on marital and family interaction: A life span perspective.* New York: Academic Press.

Lewis, M., Young, G., Brooks, J., & Michalson, L. (1975). The beginning of friendship. In M. Lewis & L. A. Rosenblum (Eds.), *Friendship and peer relations.* New York：Wiley.

Liberman, A. (1977). Preschooler's competence with a peer: Relations with attachment and peer experience. *Child Development, 1,* 265-275.

List, K. R. (1982). *Temperament and behavior problems in preschool,* the faculty of the graduate school of arts and science, University of Denver, USA..

Lounsbury, M., & Bates, J. (1982). The cries of infants of differing levels of perceived temperamental difficultness: Acoustic properties and effects on listeners. *Child Development, 53,* 677-686.

Lytton, H. (1995). *Child and family factors as predictors of conduct disorder and criminality.* Paper presented at Biennial Meetings of the Society for Research in Child Development, Indianapolis, IN.

Maccoby, E. E., & Martin, J. A. (1983). Socialization in the contex of the family: Parent-child relation. In P.H. Mussen (Ed.), *Handbook of child psychology:socilaization, personality and social development.* N. Y.: Wiley.

Maccoby, E. E., Snow, M. E., & Jackline, C. N. (1984). Children's dispositions and mother-child interaction at 12 and 18 months : A short term longitudinal study. *Developmental Psychology, 20,* 459-472.

Macphee, D. (1983). *What do ratings of infant temperament really mean?* Presented at Convention of Society for Research in Child Development, Detroit.

Main, M., & Cassidy, J. (1985). *Assessment of child-parent attachment at six years of age.* Unpublished Scoring Manual.

Main, M., & Solomon, J. (1990). Procedures for identifying infants as disorganized(disoriented during the Ainsworth strange situation. In M. T. Greenberg, D. Cicchetti, E. M. Cummings, (Eds.), *Attachment in the preschooi years: Theory, research and intervention.* The University of Chicago.

Main, M., & Weston, D. (1981). Security of attachment to mother and father: Related to conflict behavior and the readiness to establish new relationships. *Child Development, 52,* 932-940.

Main, M., Kaplan, N., & Cassidy, J. (1985). Security in infancy, childhood and adulthood: A move to the level of representation. In I. Bretherton & E. Waters (Eds.), Growing points of attachement theory and research. *Monographs of the Society for Research in Child Development, 50(1-2, Sevies No.209), 66-104.*

Malastesta, C., Grigoryev, P., Lamb, C., Albin, M., & Culver, C. (1986). Emotion socialization and expressive development in preterm and full-term infants. *Child Development, 57 (1),* 316-330.

Mangelsdorf, S., Gunnar, M., Kestenbaum, R., Lang, S., & Andreas, D. (1990). Infant proneness-distress temperament, maternal personality, and mother-infant attachment: Associations and goodness of fit. *Child Development, 61,* 820-831.

Martin, R. P. & Gladdis, L. R. (1989). *Potential indirect genetic effects on learning: A longitudinal study of temperament effects n achievement in elementary school.* (ERIC Document Reproduction Service No. ED 316564).

Martin, R. P. (1988a). *The temperament assessment battery manual.* Brandon, VT: Clinical Psychological Press.

Martln, R. P. (1988b). Child temperament and educational outcomes. In A. D. Pellegrini (Ed.), *Psychological bases for early education.* Chichester, England: John Wiley.

Martin, R. P. (1989c). Activity level, distractibility, and persistence: critical characteristics in early schooling. In G. A. Kohnstamm, J. E. Bates, & m. K. Rothbart (Eds.), *Temperament in childhood.* Chichester, England: John Wiley.

Martin, R. P. (1989d). Temperament and education: implications for underachievement and learning disability. In W. Carey & S. McDevitt (Eds.), *Clinical and educational applications of temperament research.* Amsterdam(Lisse, The Netherland: Swets & Zeitlinger.

Martin, R. P. , & Holbrook, J. (1985). Relationship of temperament characteristics to the academic achievement of first grade children. *Journal of Psychoeducational Assessment, 3,* 131-140.

Martin, R. P. , Gladdis, L. R., Drew, K. D., & Moseley, M. (1988). Prediction of elementary school achievement from preschool temperament: Three studies. *School Psychology Review, 17,* 125-137.

Martin, R. P., Drew. K. D., Gaddis, L. R., & Moseley, M. (1986). Prediction of elementary school achievement from preschool temperament: Three studies. *School Psychology Review, 17(1)*, 125-137.

Martin, R. P., Drew. K. D., Gaddis, L. R., & Moseley, M. (1986). Prediction of elementary school achievement from preschool temperament: Three studies. *School Psychology Review, 17(1)*, 125-137.

Martin, R. P., Nagle, R. & Paget, K. (1983). Relationship between temperament and classroom behavior, teacher attitude, and academic achievement. *Journal of Clinical Psychology, 39*, 1013-1020.

Martin, R. P., Oljnik, S. & Gaddis, L. (1994). Is temperament an important contributor to schooling outcomes in elementary school? Modeling effects of temperament and scholastic ability on academic achievement. In W. B. Carey & S. C. McDevitt (Eds.), *Prevention and early intervention, individual differences as risk factors for the mental health of children.* New York: Brunner/Mazel.

Matheny, A. (1980). Bayley's Infant behavior record: behavioral components and twin analysis. *Child Development, 51,* 1157-1167.

Matheny, A. P., & Dolan, A..B. (1975). Persons, situations and time: a genetic view of behavioral change in children. *Journal of Personality and Social Psychology, 32,* 1106-1110

Matson, J. L., & Ollendick, T. H. (1988). *Enhancing children's social skill: Assessment and training.* New York: Pergamon Press.

Maziade, M., Caperaa, P., Laplante, B., Boudreault, H., Thivierge, J., Cote, R., & Boutin, P. (1985) Value of difficult temperament among 7 year-olds in the general population for predicting psychiatric diagnosis at age 12. *American Journal of Psychiatry, 142,* 943-946.

Maziade, M., Caron, C., Cote, R., Merette, C., bernier, H., Laplante, B., Boutin, P., & Thivierge, J (1990). Psychiatric status of adolescents who had extreme temperaments at age 7. *American Journal of Psychiatry, 147,* 1531-1536.

Maziade, M., Cote, R., Bernier, H., Boutin, P., & Thivierge, J. (1989a). Significance of extreme temperament in infancy for clinical status in pre-school year: (. Value of extreme temperament at 4-8 months for predicting diagnosis at 4.7 years. *British Journal of Psychiatry, 154,* 535-543.

Maziade, M., Cote, R., Bernier, H., Boutin, P., & Thivierge, J. (1989b). Significance of extreme temperament in infancy for clinical status in pre-school year: II. Patterns of temperament change and implications for the appearance of disorders. *British Journal of Psychiatry, 154,* 544-551.

Maziade, M., Cote, R., Boudreault, M., Thivierge, J., & Boutin, P. (1986) Family correlates of temperament continuity and change across middle childhood. *American Journal of Orthopsychiatry, 56,* 195-203.

McDevitt, S. C., & Carey, W. B. (1978) The measurement of temperament in 3-to 7-year-old children. *Journal of Child Psychology and Psychiatry, 19,* 245-253.

McDevitt, S. C., & Carey, W. F. (1981). Stability of ratings vs. perceptions of temperament from early infancy to 1-3 years. *American Journal of Orthopsychiatry, 51,* 342-345.

McDogual, W.(1931). *An outline of psychology.* London：Methuen.

Mead, D. E. (1976). *Six approaches to child rearing.* Prevo Utah: Brigan University Press.

Mevarech, Z. R. (1985). The relationships between temperament characteristics , intelligence, task-engagement and mathematics achievement. *British Journal of Educational Psychology, 55,* 156-163.

Michelson, L., Sugai, D. P., Wood, R. P. & Kazdin, A. E. (1983). *Social skill assessment and training with children.* New York: Plenum Press,

Million, J. (1978). Relationship between perceived child temperament and maternal behaviors. *Child Development, 49,* 1255-1257.

Miyake, K., Chen, S. J., & Campos, J. J. (1985). Infant temperament, mother's mode of interaction, and attachmet in Japan: An interim report. In I. Bretherton & E. Water (Eds.), Growing points in attachment theory and research. *Monographs of the Society for Research in Child Development, 50,* 276-297.

Moseley, M. (1986). *Effects of temperament on achievement in early childhood.* Unpublished doctoral Dissertation, University of Georgia.

Neale, . C., & Stevenson, J. (1989). Rater bias in the EASI temperament scales: A twin study. *Journal of Personality and Social Psychology, 56,* 446-455.

Nelson, J. A. N. & Simmerer, N. J. (1984). A correlational study of children's temperament and parent behavior. *Early Child Development and Care, 16,* 231- 250.

Newman, D. L., Caspi, A., Moffitt, T. E., & Silva, P.A. (1997). Antecedents of adult interpersonal of functioning: Effects of individual differences in age 3 temperament. *Developmental Psychology, 32(2),* 206-217.

Odom, S. L., & McConnell, S. r., (1985). A performance-Based-conceptualization of social competence of handicapped preschool children：Implications for assessment. *Topic in Early Childhood Special Education, 4,* 20-31.

Olson, S., Bates, J., & Bayles, K. Maternal perceptions of infant toddler behavior: A longitudinal, construct validation study. *Infant Behavior and Development, 5,* 397-410.

Paget, K., Nagle, R., & Martin, R. P. (1984). Interrelations between temperament characteristics and first grades teacher-student interactions. *Journal of Abnormal Child Psychology, 12,* 547-560.

Palermo, M. (1981). *Child temperament and contextual demands: A test of the goodness-of-fit model.* Unpublished dissertation, The Pennsylvania State University.

Palisin, H. (1986). Preschool temperament and performance on achievement tests, *Developmental Psychology, 12,* 766-770.

Parker-Cohen, N. Y. & Bell, R. Q. (1988). The relationship between temperament and social adjustment to peers. *Early Childhood Research Quarterly, 3,* 179-192.

Pedlow, R., Sanson, A., Prior, M., & Oberklaid F.(1993). Stability of maternally reported temperament from infancy to 8 years. *Developmental Psychology, 29,* 998-1007..

Persson-Blennow, L., & McNeil, T. F. (1981). Temperament characteristics of children in relation to gender, birth order, and social class. *American Journal of Orthopschiatry, 51,* 71-714

Peters-Martin, P., & Wachs, T. D. (1984). A longitudinal study of temperament with its correlates in the first 12 months. *Infant Behavior and Development, 7,* 285-298.

Plomin, R. (1982). Childhood temperament. In B. Lahey & A. Kazdin (Eds.), *Advance in clinical child psychology.* New York: Plenum.

Porges, S. (1983). Heart Rates pattern in neonates: A potential diagnostic window to the brain. In T Field & A. Sostek (Eds.), *Infants born at risk: Physiological, perceptual , and cognitive process.* New York: Grune & Stratton.

Prior, M. R., Sanson, A. V., & Oberklaid. (1989).The Australian temperament project In G. A. Kohnstamm, J. E. Bates, & M. K. Rothbart (Eds.), *Temperament in childhood.* Chichester, EnglishWiley.

Pullis, M. (1979). *An investigation of the relationship between children's temperament and school adjustment.* Unpublished doctoral dissertation, University of California, Los Angeles.

Pullis, M. (1985). LD students' temperament characteristics and their impact on decision by resources and mainstream teachers. *Learning Disability Quarterly, 8,* 109-121.

Pullis, M., & Cadwell, J. (1982). The influence of children's temperament Characteristisc on teachers decision strategies. *American Educational Research Journal, 19,* 165-181.

Putallaz, M., & Gottman, J. M. (1981), An interation al model of children's entry into peer groups *Child Development, 52,* 986-994.

Rende, R.D. (1993). Longitudinal relations between temperament traits and behavioral syndromes in middle childhood. *Journal of the American Academy of Child and Adolescent Psychiatry, 32,* 287-290.

Renfeldt, S. V. (1982). Parental perceptions of infant temperament and its relationship with home simulation and intellectual development. *MAI, 20(3),* 308.

Riese, M. L. (1983). Behavior patterns in full-term and preterm twins. *Acta geneticae Medicae et Gemellologiae, 32,* 209-220.

Riese, M. L. (1987). Temperamental stability between the neonatal period and 24 months. *Developmental Psychology, 23,* 216-222.

Rieser-Danner, L. (1986). *Measures of infant temperament: A convergent validity study.* Paper presented at the International Conference on Infant Studies. Los Angeles.

Roie, A., & Siegelman, (1963). A parent-child relations questionnaire. *Child Development, 34,* 355-369.

Roistacher, R. C. (1974). A microecomonic model of sociometric choice. *Socio-metry, 37,* 219-238.

Ross, G. (1987). Temperament of preterm infants: Its relationship to perinatal factors and one-year outcome. *Journal of Developmental and Behavioral Pedia-trics, 8,* 106-110.

Rothbart, M. K. (1981). Measurement of temperament in infancy. *Child Development, 52,* 569-578.

Rothbart, M. K. (1986). Longitudinal observation of infant temperament. *Deve-lopmental Psychology, 22,* 356-365.

Rothbart, M. K., & Derryberry, D. (1981). Development of individual difference. In M. E. Lamb & A. L. Brown (Eds.), *Advances in Development Psychology.* Hillsdale, NJ : Erlbaum.

Rothbart, M. K., & Goldsmith, H. H. (1985). Three approaches to the study of infant temperament. *Developmental Review, 5,* 237-260.

Rothbart, M. K., & Mauro, J. A. (1990). Questionnaire approaches to the study of infant temperament. In John Colombo & Jeffrey Fagen (Eds.), *Individual differences in infancy: Reliability, stability, prediction.* Lawrence Erlbaum.

Rothbart, M. K., Derryberry, D., & Hershey, K. (1995). *Stability of temperament in childhood: Laboratory infant assessment to parent report at seven years.* Unpublished manuscript.

Rothbart, M. K., Posner, M. I., & Hershey, K.L. (1995). Temperament, attention, and development psychopathology. In D. Cicchetti & D. J. Cohen (Eds.), *Manual of developmental psychology.* New York: Wiley.

Rowe, D. C., & Plomin, R. (1977). Temperament in early childhood. *Journal of Personality Assessment, 41(2),* 150-156.

Rubin, K. H. (1971). *Egocentric in early and middle childhood : A factor analytic investigation.* Unpublished doctoral dissertation, Pennsylvania State University.

Rubin, K. H., Hastings, P. D., Stewart, S. L, Henderson, H. A. & Chen, X. (1997). The consistency and concomitants of inhibition: some of the children, all of the time. *Child Development, 68,* 467-482.

Ruff, H. A., Lawson, K. R., Parrinello, R., Weissberg, R. (1990). Long-term stability of individual differences in sustained attention in the early years. *Child Development, 61,* 60-75.

Rutter, M. (1982). Temperament: concept, issues and problems. In R. Porter & M. Collins (Eds.), *Temperament differences in infants and young children.* London: Pitman.

Rutter, M. (1987). Continuities and discontinuities from infancy. In J. D. Osofsky (Ed.), *Handbook of infant development.* New York: Wiley.

Rutter, M. (1989). Temperament: conceptual issues and clinical implications. In G. A. Kohnstamm, J. E. Bates, & M. K. Rothbart (Eds.), *Temperament in childhood.* John Wiley & Sons.

Rutter, M., Korn, S., & Birch, H. G. (1963). Genetic and environmental factors in the Development of primary reaction patterns. *British Journal of Clinical and Social Psychology, 1,* 161-173.

Saarni, C., & Crowley, M. (1990). The development of emotion regulation: Effects of emotional state and expression. In E. A. Blechman (Ed.), *Emotions and the family.* Hillsdale, NJ: Erlbaum.

Sameroff, A. J., Seifer, R., & Elias, P. K. (1982). Sociocultural variability in infant temperament ratings. *Child Development, 53,* 164-171.

Sanson, A. V., Smart, D. F., Prior, Oberklaid, F., & Pedlow, R. (1994). The structure of temperament from three to seven years: Age, sex and sociodemographic influences. *Merrill-Palmer Quarterly, 40,* 233-252.

Schaefer, E. S. (1965). Children's reports of parental behavior: A inventory. *Child Development, 36,* 413-424.

Schaefer, E. S. (1978). Factors that impede the process of scocialization. In M. J. Bejab and S. A. Richardson (Eds.), *The mentally retarded and society: A social science perspective.* Baltimore University Parks Press.

Schneider, B. H., Rubin, K. H., & Ledingham, J. E. (Eds.), (1985). *Children's peer relations: Issues in assessment and intervention.* New York: Springer-Verlag.

Schneider-Rosen, K. (1990). The Developmental reorganization of attachment relationships: Guidelines for classification beyond infancy. In M. T. Greenberg, D. Cicchetti, E. M. Cummings, (Eds.), *Attachment in the preschool years: Theory, research and intervention,* The University of Chicago.

Schneider-Rosen, K., & Cicchetti, D. (1984). The relationship between affect and cognition in maltreated infant: Quality of attachment and the development of visual self-recognition. *Child Development, 55,* 648-658.

Schneider-Rosen, K., Braunwald, K. G., Carlson, V., & Cicchetti, D. (1985). Current perspectives in attachment theory: Illustration from the study of maltreated infants. In Bretherton & E. Waters (Eds.), *Growing points of attachment theory and research. Monographs of the Society for Research in Child Development.*

Schoen, M. J., & Nagle, R. J. (1994). Prediction of school readiness from kindergarten temperament score. *Journal of School Psychology, 32(2),* 135-147.

Sear, R. R., & Maccoby, E. E. (1957). *Patterns of Child Rearing.* N.Y：Harper & Row.

Seegmiller, B., & King, W. (1975). Relations between behavioral characteristics of infants, their mothers' behaviors and performance on the Bayley mental and motor scales. *Journal of Psychology, 90,* 99-111.

Seifer, R., & Schiller, M. (1995). The role of parenting sensitivity, infant temperament and dyadic interaction in attachment theory and assessment. *Monographs of the Society for research in Child Development, 60,* 146- 174.

Seifer, R., Sameroff, A. J. (1986). The concept, measurement, and interpretation of temperament in young children: A survey of research issues. In M. Wolraich, & L Rosenblum (Eds.), *Advances in developmental and behavioral pediatrics.* Greenwich, CN: JAI Press.

Seifer, R., Sameroff, A. J., Barrett, L. C., & Krafchuk, E. (1994). Infant temperament measured by multiple observations and mother report. *Child Development, 65,* 1478-1490.

Shaw, D. S., Vondra, J. I. (1995). Infant attachment security and maternal predictors of early behavior problems: A longitudinal study of low-income families. *Journal of Abnormal Child Psychology, 23,* 335-357.

Shaw, D. S., Vondra, J. I., Hommerding, K. D., Keenan, K., & Dunn, M. (1994). Chronic family adversity and early child behavior problems. A longitudinal study of low income families. *Journal of Child Psychology and Psychiatry, 35,* 1109-1122.

Sheldon, W. (1942). *The varieties of temperament: A psychology of constitutional differences.* N.Y.: Harper.

Sheldon, W.H. (1942). *The varieties of temperament：A psychology of constitional differences.* New York：Harper.

Siberman, M. (1969). Behavior expressions of teachers' attitudes toward elementary school students. *Journal of Educational Psychology, 60,* 402-407.

Sirignano, S., & Lachman, M. (1985).Personality change during the transition to parenthood: The role of perceived infant temperament. *Developmental Psychology, 21,* 558-567.

Skarpness, C., & Carson, D. (1986). Temperament, communicative competence. The psychological adjustment of kindergarten children. *Psychology Reports, 59,* 1299-1308.

Slabach, E. H., Morrow, J., & Wachs, T. D. (1991). Questionnaire measurement of infant and child temperament: Current status and future directions. In J. Strelau, J. & A. Angleitner (Eds.), *Explorations in temperament: International perspectives on theory and measurement.* New York Plenum press.

Sloman, J.A.(1986). *Temperament and peer interaction ：The behavior of easy and slow-to-warm-up toddlers in pairs of similar or dissimilar temperament.* Unpublished doctoral dissertation. U.S. Brandies University.

Slough, N. (1988). *Assessment of attachment in five-year-olds: Relationships among separation, the internal representation, and mother-child functioning.* Unpublished doctoral dissertation, University of Washington, USA.

Smith, P., & Pederson, D. (1983). *Maternal sensitivity and patterns of infant-mother attachment.* Paper presented at the biennial meeting of the Society for the Research in Child Development, Detroit.

Sobesky, W., List, K., Holden, D., & Braucht, N. (1981). *Dimensions of child temperament in school settings.* Presented at the biennial conference of the Society for Research on Child Development, Boston.

Sroufe, L. A. (1985). Attachment classification from the perspective of infant- caregiver relationships and infant temperament. *Child Development, 56,* 1-14.

Stevenson-Hinde, J., & Simpson, A. E. (1982). Temperament and relationship. In R. Porter & G. M Collins (Eds.), *Temperament differences in infant and young children.* London: Pitman Books.

Stewart, R., & Marvin, R. S. (1984). Sibling relations: The role of conceptual perspective-taking in the ontogeny of sibling caregiving. *Child Development, 55,* 1322-1332.

Strelau, J. (1987). The concept of temperament in personality research. *European Journal of Personality, 1,* 107-117.

Sull, Inja (1995). *Temperament, Mother-Child Attachment, and Peer Relationships in Korean Preschool Children.* Unpublished doctoral Dissertation ,Temple University.USA.

Teti, D. M., & Nakagawa, M. (1990). Assessing attachment in infancy: the strange situation and alternate system. In E. D. Gibbs & D. M. Teti (Eds), *Interdisiplinary assessment of infants: A guide for early intervention professionals.* Baltimore, MD:Brooks.

Teti, D. M., Nakagawa, M., Das, R., & Wirth, O. (1991). Security of attachment between preschoolers and their mothers: relations among social interaction, parenting stress, and mother's sorts of the attachment Q-set. *Developmental Psychology, 27,* 440-447.

Thomas, A. & Chess, S. (1977). *Temperament and development.* NJ: Lawrence Erlbaum.

Thomas, A., & Chess, S. (1989). Temperament and personality , In G. A. Kohnstamm, J. E. Bates, & M. K. Rothbart, (Eds.), *Temperament in childhood.* John Wiley & Sons.

Thomas, A., & Chess, S.(1986). The New York longitudinal study: From infancy to early adult life. In R. Plomin & J. Dunn (Eds.), *The study of temperament: Changes, continuities, and challenges.* Hillsdale, NJ: Erlbaum.

Thomas, A., Chess, S. Birch, H. G., Hertzig, M. E., & Korn, S. (1963). *Behavioral individuality in early childhood.* New York: New York University Press.

Thomas, A., Chess, S., & Birch, H. G. (1968). *Temperament and behavior disorders in children.* New York: New York University.

Thompson, R. A., Lamb, M. E., Estes, D. (1982). Stability of infant-mother attachment and its relationship to changing life circumstances in an unselected middle-class sample, *Child Development, 53,* 144-148.

Tracy, R. L., & Ainsworth, M. D. S. (1981). Maternal affectionate behavior and infant-mother attachment patterns. *Child Development, 52,* 1341-1343.

Tubman, J. G., Lerner, R. M., Lerner,J. V., & von Eye, A. (1992). Temperament and adjustment in young adulthood: A 15-year longitudinal analysis. *American Journal of Orthopsychiatry, 62,* 564-574.

Turner, P. H. & Harris, M. B. (1984). Parental attitudes and preschool childrens' social competence. *The Journal of Genetic Psychology, 144,* 105-113.

Van de Werfhorst, H. (1985). *Temperament and teacher-child interaction.* Paper presented at the Workshop on Temperament and Development in Childhood, Netherlands: Lisse.

Van de Werfhorst, H. (1986). Temperament and teachre-child interacton. In G. A. Kohnstamm (Ed.), *Temperament discussed.* Netherlands: Lisse.

Van Manen, M. (2002). *The tone of teaching.* Ontario: The Althouse Press.

Vaugh, B. E. (1983). *Maternal personality variables measured prenatally predict perception of infant temperament.* Paper presented at the Biannual Meeting of the Society for Research in Child Development, Detroit.

Vaugh, B. E., Bradley, C. F., Joffe, L. S., Seifer, R., & Barglow, P. (1987). Maternal characteristics measured prenatally predict ratings of temperamental "difficulty" on the Carey Infant Temperament Questionnaire. *Developmental Psychology, 23,* 152-161.

Vaughn, B. E., Lefever, G. B., Seifer, R., & Barglow, P. (1989). Attachment behavior, attachment security, and temperament during infancy, *Child Deve-lopment, 60,* 728-737.

Vaughn, B., Taraldson, B., Crichton, L., & Egeland, B. (1981) . The assessment of infant tempera-ment: A critique of the Carey Infant Temperament Questionnaire. *Infant Behavior and Develop-ment, 4,* 1-17.

Wachs, T. D. (1988). Relevance of physical environment influences for toddler temperament. *Infant Behavior and Development, 11,* 431-446.

Wachs, T. D., & Desai, S. (1993). Parent-Report measures of toddler temperament and attachment their relation to the social microenvironment. *Infant Beha-vior and Development, 16,* 391-396

Warren, H.C. (1934). *Dictionary of psychology.* Boston: Houghton Mifflin.

Water, T. D. (1995).The attachment Q-set. In E. Water, B. E. Vaughn, G. Posada, & K. Kondo-Ikemura (Eds.), Caregiving, cultural, and cognitive perspective on secure-based behavior and working models: New growing points of attachment theory and research, *Monographs of the So-ciety for Research in Child Development,* 234-246.

Waters, E., & Deane, K. E. (1985). Defining and assessing individual differences in infant relation-ships: Q-methodology and the organization of behavior. In I. Bretherton & E. Waters (Eds.), *Growing points of attachment theory and research. Monographs of the Society for Research in Child Development.*

Waters, E., Vaughn, B., & Egeland, B. (1980). Individual differences in infant mother attachment relationships at age one: antecedents in neonatal behavior in an economically disadvantage sam-ple. *Child Development, 51,* 208-216.

Weber, . A., Levitt, M. J., & Clark, M. C. (1986). Individual variation in attachment security and strange situation behavior: The role of maternal and infant temperament. *Child Development, 57,* 56-65.

Wertlieb, D., Weigel, C., Springer, T., & Feldstein, M.(1987). Temperament as a moderator of child-ren's stressful experiences. *American Journal of OrthoPsychiatry, 57,* 234-245.

Weston, W. J. (1982). The effects of gender, sex-role type and temperament on the play behavior of parents and infants. *Dissertation Abstracts International, 43(11),* 3755.

Williams, W. C. (1958). The PAIS test：A technique for children to evaluate both parents. *Journal of Cosulting Psychology, 22,* 487-495.

Wilson, R. S., & Matheny, A. P. (1983). Assessment of temperament in infant twin. *Developmental Psychology, 19,* 172-183.

Windle, M., & Lerner, R. M. (1986). Reassessing the dimensions of temperamental individuality across the life-span: The revised dimensions of temperament survey (DOTS-R). *Journal of Ad-*

olescent Psychiatry, 26, 16-22.

Wirth, S. & Pease, D. (1983). Convergent and discriminate validity of the Iowa social competence scale for preschool children. *Educational Psychological Measurement, 43,* 305-314.

Wolcott, H.F. (1994). *Transforming qualitative data︰Description, analysis, and interpretation.* Thousand Oaks, CA︰Sage.

Wolff, P.H. (1987). *The development of behavioral states and theexpression of emotions in early infancy.* Chicago: University of Chicago Press.

Wolfson, J., Fields, J., & Rose, S. (1987). Symptoms, temperament, resiliency, and control in anxiety-disordered preschool children. *Journal of the American Academy of Child and Adolesence Psychiatry, 26,* 16-22.

Wolkind, S. N. & DeSails, W. (1982). Infant temperament, maternal mental state and child behavioural problem. In R. Porter & G.M. Collins (Eds.), *Temperamental differences in infant and young children, Ciba Foundation symposium 89.* London: Pitman.

Worobey. J., & Blajda, V. M. (1989). Temperament ratings at 2 weeks, 2 months, and 1 year: Differential stability of activity and emotionality. *Developmental Psychology, 25,* 257-263.

Yen, S. (1998). *Children's temperament and their behavior adjustment in Montessori and constructivist preschools.* Unpublished doctoral Dissertation.

附　錄

附錄 2-1　民國八十一年研究樣本樣本分布表

行　政　區	幼　稚　園	男　生	女　生	全　體
松山區	松山國小附幼	20	6	26
	敦化國小附幼	13	13	26
	三民國小附幼	11	11	22
	三民幼稚園	8	11	19
信義區	吳興國小附幼	19	11	30
	永吉國小附幼	12	12	24
	福德國小附幼	13	14	27
	信義國小附幼	14	15	29
大安區	大安國小附幼	26	26	52
	師大附設實幼	17	13	30
	懷恩幼稚園	15	13	28
中山區	大直國小附幼	15	11	26
	吉林國小附幼	14	14	28
	長春幼稚園	14	8	22
中正區	市立師院附幼	27	25	52
	國語實小附幼	16	7	23
	螢橋國小附幼	24	28	52
	忠孝國小附幼	15	9	24
大同區	大同國小附幼	9	12	21
	太平國小附幼	11	12	23

（下頁續）

（續上頁）

	明倫國小附幼	9	11	20
	日新國小附幼	10	10	20
萬華區	福星國小附幼	24	25	49
	萬大國小附幼	15	15	30
	光仁國小附幼	7	9	16
	南海幼稚園	8	9	17
文山區	景興國小附幼	13	14	27
	萬芳國小附幼	19	9	28
	力行國小附幼	24	20	44
	萬福國小附幼	12	13	25
南港區	成德國小附幼	9	9	18
	東新國小附幼	12	14	26
	欣兒幼稚園	10	5	15
內湖區	明湖國小附幼	9	20	29
	麗山國小附幼	9	13	22
	康寧國小附幼	13	13	26
	藝能幼稚園	8	9	17
士林區	葫蘆國小附幼	13	9	22
	社子國小附幼	13	13	26
	士林國小附幼	19	27	46
	福林國小附幼	21	20	41
	芝山國小附幼	11	13	24
北投區	石牌國小附幼	25	30	55
	關渡國小附幼	7	8	15
	洲美國小附幼	3	10	13
	愛彌兒幼稚園	8	4	12
總　數		644	623	1267

附錄 2-2　民國九十一年研究樣本分布表

區　域	公私立	幼　稚　園	男　生	女　生	合　計
松山區	公立	松山國小附設幼稚園	14	12	26
	私立	白鹿洞幼稚園	7	5	12
信義區	公立	興雅國小附設幼稚園	10	10	20
	私立	北大幼稚園	10	6	16
大安區	公立	幸安國小附設幼稚園	11	7	18
	私立	警修幼稚園	9	13	22
中山區	公立	大直國小附設幼稚園	13	9	22
	私立	實踐大學附設幼稚園	17	13	30
中正區	公立	國語實驗小學附設幼稚園	6	14	20
	私立	城中衛理幼稚園	10	11	21
大同區	公立	雙蓮國小附設幼稚園	13	13	26
	私立	聖心幼稚園	5	23	28
萬華區	公立	華江國小附設幼稚園	26	21	47
	私立	大森幼稚園	12	13	25
文山區	公立	萬興國小附設幼稚園	8	6	14
	私立	若石幼稚園	5	3	8
南港區	公立	成德國小附設幼稚園	7	8	15
	私立	欣兒幼稚園	8	8	16
內湖區	公立	新湖國小附設幼稚園	6	11	17
	私立	心惠幼稚園	14	14	28
士林區	公立	士林國小附設幼稚園	11	16	27
	私立	育成幼稚園	10	8	18
北投區	公立	北投國小附設幼稚園	11	8	19
	私立	雙連幼稚園	8	15	23
合　　計			251	267	518

附錄 2-3：幼兒氣質量表（父母題本）

1. 這個孩子在陌生的大人面前會害羞。

2. 這個孩子玩模型、拼圖、畫畫時，即使會花很長的時間，他（她）一定要做完後才停止。

3. 家人一起吃飯時，這個孩子會安靜坐好，不會動來動去或離開座位。

4. 爲孩子訂新規則時，他（她）很快就能適應。

5. 這個孩子哭鬧時，會滿臉通紅、呼吸急促。

6. 這個孩子情緒不好時，可以很容易逗他（她）開心。

7. 第一次遇到新朋友時，這個孩子只顧玩而不去理會新朋友。

8. 這個孩子聽故事時，不到半小時他（她）就會覺得無聊或分心。

9. 這個孩子在陌生人面前或表演時會不自在。

10. 到別人家二、三次後，這個孩子就會感到自在。

11. 做某些活動不順利或有困難時，這個孩子只會稍微抱怨，而不會大吼大叫。

12. 逛街時，孩子很容易接受別的東西取代他（她）原來想要的玩具或糖果。

13. 在室內或室外活動時，這個孩子較喜歡用跑的而不用走的。

14. 這個孩子所喜歡的戶外活動，如果因天氣不好而延期，他（她）會整天悶悶不樂。

15. 這個孩子比較喜歡跑、跳之類的遊戲，而較不喜歡坐著之類的靜態遊戲。

16. 如果孩子拒絕剪頭髮、刷牙或洗臉之類的事情，經過二、三個月他（她）仍會抗拒。

17. 不讓這個孩子玩他（她）喜歡的活動，他（她）會強烈抗議。

18. 這個孩子會不斷地提醒父母，他們所答應過的事情。

19. 在公園、聚會場所或拜訪他人時，這個孩子會主動去接觸其他小朋友，並跟他們一起玩。

20. 這個孩子對陌生的大人剛開始會感到害羞，但約半小時後，他（她）就會自在。

21. 聽歌或聽故事時，這個孩子會安靜坐好。

22. 這個孩子挨罵時，他（她）的反應溫和，只會稍微抱怨，而不會大哭大叫。

23. 這個孩子生氣時，很難轉移他（她）的注意力（很難哄騙）。

24. 這個孩子願意花很長的時間練習新的體能活動（例如：跳躍、溜冰、騎腳踏車）。

25. 孩子和玩伴在一起時，玩伴會比這個孩子容易因為分享玩具或輪流活動而不高興。

26. 全家出外旅行時，這個孩子能很快適應新環境。

27. 逛街時，如果不買這個孩子想要的糖果、玩具或衣物，他（她）就會大哭大叫。

28. 這個孩子情緒不好時，很難去安慰他（她）。

29. 天氣不好，這個孩子必須待在家裡時，他（她）會到處跑來跑去，無法做靜態的活動。

30. 孩子對來訪的陌生人，能很快地親近。

31. 看醫生時，即使再三答應要獎勵孩子，也很難使他（她）安靜下來接受診療。

32. 這個孩子覺得玩具或遊戲很難玩時，會很快就換另外一種活動。

33. 到新環境（例如：上幼稚園、托兒所或學校）時，即使在二、三天之後，這個孩子仍無法適應新環境。

34. 如果讓這個孩子一面看電視或玩耍，一面做他原來不喜歡的事（例如：剪指甲或梳頭），他比較容易接受。

35. 這個孩子會安靜坐著觀賞兒童影片、棒球賽或長時間的電視節目。

36. 這個孩子拒絕穿某件衣服時會大哭大鬧。

37. 這個孩子對於較難的拼圖或積木遊戲很容易就放棄。

38. 這個孩子對於生活作息的改變，例如：放假不用上學，他（她）很容易就能適應。

39. 坐著時，這個孩子常常會動來動去。

40. 這個孩子第一次離開媽媽，到新環境時（例如：學校），他（她）會感到不安。

41.這個孩子一旦開始玩遊戲，就很難轉移他（她）的注意力使他（她）停下來。

42.這個孩子喜歡靜態之類的活動，例如：手工藝、看電視、閱讀或看圖畫書等。

43.這個孩子在陌生的人群中會感到自在。

44.這個孩子離家在外（例如：渡假），他（她）很難去適應與家中不同的生活作息。

45.這個孩子會順其自然地接受一些臨時發生的事情，而不會感到訝異或興奮。

46.孩子和玩伴在一起時，他（她）較容易感到厭煩（例如：一下子就不想玩了）。

47.只要有事給這個孩子做，他（她）就不會不高興。

48.如果車上有這個孩子喜愛的玩具或遊戲可玩時，他（她）會樂於搭一個小時以上的車程。

附錄 2-4　兒童氣質量表

親愛的爸媽：您們好！

　　這份問卷是希望了解您家小朋友的氣質。所謂氣質是指孩子天生的獨特行為模式，是孩子在每天不同情況下的行為表現，而不同氣質的孩子需要不同的照顧。所以我們希望由這份資料，能使您更了解他（她），並幫助您以更適合孩子氣質的管教方式來協助他（她）發展並進行有效地學習。

　　您在問卷上所填寫的資料無所謂好壞，且全部資料僅做為研究之用，請安心作答；填答時，敬請儘量以他（她）和同年紀的孩子相互比較來做選擇。我們非常需要您的合作及支持，您的寶貴意見，將使本研究更具意義和價值。

謝　謝　您　的　合　作　！

台北市立師範學院幼教系副教授
王珮玲　敬啟
民國八十九年六月

一、基本資料

填表者姓名：＿＿＿＿＿＿＿＿　住址：＿＿＿＿＿＿＿＿＿＿＿＿

1. 小孩姓名：＿＿＿＿＿＿＿　性別：(1)男＿＿＿(2)女＿＿＿
   出生：＿＿年＿＿月＿＿日　年齡：＿＿歲＿＿月。

2. 出生別：排行第＿＿＿，連同其他兄弟姊妹共＿＿＿人。

3. 就讀學校：＿＿＿＿＿＿＿（幼稚園）（托兒所）。

4. 未來就讀國小：＿＿＿＿＿＿＿國民小學。

5. 父親年齡：＿＿＿足歲　籍貫：＿＿＿＿省＿＿＿＿縣（市）。

6. 父親教育程度：(1)未受正規教育＿＿＿ (2)小學＿＿＿ (3)初中＿＿＿ (4)高中或高中職＿＿＿ (5)大專或研究所＿＿＿。

7. 父親服務機關_____，職位或所擔任的工作：_____。

8. 母親年齡：_____足歲，婚前籍貫：_____省_____縣（市）。

9. 母親教育程度：⑴未受正規教育____ ⑵小學____ ⑶初中____ ⑷高中或高職____ ⑸大專或研究所____。

10. 母親服務機關：_____，職位或所擔任的工作：_____。

11. 母親懷這個小孩的年齡：_____足歲。

12. 母親懷這個小孩時是否患病？⑴無____ ⑴有____
（請註明第幾個月，生何種病）_____。

13. 母親懷這個小孩時，除了維生素、鐵劑外，有無長期服藥？⑴無____
⑴有____（請註明是什麼藥）_____。

14. 懷孕時期，有無下列情況？

⑴陰道出血⑴無____ ⑴（有）____（請說明何時？多久？）

_____。

⑵下腹痛 ⑴無____ ⑴有____（請說明何時？多久？）

_____。

⑶打過安胎針：⑴無____ ⑴有____，在第幾個月時：___個月，爲什麼？_____。

15. 母親懷這個小孩的併發症⑴無____ ⑴孕前子癇症____（如高血壓、水腫、蛋白尿）⑵子癇症____ ⑶骨盆狹窄____ ⑷其他（請註明）

_____。

16. 懷孕期：_____週⑴照預產期生產____ ⑵早產____，早____週⑶較育產期晚生產____，晚____週。

17. 嬰兒出生時體重_____克，不明_____。

18. 生產方式⑴自然生產____ ⑴眞空吸出____ ⑵產鉗夾出____ ⑶剖腹產____ ⑷無痛分娩____ ⑸其他（請註明）

_____。

19. 胎位⑴頭先出來____ ⑵腳先出來____ ⑶不明____ ⑷其他（請註明）

_____。

20. 嬰兒剛出生時的情況⑴馬上哭____ ⑴輕度、短暫的缺氧、呼吸困難、

發紫＿＿＿(2)嚴重缺氧需急救＿＿＿(3)有先天性身體缺陷（請註明）
＿＿＿＿(4)不明＿＿＿＿＿＿＿＿＿。

21.有沒有在保溫箱(0)無＿＿＿(1)有＿＿＿，共待＿＿＿天。

22.有沒有發生新生兒黃疸(0)無黃疸或很輕度、短暫（持續五天以下）
＿＿＿(1)輕度持久黃疸（持續6天以上）＿＿＿(2)中度黃疸，需照日光燈
＿＿＿(3)嚴重黃疸，醫師説須換血或換了血＿＿＿。

23.出生後至今是否曾患過下列疾病？

A.腦炎(0)無＿＿＿(1)有＿＿＿，在＿＿＿歲＿＿＿月時；

B.腦膜炎(0)無＿＿＿(1)有＿＿＿，在歲＿＿＿月時；

C.發高燒（肛溫39度c以上）(0)無＿＿＿(1)有＿＿＿，有幾次＿＿＿，最高
燒到＿＿＿度，最長持續＿＿＿天；

D.頭部受傷：(0)無＿＿＿(1)有＿＿＿，在＿＿＿歲時；

E.腦性麻痺：(0)無＿＿＿，(1)有＿＿＿，在＿＿＿歲時；

F.鉛中毒：(0)無＿＿＿(1)有＿＿＿；

G.抽筋：(0)無＿＿＿(1)有＿＿＿第一次發作在＿＿＿歲＿＿＿月時。

24.滿足歲前的活動情形（依您的判斷和一般嬰兒相比）：(0)非常安靜
＿＿＿(1)安靜＿＿＿(2)中等程度＿＿＿(3)不安靜＿＿＿(4)非常不安靜＿＿＿。

25.您的這位小孩有沒有下列問題（與其他同年齡性別小孩相比）：(0)注
意力短暫＿＿＿(1)寫字顛倒＿＿＿(2)動作協調不好＿＿＿(3)記憶力較差
＿＿＿(4)數字觀念較差＿＿＿(5)語言發展較遲緩＿＿＿。

26.您家中其他小孩有沒有比較好動的人（與同年齡、同性別小孩相比）？
(0)無＿＿＿(1)有＿＿＿是誰？＿＿＿＿＿＿＿。

27.這個小孩主要由誰照料？

週一到週五：白天＿＿＿＿＿＿＿（與小孩關係）；晚上＿＿＿＿＿＿＿。

週末和星期假日：白天＿＿＿＿＿＿＿；晚上＿＿＿＿＿＿＿。

二、氣質量表

1. 洗澡時，把水潑的到處都是，玩得很活潑。

2. 和其他小孩玩在一起時，顯得很高興。

3. 嗅覺靈敏，對一點點不好聞的味道很快地就感覺到。

4. 對陌生的大人會感到害羞。

5. 做一件事時，例如畫圖、拼圖、做模型等，不論花多少時間，一定做完才肯罷休。

6. 每天定時大便。

7. 以前不喜歡吃的東西，現在喜歡吃。

8. 對食物的喜好程度反應很明顯，喜歡的很喜歡，不喜歡的很不喜歡。

9. 心情不好時，可以很容易地用笑話逗他開心。

10. 遇到陌生的小朋友時，會感到害羞。

11. 不在乎很大的聲音，例如其他人都抱怨電視機或收音機的聲音太大時，他好像不在乎。

12. 如果不准寶寶穿他自己選擇的衣服，他很快就能接受媽媽要他穿的衣服。

13. 每天要定時吃點心。

14. 當寶寶談到一些當天所發生的事情時，會顯得興高采烈。

15. 到別人家裡，只要去過二、三次後，就會很自在。

16. 做事做得不順利時，會把東西摔在地上，大哭大鬧。

17. 逛街時，他很容易接受大人用別的東西取代他想要的玩具或糖果。

18. 不論在室內或室外活動，寶寶常用跑的而很少用走的。

19. 喜歡和大人上街買東西（例如上市場或百貨公司或超級市場）。

20. 每天上床後，差不多一定的時間內就會睡著。

21. 喜歡嘗試吃新的食物。

22. 當媽媽很忙，無法陪他時，他會走開去做別的事，不會一直纏著媽媽。

23. 很快地注意到各種不同的顏色（例如會指出哪些顏色好不好看）。

24. 在遊樂場玩時，很活躍定不下來，會不斷地跑，爬上爬下或擺動身體。

25. 如果他拒絕某些事，例如理髮、梳頭、洗頭等，經過幾個月後，他仍

會表示抗拒。

26. 當他在玩一樣他喜歡玩的玩具時，對突然的聲音或身旁他人的活動不太在意，頂多只是抬頭看一眼而已。

27. 玩得正高興而被帶開時，他只是輕微的抗議，哼幾聲就算了。

28. 經常提醒父母答應他的事（例如什麼時候帶他去哪裡玩等）。

29. 和別的小孩一起玩，會不友善地和他們爭論。

30. 到公園或別人家玩時，會去找陌生的小朋友玩。

31. 晚上的睡眠時數不一定，時多時少。

32. 對食物的冷熱不在乎。

33. 對陌生的大人，如果感到害羞的話，很快地（約半小時內）就能克服。

34. 會安靜的坐著聽人家唱歌，或聽人家讀書，或聽人家說故事。

35. 當父母責罵他時，他只有輕微的反應，例如只是小聲的哭或抱怨，而不會大哭大叫。

36. 生氣時，很難轉移他的注意力。

37. 學習一項新的體能活動時（例如溜冰、騎腳踏車、跳繩子等），他肯花很多的時間練習。

38. 每天肚子餓的時間不一定。

39. 對光線明暗的改變相當敏感。

40. 和父母在外過夜時，在別人的床上不易入睡，甚至持續幾個晚上仍是那樣。

41. 盼望去上托兒所，幼稚園或小學。

42. 和家人去旅行時，很快地就能適應新環境。

43. 和家人一起上街買東西時，如果父母不買給他要的東西（例如糖果、玩具或衣服），便會大哭大鬧。

44. 煩惱時，很難撫慰他。

45. 天氣不好，必須留在家裡時，會到處跑來跑去，對安靜的活動不感興趣。

46. 對來訪的陌生人，會立刻友善的打招呼或接近他。

47. 每天食量不定，有時吃的少，有時吃的多。

48. 玩一樣玩具或遊戲，碰到困難時，很快地就會換別的活動。

49.不在乎室內、室外的溫度差異。

50.如果他喜歡的玩具壞了或遊戲被中斷了，他會顯得不高興。

51.在新環境中（如托兒所，幼稚園或小學），二、三天後仍無法適應。

52.雖不喜歡某些事，如剪指甲、梳頭等，但一邊看電視、一邊逗他時，他可以接受這些事。

53.能夠坐下來看完整個兒童影片，棒球賽，電視長片等。

54.不喜歡穿某件衣服時，會大吵大鬧。

55.星期假日的早上，他仍像平常一樣按時起床。

56.當事情進行的不順利時，會向父母抱怨其他小朋友的不是。

57.對衣服太緊，會刺人或不舒服相當敏感，且會抱怨。

58.他的生氣或懊惱很快就會過去。

59.日常活動有所改變時（如因故不能上學或每天固定的活動改變），很容易就能適應。

60.到戶外（公園或遊樂場）活動時，他會靜靜的自己玩。

61.玩具被搶時，只是稍微的抱怨。

62.第一次到媽媽不在的新環境中（如學校、幼稚園、音樂班），會表現煩躁不安。

63.開始玩一樣東西時，很難轉移他的注意力，使他停下來。

64.喜歡做些較安靜的活動，如勞作，看書，看電視等。

65.玩遊戲輸時，很容易懊惱。

66.寧願穿舊衣服，而不喜歡穿新衣服。

67.身體弄髒或弄濕時，並不在乎。

68.對於和自己家裡不同的生活習慣很難適應。

69.對於每天所遭遇的事情，反應並不強烈。

70.吃飯的時間延遲一小時或一小時以上也不在乎。

71.煩惱時，給他做別的事，可以使他忘記煩惱。

72.雖給他建議或協助，但他仍要照自己的意思做。

附錄 4-1　　國內外氣質評量工具一覽表

評量工具	編製者	適用範圍	內容向度
NYLS 父母訪問表 （NYLS Parent Interview）	Thomas, Chess, Birch, Hertzig & Korn, 1963	3 個月至 5 歲	1. 活動量 2. 適應性 3. 趨近性 4. 規律性 5. 情緒本質 6. 反應強度 7. 反應閾 8. 堅持度 9. 注意力分散度
3 至 7 歲幼兒父母氣質問卷 （Parent Temperament Questionnaire for Children 3-7 years of age, PTQ）	Thomas & Chess, 1977	3 歲至 7 歲	NYLS 九個向度
教師氣質問卷 （Teacher Temperament Questionnaire for Children 3-7 years of age, TTQ）	Thomas & Chess, 1977	3 歲至 7 歲	NYLS 八個向度 （刪除規律性）
氣質特質訪問表 （Temperament Character- istics Interview, TCI）	Graham,　Rutter, & George, 1973	4 歲至 5 歲	1. 情緒性 2. 情緒表達 3. 活動量 4. 規律性 5. 順從性 6. 難以取悅的 7. 趨近性
簡要氣質問卷 （Abbrivated Temperament Questionnaire, ATQ）	Garside, Birch, Scott, Chambers, Kolvin, Tweddle & Barber, 1975	5 歲至 7 歲	此問卷有四因素： 1. 退縮、低適應性、 　依賴、缺乏主見 2. 高活動量、反應強 　度及注意力分散度 3. 憂鬱的、不高興的 4. 不規律、低順從性

（下頁續）

（續上頁）

嬰兒特性問卷 （Infant Characteristic Questionnaire, ICQ）	Bates et.al., 1979	3 至 12 個月	NYLS 九個向度及不安性、社交性、變化性及易撫慰性
修訂嬰兒氣質問卷 （Revised Infant Temperament Questionnaire, RITQ）	Carey & McDevitt, 1978	4 至 8 個月	NYLS 的九個項目
簡短嬰兒氣質問卷 （Short Infant Temperament Questionnaire, SITQ）	Sanson, Prior, Garino, Oberklaid & Sewell, 1985	4 至 8 個月	NYLS 的九個項目
嬰兒行為問卷 （Infant Behavior Questionnaire, IBQ）	Rothbart, 1978	3 至 12 個月	1. 活動量 2. 微笑 3. 受挫忍受力 4. 害怕 5. 易撫慰 6. 方向的持續
母親知覺問卷 （Maternal Perceptions Questionnaire, MPQ）	Olson et.al., 1982	13 個月； 24 個月	13個月：語言能力、對母親無反應、心理動作能力的不足、愛社交。 24個月：語言能力、對母親無反應、不愛社交、順從的、成熟的。
學步期氣質量表 （Toddler Behavior Assessment Questionnaire, TBAQ）	Goldsmith, 1987	18 至 24 個月	1. 快樂 2. 興趣的延宕 3. 害怕 4. 生氣及活動量 5. 無意的反應 6. 社會需求

（下頁續）

（續上頁）

柯羅拉多兒童氣質問卷 （Colorado Child Temperament Inventory, CCTI）	Rowe & Plomin, 1977	5個月至9歲	1.社交性 2.情緒性 3.活動量 4.注意力分散度—堅持度 5.對食物反應 6.易撫慰性
＊學步期氣質量表 （Toddler Temperamentr Scale, TTS）	Cary & McDevitt, 1982	1至3歲	NYLS的九個項目

附錄 4-2　六至八歲長期追蹤 116 位研究對象分布表

	性別	第二個時間點研究樣本		第三個時間點研究樣本	
樣本來源		男	女	男	女
松山區	松山國小	5	2	3	0
	西松國小	1	0	0	0
	敦化國小	2	1	2	0
	民生國小	1	0	1	0
信義區	興雅國小	3	7	3	2
	南門國小	0	1	0	0
	永春國小	0	1	0	1
	信義國小	1	0	1	0
	吳興國小	1	0	1	0
	福德國小	1	1	0	1
	永吉國小	1	0	0	0
大安區	大安國小	3	3	2	2
	龍安國小	0	1	0	0
	幸安國小	3	5	2	3
	建安國小	2	1	2	1
	仁愛國小	1	0	1	0
	公館國小	1	0	1	0
中山區	光復國小	2	0	2	0
	中正國小	1	0	1	0
	長春國小	1	0	1	0
	大直國小	5	2	5	1
	永安國小	3	6	2	3
中正區	瑩橋國小	0	1	0	0
	國語實小	1	6	1	5
	東門國小	0	1	0	1
	市師附小	3	2	1	2

（下頁續）

（續上頁）

大同區	日新國小	0	3	0	2
	太平國小	0	2	0	2
	永樂國小	0	2	0	2
	雙蓮國小	2	8	2	7
	延平國小	1	1	1	1
萬華區	大理國小	0	1	0	1
	華江國小	11	14	4	4
文山區	萬興國小	3	2	2	2
	萬福國小	1	0	0	0
	景興國小	0	1	0	1
南港區	玉成國小	2	2	1	2
	成德國小	3	1	2	0
	東新國小	0	1	0	0
內湖區	內湖國小	2	2	1	2
	東湖國小	0	1	0	0
	西湖國小	1	1	1	1
	新湖國小	5	0	5	0
	文湖國小	2	0	1	0
士林區	士林國小	3	4	2	2
	劍潭國小	0	2	1	0
	百齡國小	1	0	0	1
	葫蘆國小	0	1	0	0
	天母國小	1	2	1	1
	三玉國小	1	0	0	0
北投區	北投國小	1	3	1	3
	立農國小	0	1	0	1
	文化國小	0	2	2	0
總人數		84	96	59	57
合　計		180		116	

附錄 4-3 兒童氣質側面圖

親愛的爸媽：您們好！

感謝您們上次撥空填寫「幼兒氣質量表」，現在我們已將您家孩子氣質計算出來，並畫成側面圖。在圖中氣質項目各有兩條直線，其中一條直線是您家孩子氣質，另一條直線是 518 位同年齡孩子的氣質，你可將孩子的氣質和同年齡孩子相比，看看孩子比其他小朋友活動量大，或小，還是差不多？其它項目以此類推。如果您對結果有任何問題，歡迎傳真至 2375-4823，並署名給我本人，或 E-mail peilin@mail1.tmtc.edu.tw，為了能繼續了解孩子氣質是否有任何變化，我們可能會在明年請您再填寫一份「幼兒氣質量表」，同時，我們也會再給一份孩子氣質側面圖，希望您們能再協助我們，不勝感激！！！

　謝　謝　您　們　的　合　作　！！

台北市立師範學院幼教系副教授

王珮玲　敬上

民國八十九年十月

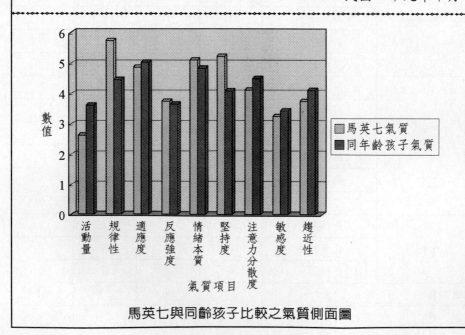

馬英七與同齡孩子比較之氣質側面圖

附錄 4-4　　給 116 位家長的信

親愛的爸爸、媽媽，您好！

感謝您在民國 89 年 5 月至 7 月間，於孩子幼稚園畢業前夕填寫【幼兒氣質量表】，由於我們需要一段時間處理 500 多位幼兒資料，在民國 90 年 3 月時，我們將研究結果繪成一份簡圖，郵寄給您參考，信封內也再附了一份【幼兒氣質量表】，希望您能繼續填寫，以了解孩子在成長過程中，氣質的穩定性。

時間過了半年，這半年中我雖去美國進行博士後研究，還是有些家長透過電子郵件與我討論孩子的氣質，對於未能聯繫上的家長，甚感抱歉。這次我個人會在收到您家孩子問卷後的一個月內，打電話與你聯繫，告知你家孩子氣質的情形，請你留下一個方便聯絡的電話和時間，我會親自和你聯繫。

今天寫這封信的主要目的是，為了讓您們能繼續了解孩子在氣質上的變化，以及讓長期追蹤研究能持續進行，再次懇請 爸媽再次撥冗幫我們填寫【幼兒氣質量表】，填寫量表只需 20 分鐘。

如果對孩子氣質有任何問題，請於 02-2721-4838 留言或請 E-mail，我會盡快回覆您的問題。在這段期間，我們會有學生打電話提醒你填寫量表及寄回量表，倘若有打擾之處，敬請原諒，對於您 再次協助，不勝感激。關於孩子所有資料，僅供研究及父母了解孩子，一切資料，我們不會公開。

謝　謝　合　作！！

台北市立師範學院幼教系

副教授　王珮玲 敬上

附錄 4-5　家長知覺氣質變化原因整理一覽表

向度	氣質各向度家長認為改變的原因
活動量	**活動量變大** 1. 可能因為長大的關係，現在比以前愛動。 2. 小學活動多，學校老師有上一些跑、跳的活動，所以活動量增高。 3. 小學有體育課，而且孩子大了，比較好帶，所以也常帶他出去玩，另一方面，小學有校外教學活動。 4. 小時候都關在家裡，沒人陪他玩，現在因為人事物擴大，活動量也比較高。 6. 由於搬家，親戚住樓上，男生比較多，相對地，他的活動量也受到他們的影響，變得像男生，比較大。 7. 假日都在家裡看電視，玩玩具，參加童子軍後，希望活動量變大。 8. 幼稚園階段，孩子由公婆帶，婆婆每天必須藉由安眠藥才能入睡，怕吵，近一年的時間，大部分的時間都是我自己本身在帶孩子，現在變得比較活潑開朗，活動量也比較大。 **活動量變小** 1. 小學有班規，老師比較嚴格，有約束力，表現比較穩重，所以活動量降低。 2. 老師的教學方法比較傳統，呆板。 3. 上小學，功課變得比較多，也愛看電視，又去學珠算，所以沒有什麼時間到外面去運動，所以活動量顯得比以前小。 4. 幼稚園時沒給他約束，但上小學後，他爸爸每天要他背一首唐詩、規定他要看書，很少到外面活動。 5. 他現在不像以前那麼好動，可能現在功課比較多吧，而且他一下課就到安親班，之後，就直接回家，家裡附近也沒有公園讓他動。 6. 每當跟別人玩遊戲失敗時，就怪罪別人，例如打躲避球時，不知為甚麼其他的小朋友都要打他，所以漸漸地他就不喜歡動了。 7. 因為孩子是個女孩，我希望她本來就能文靜，坐的端正，更何況她喜歡的活動是畫圖和美勞活動。 8. 女孩大概長大了，更何況又花許多時間上個別鋼琴班及繪畫班。 9. 最近不喜歡出去，例如與其跟媽媽出去買菜，寧可在家玩玩具，還有放學回家，都由爺爺奶奶帶，老人家怕吵，孩子就比較安靜，也很少邀同學到家裡來玩。

（下頁續）

（續上頁）

	10.因為我本身喜歡看書之類的靜態活動，所以我帶孩子過程中，很少帶他到外面活動，久而久之，孩子的活動變小，和我一樣，喜歡靜態的活動。 11.從小就不喜歡出去玩，到現在還是一樣，不想出去玩的堅持度很大，不易被說服。如果遇到活動大的活動，如直排輪，容易放棄不玩。 12.因為我家並不寬裕，我也沒有多餘的錢，讓他去學東西，所以都待在家裡，所以現在他像以前一樣都不愛動。
規律性	1.因為要配合小學上課時間，晚上 9:30 我就要求孩子上床睡覺，通常他大概 10:00 就能入睡。 2.因越區就讀，需早起，所以必須養成某個時間內做完一定的事。
趨近性	1.孩子本來很羞澀，但是上學後，與同儕相處，擔任班上幹部，加上成績不錯，獲得老師及同學的肯定，慢慢變得比較大方。 2.因擔任副班長，有服務他人的機會，養成主動的機會。 3.在他幼稚園時非常怕生，所以帶他到醫院的心智科去做檢查，醫生建議他接受一些課程訓練，之後，就變得比較大方。 4.在孩子到一個新環境時，我會先給他心理建設。 5.父母為單薪家庭，如行天宮或美術館舉辦的大眾性活動使其有機會參加同年齡層活動的機會。 6.在幼稚園是因為插班進去，剛開始不習慣那個環境，後來可能因為長大，就比較不怕生。 7.我因為工作的關係，所以小孩一下課之後，就來工作的場合，因為工作的場合人多，孩子能與客人聊天，所以漸漸養成不怕生的特質。 8.可能因為上小學，接觸的人比較多，而且環境也變得比較大，所以變得比較大方。 9.可能因為他上才藝班，接觸新事物和人多了，也就比較不怕生了。
適應性	1.從團體中學習到如何與人相處。 2.每當要到一個新環境時，我會事先給孩子心理建設。 3.剛開始不習慣上學，後來有姊姊弟弟一同上學，才漸漸適應。
反應強度	1.每當作一件事時，我都會告訴他，應想想事情的後果，我也要求他跟別人吵架時，必須先認錯。

（下頁續）

（續上頁）

堅持度	1.我會要求他將一件事情完成後，才能選擇第二項繼續做，所以他比較能持續將一件事做完。 2.可能和我的鼓勵有關，孩子逐漸增加堅持度。
反應閾	因排行老大，每當和弟弟有爭執時，爺爺奶奶稍微會偏袒弟弟，日久之後，即會察言觀色。

附錄 5-1　「親子關係問卷」修訂之因素分析摘要表

父親教養方式因素分析摘要表

	題　　目	負荷量	平均數	平均數	信度
保護	21.我非常小心地保護孩子，不讓他發生意外。	-.6558	3.1354	.8062	.93
	41.我保護孩子，不讓他被別的小孩子譏笑或恐嚇。	-.6153	3.0190	.9199	
	107.當孩子不在我身邊的時候，我就擔心他。	-.6137	2.8634	.8067	
	51.我不要孩子玩粗野的戶外遊戲，因為我怕他會受傷	-.6022	2.4988	.9720	
	113.我非常擔心孩子的健康。	-.4981	3.5119	.7285	
精神懲罰	82.在孩子不規矩的時候，我總說他不如別的小孩子。	-.6816	1.9857	.7740	.96
	72.我告訴孩子，在他做錯事的時候，我是覺得多麼地丟臉。	-.6628	2.2494	.8542	
	42.我讓孩子覺得如果他做錯事情，我就不愛他。	-.6261	2.0796	.8680	
	32.我以不理孩子的方式來處罰他。	-.4098	2.1140	.8182	
	62.孩子他做錯事的時候，我就恐嚇他或威脅他。	-.3400	1.6045	.6733	
拒絕	73.我嘲笑孩子。	.5573	1.3040	.5070	.97
	63.我不顧一切傷害孩子的感情。	.5569	1.2375	.5212	
	88.我埋怨孩子。	.5209	1.6888	.7121	
	93.不管孩子做什麼，我總覺得他不如別的小孩子。	.2481	1.4869	.5956	
	13.我讓孩子覺得他是沒人要的孩子。	.2167	1.2197	.4832	
精神獎勵	95.我在別人面前稱讚孩子。	-.8040	2.6865	.7797	.93
	45.我在孩子朋友面前稱讚他。	-.7571	2.7981	.7963	
	15.在孩子做的很好的時候，我會說他比別的小孩子好。	-5303	2.8409	.9115	
	25.在孩子作的時候，我就告訴他我是多麼地以他為榮。	-.4800	3.1223	.7942	

（下頁續）

（續上頁）

命令	116.我要求立刻、絕對的服從。	-.7317	2.2910	.8158	
	66.我要求孩子對我絕對的尊敬及服從。	-.6785	2.5024	.7837	
	96.我不允許孩子對我的看法有所懷疑。	-.6666	2.2411	.7571	
	110.我讓孩子認為我是至善至美的，我的一切決定都是對的。	-.6140	2.0083	.7451	.96
	16.我很清楚的顯示我是一家之主。	-.6077	2.0936	.8619	
	104.我想要完完全全控制孩子的行動。	-.4395	1.7981	.7280	
物質懲罰	7.在孩子不乖的時候，我就把他的玩具或其他玩的東西拿去。	-.7542	2.1496	.8469	
	77.我以拿走孩子的書或玩具來處罰他。	-.7345	1.8860	.7871	
	37.在孩子不乖的時候，我就不讓他和別的小孩玩。	-.5901	2.1152	.8640	.95
	97.我以取消事先答應孩子的旅行或拜訪等來懲罰他。	-.5316	2.0641	.8090	
	27.我以取消或減少孩子的零用錢來處罰他。	-.5124	1.9537	.9196	
愛護	68.我不勉強告訴孩子所有的事情，但是鼓勵他親自體會。	.7313	3.1663	.6271	
	78.我尊重孩子的看法，並且鼓勵他把看法表達出來。	.7017	3.3943	.6312	
	105.我願意和孩子討論規則問題，並且在制定規則的時候，會把孩子的意見考慮進去。	.6454	3.2767	.6135	.96
	58.在孩子害怕或難過的時候，我會想辦法幫助他。	.5370	3.5606	.6427	
	48.我用很溫暖、很慈愛的態度對孩子說話。	.4164	2.8563	.6107	

（下頁續）

（續上頁）

忽 視	29.我不關心孩子是不是有了麻煩。	.7004	1.2993	.5817	.97
	39.我根本不關心孩子在學校裡做什麼。	.6166	1.2043	.5268	
	59.我不關心孩子是不是得到合適的食物。	.6126	1.4062	.6424	
	89.我不注意孩子。	.5207	1.2043	.5152	
	96.我把照顧孩子的主要工作留給別人（例如何人或親戚）去做。	.3761	1.3266	.5844	
物 質 獎 勵	30.我送孩子新書或玩具作為獎品。	.6870	3.2007	.7626	.94
	100.我給孩子新的東西（例如玩具），作為一種獎賞。	.6588	2.7268	.7857	
	10.我帶孩子去一些地方（例如去旅行、去看電影等）作為一種獎勵。	.6280	2.7993	.8866	
	60.我給孩子糖果、冰淇淋或為他點他最愛吃的菜，作為一種獎賞。	.5560	2.4608	.9324	
	70.我讓孩子參加同學開的宴會或多讓他和別人玩，作為一種獎賞。	.5144	2.5879	.7983	

母親教養方式因素分析摘要表

	題　目	負荷量	平均數	平均數	信度
保護	21.我非常小心地保護孩子，不讓他發生意外。	.6684	3.1354	.8062	.90
	41.我保護孩子，不讓他被別的小孩子譏笑或恐嚇。	.5926	3.0190	.9199	
	107.當孩子不在我身邊的時候，我就擔心他。	.6349	2.8634	.8067	
	51.我不要孩子玩粗野的戶外遊戲，因為我怕他會受傷	.6184	2.4988	.9720	
	113.我非常擔心孩子的健康。	.5691	3.5119	.7285	
精神懲罰	32.我以不理孩子的方式來處罰他。	.6710	2.1140	.8182	.93
	42.我讓孩子覺得如果他做錯事情，我就不愛他。	.6436	2.0796	.8680	
	62.在孩子他做錯的時候，我就恐嚇他或威脅他。	.4022	1.6045	.6733	
	72.我告訴孩子，在他做錯事的時候，我是覺得多麼地丟臉。	.5174	2.2494	.8542	
	82.在孩子不規矩的時候，我總說他不如別的小孩子。	.4012	1.9857	.7740	
拒絕	83.我埋怨孩子。	.6895	1.6888	.7121	.94
	13.我讓孩子覺得他是沒人要的孩子。	.4083	1.2197	.4832	
	63.我不顧一切傷害孩子的感情。	.5935	1.2375	.5212	
	73.我嘲笑孩子。	.7173	1.3040	.5070	
	93.不管孩子做什麼，我總覺得他不如別的小孩子。	.4277	1.4869	.5956	
精神獎勵	95.我在別人面前稱讚孩子。	.8209	2.6865	.7797	.90
	45.我在孩子朋友面前稱讚他。	.7750	2.7981	.7963	
	15.在孩子做的很好的時候，我會說他此別的小孩子好。	1.3040	2.8409	.9115	
	25.在孩子作的時候，我就告訴他我是多麼地以他為榮。	.3879	3.1223	.7942	

（下頁續）

（續上頁）

命 令	116.我要求立刻、絕對的服從。	-.7315	2.2910	.8158	.93
	66.我要求孩子對我絕對的尊敬及服從。	-.7320	2.5024	.7837	
	96.我不允許孩子對我的看法有所懷疑。	-.6389	2.2411	.7571	
	110.我讓孩子認為我是至善至美的，我的 　　一切決定都是對的。	-.6888	2.0083	.7451	
	16.我很清楚的顯示我是一家之主。	-.4982	2.0936	.8619	
	104.我想要完完全全控制孩子的行動。	-.5650	1.7981	.7280	
物 質 懲 罰	7.在孩子不乖的時候，我就把他的玩具 　或其他玩的東西拿去。	.4959	2.1496	.8469	.90
	37.在孩子不乖的時候，我就不讓他和別 　的小孩玩。	.3010	2.1152	.8640	
	97.我以取消事先答應孩子的旅行或拜訪 　等來懲罰他。	.4674	2.0641	.8090	
	77.我以拿走孩子的書或玩具來處罰他。	.4118	1.8860	.7871	
	27.我以取消或減少孩子的零用錢來處罰 　他。	.3679	1.9537	.9196	
愛 護	78.我尊重孩子的看法，並且鼓勵他把看 　法表達出來。	.5680	3.3943	.6312	.93
	48.我用很溫暖、很慈愛的態度對孩子說 　話。	.6181	2.8563	.6107	
	58.在孩子害怕或難過的時候，我會想辦 　法幫助他。	.5215	3.5606	.6427	
	68.我不勉強告訴孩子所有的事情，但是 　鼓勵他親自體會。	.5360	3.1663	.6271	
	105.我願意和孩子討論規則問題，並且在 　　制定規則的時候，會把孩子的意見考 　　慮進去。	.6182	3.2767	.6135	

（下頁續）

（續上頁）

忽視	29. 我不關心孩子是不是有了麻煩。	.6911	1.2993	.5817	
	39. 我根本不關心孩子在學校裡做什麼。	.6858	1.2043	.5268	
	59. 我不關心孩子是不是得到合適的食物。	.6124	1.4062	.6424	.95
	89. 我不注意孩子。	.6096	1.2043	.5152	
	96. 我把照顧孩子的主要工作留給別人（例如何人或親戚）去做。	.4618	1.3266	.5844	
物質獎勵	30. 我送孩子新書或玩具作為獎品。	.6604	3.2007	.7626	
	100. 我給孩子新的東西（例如玩具），作為一種獎賞。	.6617	2.7268	.7857	
	10. 我帶孩子去一些地方（例如去旅行、去看電影等）作為一種獎勵。	.6467	2.7993	.8866	.90
	70. 我讓孩子參加同學開的宴會或多讓他和別人玩，作為一種獎賞。	.5015	2.5879	.7983	
	60. 我給孩子糖果、冰淇淋或為他點他最愛吃的菜，作為一種獎賞。	.6051	2.4608	.9324	

附錄 7-1　父母同意函

家長同意函

　　　的爸爸媽媽，您好：

　　我是王珮玲，目前任教於台北市立師範學院幼兒教育學系，在本年度獲國科會贊助從事「幼兒氣質類型與同儕互動之研究」。研究上，承蒙您上次撥冗填寫「幼兒氣質量表」，謹致上最深的謝意，也謹將您家寶貝氣質施測的結果附上，以供您參考。

　　有關此次幼兒氣質施測結果，除僅作研究以及父母教養的參考外，絕對保密。根據此次幼兒氣質評量的結果，我們想進一步觀察您家寶貝在幼稚園與其他小朋友的互動情形，倘若能獲得您的同意，我們願意將觀察所得資料結果，奉寄一份給您們。

　　　　　謝謝您們的協助，不勝感激！！

　　　　　　　　　　　　　　　　　　台北市立師範學院幼教系

　　　　　　　　　　　　　　　　　　王珮玲　敬上

　　　　　　　　　　　　　　　　　　民國八十六年一月十四日

　　本人同意您觀察我家的寶貝在幼稚園與其他幼兒互動的情形。

　　　　　　　　　　　　　　　　簽名：＿＿＿＿＿＿＿＿＿

附錄 7-2　幼稚園觀察時間

一、三月份觀察時間表

觀察日期	觀察時段	觀察對象	時　間
86.03.11 (2)	角落活動	好、自、專	10:20-11:30 A.M.
86.03.12 (3)	角落活動	自、專、普	10:20-11:30 A.M.
86.03.13 (4)	角落活動	文、專、普	10:20-11:30 A.M.
86.03.18 (2)	角落活動	好、社、文	10:20-11:30 A.M.
86.03.19 (3)	角落活動	自、專、普	10:20-11:30 A.M.
86.03.20 (4)	角落活動	好、社、文	10:20-11:30 A.M.
86.03.25 (2)	角落活動	好、社、普	10:20-11:30 A.M.
86.03.26 (3)	自由活動	好、社、自	08:20-09:30 A.M.
86.03.27 (4)	角落活動	社、自、文	10:20-11:30 A.M.
86.03.28 (5)	自由活動	專、文、普	08:20-09:30 A.M.

二、四月份觀察時間表

觀察日期	觀察時段	觀察對象	時　間
86.04.08 (2)	角落活動	社、自、專、文	10:20-11:30 A.M.
86.04.09 (3)	角落活動	好、社、自、文	10:20-11:30 A.M.
86.04.10 (4)	角落活動	好、社、普	10:20-11:30 A.M.
86.04.15 (2)	角落活動	自、專、文	10:20-11:30 A.M.
86.04.16 (3)	角落活動	好、社、普	10:20-11:30 A.M.
86.04.17 (4)	角落活動	好、社、普	10:20-11:30 A.M.
86.04.22 (2)	角落活動	自、專、文	10:20-11:30 A.M.
86.04.23 (3)	自由活動	好、社、自	08:20-09:30 A.M.
86.04.24 (4)	自由活動	專、文、普	08:20-09:30 A.M.

*四月初為春假期間

三、五月份觀察時間表

觀察日期	觀察時段	觀察對象	時　　間
86.05.01 (4)	自由活動	好、社、專	08:20-09:30 A.M.
86.05.06 (2)	角落活動	好、社、自、專	10:20-11:20 A.M.
86.05.07 (3)	角落活動	社、文、普	10:20-11:20 A.M.
86.05.08 (4)	自由活動	專、文、普	08:40- 09:30 A.M.
86.05.13 (2)	角落活動	專、文、普	10:20-11:20 A.M.
86.05.14 (3)	自由活動	社、專、文、普	08:20-09:30 A.M.
86.05.15 (4)	自由活動	好、自、專	08:20-09:30 A.M.
86.05.20 (2)	角落活動	好、專、普	10:20-11:20 A.M.
86.05.21 (3)	自由活動	好、社、自、文	08:20-09:30 A.M.
86.05.22 (4)	角落活動	自、專、文	10:20-11:20 A.M.
86.05.27 (2)	自由活動	好、自、文、普	08:20-09:30 A.M,
86.05.28 (3)	自由活動	好、社、自、專	10:20-11:20 A.M.

附錄 8-1　學齡兒童氣質量表

小朋友，你們好！！

　　我是王珮玲，是台北市立師範學院的老師，首先，非常謝謝你們的幫忙！！

　　這份問卷有99題，都是描述你平常的情形，請你閱讀每個句子，然後好好想一想，然後在後面的數字，即1、2、3、4、5，圈選一個適當的數字。

　　寫完後，請再檢查一次，看看有沒有漏掉的地方，如果有，請再補上去。如果有不明白的地方，請舉手發問。

　　　　　　　　謝謝你們的協助！！

　　　　　　　　　　　　　　　台北市立師範學院幼教系

　　　　　　　　　　　　　　　　　王珮玲　敬上

　　　　　　　　　　　　　　　民國九十一年三月十日

第一部份：基本資料

1. 班級：_____年級_____班級
2. 姓名：_____
3. 性別：□男　　　□女
4. 排行：□老大　　□老二　　□老三　　□老四　　□老五或老五以上

第二部分：以下共有 99 個句子，每個句子都有五個可能的答案，請從「從不」、「極少」、「有時」、「經常是」、「總是」中選出一個最符合你的答案。

1. 我常常用「跑的」到我想去的地方。
2. 第一次見到新老師時，我不敢主動和老師講話。
3. 當別人讚美我時，我會很容易興奮。
4. 爸媽叫我做事時，我會皺眉頭或抱怨。
5. 我會注意到屋內的燈光是否太暗或太亮。
6. 我玩新的玩具或遊戲，很快就會失去興趣。
7. 我常常問別人的意見，因為我自己很難做決定。
8. 我的衣服弄髒或弄濕時，我會覺得不舒服，一定要馬上換掉。
9. 我遇到驚喜的事物時，我很高興的笑、叫或跳等。
10. 爸媽吩咐我做事時，他們知道我會有什麼樣的反應。
11. 即使我很累，我仍然保持愉快。
12. 遊戲的時候，聽到門鈴或電話，我會立刻抬起頭來。
13. 即使我一個人到沒去過的商店，我也敢走進去。
14. 如果睡覺時間提早或延後，我在一兩天內就能習慣。
15. 每天放學後有一定的生活規律（例如：一定是吃點心—玩—吃晚餐；或一定是玩—吃晚餐—做功課；或其他一定的順序）。
16. 我坐車外出時，總是很高興愉快。
17. 有沒見過的客人到家裡來時，我敢跟他們說話。
18. 和朋友玩的時候，我會注意到門鈴響了或媽媽在叫。
19. 有人從教室門口走過時，我會抬頭看一看。
20. 我和要好的同學吵架後，很快就可以和好。
21. 我的功課一定會做到完才停止。
22. 玩遊戲的時候，如果還沒輪到我，我會靜靜的等待。
23. 洗澡或游泳時，我會感覺到水溫的變化（如：我能發覺水愈來愈冷了）。
24. 在一個沒有去過的地方，我會不知道要做什麼才好。

25. 即使是我喜歡做的事，碰到困難時，我也會很快就失去興趣。

26. 我被處罰過的行為，還是會再犯。

27. 我被糾正有不好的行為時，會顯得不高興。

28. 我對自己練習某些技能的時間有時很長，有時很短（例如：彈鋼琴，今天練一小時，明天只練 10 分鐘，後天又練了二小時。）

29. 人家開我玩笑或逗我的時候，我會很不高興。

30. 我上下樓梯時，會又跑又跳的。

31. 我和別人一起走路時，也是蹦蹦跳跳的。

32. 念書時，就算家人在我旁邊看電視，我也不會分心。

33. 我會很快發現到食物是太甜或太鹹。

34. 我高興的時候會大笑或大叫。

35. 爸媽要我做的家事，我常常只做到一半。

36. 我對食物的喜歡或不喜歡，每天都不一樣。

37. 回家後，我常常抱怨白天在學校發生的事情。

38. 我參加新的團體活動時，至少需要家人陪伴一次以上。

39. 如果預定的郊遊取消時，我會很不高興。

40. 我會靜靜地聽音樂。

41. 我和爸媽一起外出時，會接近不認識的人（如主動對人笑或說話等）。

42. 不好的行為被處罰一兩次以後，我就不會再犯。

43. 我很愉快地做爸媽要我做的家事或功課。

44. 我會保持自己房間的整齊清潔。

45. 在吃飯中，電話或門鈴響，我會主動去接應。

46. 我正在做的活動被打斷後，還能繼續再做下去（如遊戲、畫圖、玩模型等）。

47. 當我受責罵時，我只是皺眉頭或看著地上。

48. 如果聽到友人大叫，我會抬頭或走到窗邊看看。

49. 當我正在做被禁止的活動時，如果有人勸我不要做了，我就不做了。

50. 我會慢慢地、安靜地吃完一頓飯。

51. 我早上醒來時，總是心情愉快。

52.我敢單獨去參加同學的生日會。

53.我能持續做一件事超過一個小時以上。

54.我出去玩時，能按時回家。

55.在家中，我會避開不認識的客人。

56.一進家門，我會立刻察覺到一些特別的味道（如：飯菜香或燒焦味）。

57.生氣時，我會大力關門、摔東西或大叫。

58.我會很快就失去照顧小動物的興趣。

59.我會對同學發脾氣。

60.如果吃飯時間提早或晚一點，我會很不習慣。

61.我的興趣隔一段時間就會改變。

62.和爸媽說話時，我總是動來動去。

63.我不太敢玩新的玩具或遊戲。

64.當我找到自己要找的東西時，我會很興奮。

65.我可以感覺出爸媽的不高興。

66.我總是隨便放自己的衣服或書包。

67.在需要安靜坐好的餐廳吃飯，我會覺得很不習慣。

68.我會慢慢地、安靜地吃完一頓飯。

69.我常常事情沒做完就不做了。

70.當我在遊戲或讀書時，如果爸媽叫我做別的事，我會馬上去做。

71.當爸媽不讓我出去玩時，我會不高興。

72.我能和朋友玩靜態的室內遊戲。

73.當我玩新的玩具時，我不會特別高興。

74.當爸媽跟我說某件事時，我會從頭到尾注意聽。

75.我會主動跟不認識的同學說話。

76.正在做的事被打斷後，等有空時，我會繼續完成它。

77.我能接受別人提出的遊戲新玩法。

78.不用家人提醒，我也會記得做功課。

79.睡覺時，我總是心情愉快。

80.我會認真學習一些運動技巧（如體操、溜冰、打球），直到熟練為止。

81. 我會對來家裡的陌生客人微笑。

82. 在讀書做作業時，我需要安靜，否則容易分心。

83. 好朋友搬家後，我會有一陣子不習慣。

84. 我總是心情愉快的吃飯。

85. 我會靜靜地坐著看書或看電視。

86. 如果教室裡很吵，雖然同學已經習慣了，我仍然覺得受到干擾。

87. 我常常用跑的進出家門。

88. 當我要求的東西被拒絕時，我會很生氣或大叫。

89. 我很難按時寫完功課。

90. 對於新的活動，我會先站在旁邊先看一下，不會馬上參加。

91. 當我不高興或發脾氣時，我什麼事都不想做。

92. 我會察覺到天氣冷熱變化的不同。

93. 當我失望或失敗時，我會哭或大叫。

94. 我可以感覺到衣服的粗糙或柔軟。

95. 吃飯時，我會離開餐桌、或想離開餐桌。

96. 當我進入房間時，會又喊又叫的。

97. 對我喜歡做的事情，有時做一半就停了。

98. 只要旁邊有一點點聲音，我就睡不著。

99. 當我心情不好時，爸媽可以使我的情緒很快穩定下來。

國家圖書館出版品預行編目資料

兒童氣質：基本特性與社會構成／王珮玲作.
--初版.--臺北市：心理, 2003（民 92）
面； 公分.--（幼兒教育；61）
參考書目；面

ISBN 978-957-702-536-4（平裝）

1. 兒童心理學　2. 親職教育
173.1　　　　　　　　　　　　　　91016668

幼兒教育 61　兒童氣質：基本特性與社會構成

作　　　者：王珮玲

執行編輯：何采芹

總 編 輯：林敬堯

出 版 者：心理出版社股份有限公司

社　　　址：台北市和平東路一段 180 號 7 樓

總　　　機：(02) 23671490　　傳　　　真：(02) 23671457

郵　　　撥：19293172　心理出版社股份有限公司

電子信箱：psychoco@ms15.hinet.net

網　　　址：www.psy.com.tw

駐美代表：Lisa Wu　Tel：973 546-5845　Fax：973 546-7651

登 記 證：局版北市業字第 1372 號

電腦排版：臻圓打字印刷有限公司

印 刷 者：玖進印刷有限公司

初版一刷：2003 年 5 月

初版二刷：2006 年 9 月

定價：新台幣 380 元　■ 有著作權・侵害必究 ■

ISBN-13　978-957-702-536-4
ISBN-10　957-702-536-6

讀者意見回函卡

No._____   填寫日期：　年　月　日

感謝您購買本公司出版品。為提升我們的服務品質，請惠填以下資料寄回本社【或傳真(02)2367-1457】提供我們出書、修訂及辦活動之參考。您將不定期收到本公司最新出版及活動訊息。謝謝您！

姓名：_____　性別：1□男　2□女

職業：1□教師 2□學生 3□上班族 4□家庭主婦 5□自由業 6□其他____

學歷：1□博士 2□碩士 3□大學 4□專科 5□高中 6□國中 7□國中以下

服務單位：_____　部門：_____　職稱：_____

服務地址：_____　電話：_____　傳真：_____

住家地址：_____　電話：_____　傳真：_____

電子郵件地址：_____

書名：_____

一、您認為本書的優點：（可複選）

　❶□內容 ❷□文筆 ❸□校對 ❹□編排 ❺□封面 ❻□其他____

二、您認為本書需再加強的地方：（可複選）

　❶□內容 ❷□文筆 ❸□校對 ❹□編排 ❺□封面 ❻□其他____

三、您購買本書的消息來源：（請單選）

　❶□本公司 ❷□逛書局⇨_____書局 ❸□老師或親友介紹

　❹□書展⇨____書展 ❺□心理心雜誌 ❻□書評 ❼其他_____

四、您希望我們舉辦何種活動：（可複選）

　❶□作者演講 ❷□研習會 ❸□研討會 ❹□書展 ❺□其他_____

五、您購買本書的原因：（可複選）

　❶□對主題感興趣 ❷□上課教材⇨課程名稱_____

　❸□舉辦活動 ❹□其他_____　　　（請翻頁繼續）

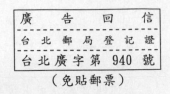

| 廣 告 回 信 |
| 台 北 郵 局 登 記 證 |
| 台 北 廣 字 第 940 號 |

（免貼郵票）

 心理出版社 股份有限公司

台北市 106 和平東路一段 180 號 7 樓

TEL: (02) 2367-1490
FAX: (02) 2367-1457
EMAIL:psychoco@ms15.hinet.net

沿線對折訂好後寄回

六、您希望我們多出版何種類型的書籍

❶□心理 ❷□輔導 ❸□教育 ❹□社工 ❺□測驗 ❻□其他

七、如果您是老師，是否有撰寫教科書的計劃：□有□無

書名／課程：＿＿＿＿＿＿＿＿＿＿＿＿＿＿＿＿＿＿＿＿＿＿＿

八、您教授／修習的課程：

上學期：＿＿＿＿＿＿＿＿＿＿＿＿＿＿＿＿＿＿＿＿＿＿＿

下學期：＿＿＿＿＿＿＿＿＿＿＿＿＿＿＿＿＿＿＿＿＿＿＿

進修班：＿＿＿＿＿＿＿＿＿＿＿＿＿＿＿＿＿＿＿＿＿＿＿

暑　假：＿＿＿＿＿＿＿＿＿＿＿＿＿＿＿＿＿＿＿＿＿＿＿

寒　假：＿＿＿＿＿＿＿＿＿＿＿＿＿＿＿＿＿＿＿＿＿＿＿

學分班：＿＿＿＿＿＿＿＿＿＿＿＿＿＿＿＿＿＿＿＿＿＿＿

九、您的其他意見

＿＿＿＿＿＿＿＿＿＿＿＿＿＿＿＿＿＿＿＿＿＿＿＿＿＿＿＿＿

謝謝您的指教！　　　　　　　　　　　　　　　51061